汉语国际教育专业学位研究生教育研究2017年度课题(HGJ201713)成果
国家社科基金重点项目(17AZS012)课题成果

# 跨文化交际与国际中文教育

Intercultural Communication & International Chinese Teaching

任晓霏 刘锋 余红艳等 编著

东南大学出版社
SOUTHEAST UNIVERSITY PRESS
·南京·

## 内容提要

本书以国家语言文化战略为引领,探讨国际中文教育在推进构建人类命运共同体中的重要作用;以中外文化交流史为视角,梳理中国文化典籍的海外传播与国际中文教育的发展历程,系统阐述全球国际中文教育概况;借鉴国际国内学界跨文化交际与外语教学研究最新成果,以汉语国际教育专业硕士生跨文化交际能力实证研究和案例分析为支撑,探索建立汉语国际教育硕士跨文化交际能力培养体系。

### 图书在版编目(CIP)数据

跨文化交际与国际中文教育 / 任晓霏等编著. — 南京:东南大学出版社,2019.12(2020.3重印)
ISBN 978-7-5641-8724-8

Ⅰ.①跨… Ⅱ.①任… Ⅲ.①汉语—对外汉语教学—教学研究 Ⅳ.①H195.3

中国版本图书馆 CIP 数据核字(2019)第 294398 号

### 跨文化交际与国际中文教育  Kua Wenhua Jiaoji Yu Guoji Zhongwen Jiaoyu

| | | | |
|---|---|---|---|
| 编 著 | 任晓霏等 | 责任编辑 | 刘 坚 |
| 电 话 | (025)83793329  QQ:635353748 | 电子邮件 | liu-jian@seu.edu.cn |
| 出版发行 | 东南大学出版社 | 出 版 人 | 江建中 |
| 地 址 | 南京市四牌楼2号 | 邮 编 | 210096 |
| 销售电话 | (025)83794561/83794174/83794121/83795801/83792174 83795802/57711295(传真) | | |
| 网 址 | http://www.seupress.com | 电子邮件 | press@seupress.com |
| 经 销 | 全国各地新华书店 | 印 刷 | 虎彩印艺股份有限公司 |
| 开 本 | 787mm×1092mm 1/16 | 印 张 | 13.5  字 数 320千字 |
| 版 次 | 2019年12月第1版 | 印 次 | 2020年3月第2次印刷 |
| 书 号 | ISBN 978-7-5641-8724-8 | | |
| 定 价 | 55.00元 | | |

\* 未经许可,本书内文字不得以任何方式转载、演绎,违者必究。
\* 东大版图书,如有印装错误,可直接向营销部调换,电话:025-83791830。

# 汉语国际教育学科建设需要大家贡献智慧

## ——《跨文化交际与国际中文教育》序

后方法理论认为,长期以来人们迷信专家,迷信权威,把专家当成知识的创造者,把自己当成知识的消费者,认为只有专家才能创造知识,才能构建理论,这是一种错误的认识。其实,我们都应该对传统的理论持既继承又反思甚至批判的学术态度,应结合特定的环境、特定的学生、特定的课堂提出自己的解决方案和理论观点,在不断实验和反思中优化、系统化、理论化,构建自己的理论,因为"每一个第二语言教师都可以成为知识和理论的创造者[①]"。

"这是一个需要理论而且一定能够产生理论的时代。"[②]汉语国际教育是一个新兴学科,迫切需要建立独立、完善的学科理论体系。我们应该从以下九个方面抓好学科理论体系建构工作。首先要树立创建世界一流的汉语国际教育学科理论体系的学术自信。汉语是绝大多数中国人的母语和通用语言,中国有世界上规模最大的汉语师资队伍和汉语国际教育学科团队,中国学者应该具有学术自信,创建出具有中国气派和汉语特色、世界领先的汉语国际教育学科理论体系,引领全球汉语国际教育发展。第二,要充分体现问题导向,主动服务国家战略。如在语言文化走出去、提升中华文化软实力等领域有所作为,努力把当前和今后一个时期汉语国际教育事业发展面临的主要理论和实践问题筛选出来,集中力量开展攻关研究,产出高质量决策咨询报告。第三,要做好汉语国际教育学科理论体系建设的顶层设计。既要做好学科理论体系建设的中长期规划,也要做好近期建设计划。第四,是"学科"研究与"事业"研究并重。第五,是"学科理论建设应继承、转型与重构并行。"第六,要设立专门机构牵头组织实施、分工协作,扎实推进汉语国际教育理论体系建构。第七,要增强汉语国际教育学科的学术原创能力。深入开展不同区域、国别、语别的汉语国际教育相关研究,在解决实际问题中寻求学术创新,产出大批高水平学术成果,形成独具特色的理论体系。第八,要正确处理国际接轨与汉语特色问题。汉语国际教育理论体系的建构既要注重与国际接轨,也要深刻认识汉语及汉语教学的特殊性,构建一套二者兼顾的理论体系。第九,要积极开展国别服务。主动开展服务国别汉语教育事业的相关研究,如国别汉语教育政策研究、标准研制、教学资源研发等,为有需求的国家量身定制,服务国别汉语教育事业[③]。

---

① [美]库玛(Kumaravadivelu B.).超越教学法:语言教学的宏观策略[M].陶健敏,译.北京大学出版社,2013.
② 习近平:在全国哲学社会科学工作座谈会上的讲话,人民网:http://m.people.cn/n4/2016/0518/c203-6875569.html
③ 吴应辉.关于汉语国际教育学科体系与知识体系建构的几点思考,《世界汉语教学》,2019年第2期。

在中国,汉语国际教育作为一个学科,参与学校之广泛,人才培养体系之完善,从业专家学者数量之众多,产出成果之丰富,资源投入之巨大,全球绝无仅有。中国的汉语国际教育学界应持"舍我其谁"的自信,勇于担当起学科建设重任,引领全球汉语国际教育学科发展,为有需求的国家提供国别化汉语教育学术服务,以强有力的学术支撑为全球汉语教育事业保驾护航。中国的汉语国际教育学界必须建立学术自信,而自信必须以强大的实力为基础。学者们应该根据汉语和世界各国语言文化、教育体制等特点,开展大量广泛深入的原创性调查研究,尤其是汉语国际教育的区域、国别问题研究,提出既符合汉语教育规律又密切联系有关国家汉语教育实际的理论与方法,在解决问题中产出高水平原创性理论和应用成果,在服务世界各国汉语教育需求中提升自身的影响力,从而提升汉语国际教育学界的学术自信。我们应努力提升学科建设水平和社会服务能力,使汉语国际教育学科成为一门具有鲜明国际性、充满生机与活力、能够精准服务世界各国汉语教育需求的学科[①]。

国际汉语师资培养是支撑汉语国际教育事业发展的重要方面。然而,当前的"中国的汉语国际教育师资培养主要存在培养方式单一与国际需求多元的供需脱节问题,具体表现为"六多六少":一是通用型教师培养多,国别化、区域化、语别化教师培养少;二是需求层次多,培养层次少;三是理论课程多,实习实践少;四是培养数量多,对口就业少;五是中国教师培养多,国外本土教师培养少;六是国内独立培养多,中外联合培养少。总之,同质化培养多,区别化与精准化培养少。"[②]而跨文化交流能力薄弱是上述问题背后普遍存在的主要短板之一。

任晓霏教授领衔的团队以自己的学术行动践行了后方法理论的精髓,积极投入汉语国际教育学科理论体系与知识体系的建构,敏锐地洞察到汉语国际教育硕士培养中的跨文化交流教育短板问题,率领团队对与汉语国际教育硕士培养中的跨文化交流能力培养体系构建相关的理论与实践问题进行了探索,对理论体系和知识体系进行了构建,为汉语国际教育学科建设做出了开拓性贡献。

本著作既有体系建构,又有个案分析,构建了汉语国际教育硕士跨文化交流能力的培养体系,理论意义与应用价值兼具。我为汉语国际教育学界能有这样的学术探索成果而感到欣慰,故欣然应允,写此小文为序。

最后,感谢作者在著作中传播本人提出的"宏观系统分析法"和"全球视野比较法"两种汉语国际传播研究方法,并预祝任晓霏教授率领的江苏大学团队为汉语国际教育学科建设作出更大贡献!

北京语言大学汉语国际教育研究院
吴应辉
2020 年 1 月 31 日星期五于北京

---

[①] 吴应辉.汉语国际教育学科建设中的中国担当与学术自信,《国际汉语教学研究》,2019 年第 4 期。
[②] 吴应辉.国际汉语师资培养"六多六少"问题与解决方案,《语言战略研究》,2018 年第 6 期。

# PREFACE 前言

《跨文化交际与国际中文教育》是汉语国际教育专业学位研究生教育研究 2017 年度课题"汉语国际教育专业硕士跨文化交际能力培养体系研究(HGJ201713)"和国家社科基金重点项目"中国古代蒙学典籍的海外传播及其影响研究(17AZS012)"的重要成果,旨在以国家语言文化战略为引领,探讨汉语国际教育在推进构建人类命运共同体中的重要作用;以中外文化交流史为视角,梳理中国文化典籍的海外传播与汉语国际教育的发展历程,系统阐述全球汉语国际教育概况;借鉴国际国内学界跨文化交际与外语教学研究最新成果,以汉语国际教育专业硕士研究生跨文化交际能力实证研究和案例分析为支撑,探索建立汉语国际教育专业硕士跨文化交际能力培养体系。

2019 年 12 月 9 日,在孔子学院创办 15 年、并连续成功举办 13 届全球孔子学院大会的基础上,2019 中国国际中文教育大会在长沙举行,标志着国际中文教育进入全新发展阶段。大会围绕国际中文教育的政策、标准、师资、教材、教学方法、考试、品牌项目建设以及深化中外合作等议题展开。截至目前,全球已有 162 个国家(地区)建立了 550 所孔子学院和 1172 个中小学孔子课堂。孙春兰出席大会并发表主旨演讲,强调深化国际中文教育,让世界更加了解中国。她指出,中国在扩大开放中深度融入世界,也为各国发展带来了机遇,到中国商务合作、学习交流、旅游观光的人越来越多。语言是沟通交流的桥梁纽带,各国对学习中文的需求持续旺盛,汉语人才越来越受到欢迎。现在很多国家将中文纳入国民教育体系,在大中小学开设汉语课程,支持企业、社会组织参与中文教育,促进了中外人文交流、文明互鉴和民心相通。孙春兰强调,中国政府把推动国际中文教育作为义不容辞的责任,积极发挥汉语母语国的优势,在师资、教材、课程等方面创造条件,为各国民众学习中文提供支持。我们将遵循语言传播的国际惯例,按照相互尊重、友好协商、平等互利的原则,坚持市场化运作,支持中外高校、企业、社会组织开展国际中文教育项目和交流合作,聚焦语言主业,适应本土需求,帮助当地培养中文教育人才,完善国际中文教育标准,发挥汉语水平考试的评价导向作用,构建更加开放、包容、规范的现代国际中文教育体系。本书即将出版之际,适逢此次大会的召开,希望本书对于国际中文教育体系的完善和发展具有积极的建构作用。此外,2018年初,教育部、国家语委就中国语言的统一名称发出文件,明确要求对内尤其在民族地区,应在正式文件、正式场合中采用"国家通用语言文字"的表述;对外,建议统一称"中文",但基于目前汉语国际教育学科和专业仍然保留原有名称,故本书书名采用了"国际中文教育",书中涉及学科、课程和研究生培养等的名称仍采用"汉语国际教育"。

本书由任晓霏教授统筹设计和指导完成,任晓霏、刘锋、余红艳负责全书统稿。绪论、第四章由任晓霏及其研究生(张雅雯、尹思纯、刘胜男、沙博瀚、邹国栋、周楚越等)完成,第一章由冯瑞贞完成,刘锋完成第二章和第五章部分内容,第三章由徐剑平、王焕池、陈雨杉、朱晨舒和陈丹蕾完成,朱晨舒和陈丹蕾同时完成第五章部分内容,路静完成第五章和第六章部分内容,毛艳枫完成第六章部分内容,第七章由余红艳完成。

本书对于汉语国际教育领域的专家、学者具有较好的理论方法借鉴和科研资料支撑作用,对于汉语国际教育专业硕士研究生和本科生跨文化交际能力培养也具有重要的价值。

由于跨文化交际与汉语国际教育均属于跨学科研究,知识范围广博,鉴于研究时间和知识面限制,书中难免有疏漏之处,恳请专家、读者批评指正。

# 目录 CONTENTS

**绪论**——新时期汉语国际教育与人类命运共同体构建 ·················· 1
Overview　An introduction to International Chinese Education and Construction of a Community with Shared Future for Mankind

一、构建人类命运共同体思想形成的脉络 ·················· 1
　　The Formation of Construction of a Community with Shared Future for Mankind

二、汉语国际教育发展史 ·················· 2
　　Brief History of International Chinese Education in the World

三、孔子学院发展历程 ·················· 4
　　The Development of Confucius Institute

四、新时期汉语国际教育推进构建人类命运共同体的崇高使命 ·················· 6
　　Mission of International Chinese Education—Promoting Construction of a Community with Shared Future for Mankind

　　1. 加强汉语国际推广全球公共产品属性是汉语国际教育的重要任务 ·················· 7
　　　　Important Mission of International Chinese Education—Strengthening the Public Product Attribute of Chinese Language Globalization

　　2. 有效提升中华优秀文化传播力是汉语国际教育的重大挑战 ·················· 8
　　　　The Grand Challenge of International Chinese Education—Boosting the Dissemination of Excellent Chinese Culture Effectively

五、《国际汉语教师标准》与跨文化交际能力 ·················· 8
　　*International Standard for Chinese Teachers* and Intercultural Communicative Competence

**第一章　文化与交际** ·················· 11
Chapter One　Culture and Communication

一、文化 ·················· 11
　　Culture

1. 文化的定义 ······ 11
   Definition of Culture

2. 文化的分类 ······ 15
   Classification of Culture

3. 价值观与文化模式 ······ 22
   Value and Cultural Pattern

4. 文化圈与文化层 ······ 26
   Cultural Circle and Layer

二、交际 ······ 36
Communication

1. 交际的定义 ······ 36
   Definition of Communication

2. 交际的特点 ······ 37
   Characteristic of Communication

3. 跨文化交际中的文化差异 ······ 39
   Cultural Difference in Intercultural Communication

4. 隐性偏见与跨文化交际 ······ 45
   Implicit Bias & Intercultural Communication

5. 文化定势与跨文化交际 ······ 49
   Cultural Stereotypes and Intercultural Communication

## 第二章　跨文化交际学与研究方法 ······ 57
Chapter Two　Intercultural Communication Studies and Research Methods

一、跨文化交际学的核心概念 ······ 57
The Core Concept of Intercultural Communication Studies

1. 跨文化交际能力 ······ 57
   Intercultural Communicative Competence

2. 跨文化适应 ······ 58
   Intercultural Adaptation

3. 跨文化意识 ······ 59
   Intercultural Awareness

4. 跨文化敏感度 ······ 60
   Intercultural Sensitivity

5. 跨文化效力 ········································································· 61
   Intercultural Effectiveness

6. 跨文化交际中的言语交际 ················································· 62
   Intercultural Verbal Communication

7. 跨文化交际中的非言语交际 ············································· 62
   Intercultural Non-verbal Communication

## 二、跨文化交际学研究方法 ························································· 63
Research Methods for Intercultural Communication Studies

1. 历史研究法 ····································································· 63
   Historical Method

2. 对比分析法 ····································································· 64
   Comparative Study

3. 问卷调查法 ····································································· 65
   Questionnaire

4. 访谈法 ············································································· 65
   Interview

5. 田野调查 ········································································· 66
   Field Study

6. 案例分析法 ····································································· 67
   Case Study

7. 综合法 ············································································· 67
   Comprehensive Approach

## 三、汉语国际传播研究的新视野和新方法 ································· 68
New Perspectives and Methods for Chinese Globalization Studies

1. 宏观系统分析法 ······························································· 68
   Systematic Analysis with Macro Vision

2. 全球视野比较法 ······························································· 69
   Comparative Study with Global Vision

3. 后方法 ············································································· 69
   Post-method

## 第三章　跨文化交际与汉语第二语言教学 ························· 72
Chapter Three　Intercultural Communication and Second Language Teaching of Chinese

### 一、第二语言教学 ························································· 72
Second Language Teaching

#### 1. 第二语言教学目标 ················································· 72
Goal for Second Language Teaching

#### 2. 第二语言教学原则 ················································· 73
Principles for Second Language Teaching

### 二、第二语言教学中的跨文化交际能力 ····························· 74
Intercultural Communicative Competence in Second Language Teaching

#### 1. 二语教学与跨文化交际能力 ···································· 74
Second Language Teaching and Intercultural Communicative Competence

#### 2. 二语教学现代化与跨文化交际能力培养模式 ············· 75
Modernization of Second Language Teaching and Intercultural Communicative Competence Training Mode

#### 3. 二语教学中跨文化交际能力培养的途径 ··················· 77
Access to Intercultural Communicative Competence in Second Language Teaching

### 三、汉语作为第二语言教学与跨文化交际能力培养 ············ 79
Teaching Chinese as Second Language and Intercultural Communicative Competence

#### 1. 总论 ······································································ 79
Pandect

#### 2. 字词层面 ······························································· 80
Word Level

#### 3. 短语层面 ······························································· 82
Phrase Level

#### 4. 句子层面 ······························································· 84
Sentence Level

#### 5. 小结 ······································································ 85
Conclusion

### 四、英汉对比研究中的 10 对概念 ···································· 86
Ten Pairs of Concepts in the English and Chinese Comparative Study

#### 1. 形合与意合 ··························································· 86
Hypotaxis vs Parataxis

2. 综合与分析 ·········································································· 89
　　Synthesis vs Analysis

3. 抽象与具体 ·········································································· 90
　　Concretion vs Abstraction

4. 直接与间接 ·········································································· 91
　　Directness vs Indirectness

5. 被动与主动 ·········································································· 91
　　Passiveness vs Activeness

6. 静态与动态 ·········································································· 93
　　Stasis vs Dynamism

7. 替代与重复 ·········································································· 94
　　Substitution vs Repetition

8. 硬性与柔性 ·········································································· 95
　　Hardness vs Flexibility

9. 物化与人化 ·········································································· 96
　　Materialization vs Personification

10. 复合与简约 ········································································ 97
　　Compound vs Simplicity

## 第四章　跨文化交际与中华文化传播 ································· 101
Chapter Four　Intercultural Communication and Dissemination of Chinese Culture

一、几个重要概念 ······································································· 101
　Terms

1. 文化圈 ··············································································· 101
　　Cultural Circle

2. "一带一路" ········································································ 101
　　The Belt and Road

3. 东学西传 ············································································ 102
　　East to West

4. 西学东渐 ············································································ 102
　　West to East

## 二、中外文化交流互鉴中的重要事件 ········· 103
Important Events in the History of Cultural Exchange between China and Foreign Countries

1. 张骞出使西域与陆上丝绸之路的开辟 ········· 103
   Zhang Qian's Mission to the Western Regions and the Opening of the Land Silk Road

2. 玄奘西行取经与鉴真东渡日本 ········· 103
   Xuan Zang Travels West for Buddhist Scriptures and Jian Zhen Travels Japan

3. 中国古代四大发明的西传 ········· 104
   The Western Dissemination of the Four Great Inventions of Ancient China

4. 郑和下西洋与大航海时代 ········· 106
   Zheng He Travels Western Ocean and the Great Maritime Navigation

5. 《马可·波罗游记》——西方人感知东方的第一部著作 ········· 106
   *The Travels of Marco Polo*—the First Book for Westerners to Perceive the East

6. 传教士的西学传播与西方汉学的兴起 ········· 107
   The Spread of Western Studies by Missionaries and the Rise of Western Sinology

## 三、中国古代典籍的海外传播及其影响 ········· 111
The Overseas Dissemination and Influence of Chinese Excellent Cultural Classics

1. 中国古代蒙学典籍的海外传播及其影响 ········· 111
   The Overseas Dissemination and Influence of Chinese Ancient Enlightenment Classics

2. 中国古代文学典籍的海外传播及其影响 ········· 114
   The Overseas Dissemination and Influence of Ancient Chinese Literature

3. 中国书画艺术的海外传播及其影响 ········· 124
   The Overseas Spread and Influence of Chinese Painting and Calligraphy

# 第五章 汉语国际教育硕士跨文化交际能力实证研究 ········· 135
Chapter Five  Empirical Study of Intercultural Communicative Competence of Master of International Chinese Education

## 一、跨文化敏感度 ········· 135
Intercultural Sensitivity

1. 汉语国际教育专业研究生跨文化敏感度实证调查 ········· 136
   Empirical Investigation of Intercultural Sensitivity of Postgraduates in International Chinese Education

2. 结果统计与比较分析 ········· 136
   Results and Discussion

3. 存在的问题与改进建议 ·········································································· 138
   Recommendations

二、跨文化意识 ······················································································· 139
   Intercultural Awareness

   1. 汉语国际教育专业研究生跨文化意识实证调查 ········································ 140
      Intercultural Awareness Survey of Postgraduates in International Chinese Education

   2. 结果统计与比较分析 ········································································ 140
      Results and Discussion

   3. 存在的问题与改进建议 ···································································· 144
      Recommendations

三、跨文化效力 ······················································································· 146
   Intercultural Effectiveness

   1. 汉语国际教育专业研究生跨文化效力实证调查 ········································ 148
      Empirical Investigation of Intercultural Effectiveness of Postgraduates in International Chinese Education

   2. 结果统计与比较分析 ········································································ 149
      Results and Discussion

   3. 存在的问题与改进建议 ···································································· 151
      Recommendations

# 第六章 汉语国际教育在海外的发展现状 ···················································· 154
Chapter Six   International Chinese Education around the Globe

一、汉字文化圈的汉语国际教育 ································································· 154
   International Chinese Education in Chinese Character Zone

   1. 韩国的汉语国际教育 ········································································ 155
      International Chinese Education in the Republic of Korea

   2. 日本的汉语国际教育 ········································································ 156
      International Chinese Education in Japan

   3. 越南的汉语国际教育 ········································································ 158
      International Chinese Education in Vietnam

二、非汉字文化圈的汉语国际教育 ······························································ 159
   International Chinese Education in Non-Chinese Character Zone

   1. 亚洲"非汉字文化圈"国家的汉语国际教育 ············································ 159
      International Chinese Education in Asian Non-Chinese Character Zone

2. 美洲国家的汉语国际教育 ⋯⋯⋯⋯⋯⋯⋯⋯⋯⋯⋯⋯⋯⋯⋯⋯⋯ 165
   International Chinese Education in America

3. 欧洲国家的汉语国际教育 ⋯⋯⋯⋯⋯⋯⋯⋯⋯⋯⋯⋯⋯⋯⋯⋯⋯ 167
   International Chinese Education in Europe

4. 大洋洲国家的汉语国际教育 ⋯⋯⋯⋯⋯⋯⋯⋯⋯⋯⋯⋯⋯⋯⋯⋯ 169
   International Chinese Education in Oceania

5. 非洲国家的汉语国际教育 ⋯⋯⋯⋯⋯⋯⋯⋯⋯⋯⋯⋯⋯⋯⋯⋯⋯ 170
   International Chinese Education in Africa

# 第七章　汉语国际教育跨文化交际案例分析 ⋯⋯⋯⋯⋯⋯⋯⋯⋯⋯⋯⋯ 180
Chapter Seven　Case Study of Intercultural Communication in International Chinese Education

一、国际汉语案例教学 ⋯⋯⋯⋯⋯⋯⋯⋯⋯⋯⋯⋯⋯⋯⋯⋯⋯⋯⋯⋯⋯ 180
   Cases of International Chinese Teaching

二、国际汉语课堂管理中的跨文化交际 ⋯⋯⋯⋯⋯⋯⋯⋯⋯⋯⋯⋯⋯⋯ 181
   Intercultural Communication in the Management of International Chinese Teaching Class

   1. 课堂秩序管理中的跨文化交际案例分析 ⋯⋯⋯⋯⋯⋯⋯⋯⋯⋯⋯ 182
      Case Analysis on How to Manage the Discipline of the Class

   2. 师生课堂互动中的跨文化交际案例分析 ⋯⋯⋯⋯⋯⋯⋯⋯⋯⋯⋯ 185
      Case Analysis on the Intercultural Interaction Among Instructor and Students

三、国际汉语课程教学中的跨文化交际 ⋯⋯⋯⋯⋯⋯⋯⋯⋯⋯⋯⋯⋯⋯ 188
   Intercultural Communication in the Curriculum of International Chinese Teaching

   1. 语音教学跨文化交际案例分析 ⋯⋯⋯⋯⋯⋯⋯⋯⋯⋯⋯⋯⋯⋯⋯ 189
      Analysis on the Intercultural Communicative Cases about the Phonetic Teaching

   2. 汉字教学跨文化交际案例分析 ⋯⋯⋯⋯⋯⋯⋯⋯⋯⋯⋯⋯⋯⋯⋯ 190
      Analysis on the Intercultural Communicative Cases about Teaching Chinese Characters

   3. 教具使用跨文化交际案例分析 ⋯⋯⋯⋯⋯⋯⋯⋯⋯⋯⋯⋯⋯⋯⋯ 192
      Analysis on the Intercultural Communicative Cases about Teaching Aids

四、中国文化教学中的跨文化交际 ⋯⋯⋯⋯⋯⋯⋯⋯⋯⋯⋯⋯⋯⋯⋯⋯ 195
   Intercultural Communication in the Teaching of Chinese Culture

   1. 文化课程跨文化交际案例分析 ⋯⋯⋯⋯⋯⋯⋯⋯⋯⋯⋯⋯⋯⋯⋯ 195
      Analysis on the Intercultural Communicative Cases in Cultural Curriculums

   2. 文化实践教学跨文化交际案例分析 ⋯⋯⋯⋯⋯⋯⋯⋯⋯⋯⋯⋯⋯ 197
      Analysis on the Intercultural Communicative Cases in the Practical Teaching of Chinese Culture

# 绪论
## ——新时期汉语国际教育与人类命运共同体构建

**Overview** An introduction to International Chinese Education and Construction of a Community with Shared Future for Mankind in the New Era

第十二届孔子学院大会(2017年12月12日)以"深化合作　创新发展　为构建人类命运共同体贡献力量"为主题,为新时代汉语国际教育带来了更加高远的指导和引领。2015年10月,习近平总书记在伦敦出席全英孔子学院和孔子课堂年会开幕式致辞中强调,语言是了解一个国家最好的钥匙,孔子学院是世界认识中国的一个重要平台。作为中外语言文化交流的窗口和桥梁,孔子学院和孔子课堂为世界各国民众学习汉语和了解中华文化发挥了积极作用,也为推进中国同世界各国人文交流、促进多元多彩的世界文明发展作出了重要贡献。

## 一、构建人类命运共同体思想形成的脉络
The Formation of Construction of a Community with Shared Future for Mankind

儒家创始人,被誉为"天之木铎"的孔子,主张"克己复礼为仁""己所不欲,勿施于人",倡导"温良恭俭让""礼之用,和为贵",强调"为政以德",经由历代儒者不断阐发,培育了"仁者爱人"的人本观念,凝练成"民为邦本,本固邦宁"的治国理念,汇聚为"观乎人文,以化成天下"的人文追求。这些宝贵思想,是中华民族生生不息、不断发展壮大的重要滋养,对中华文明乃至人类文明进步做出了重要贡献。其中,"和而不同"的儒家思想为"人类命运共同体"提供了重要的文化支撑。

2011年《中国的和平发展》白皮书指出:经济全球化成为影响国际关系的重要趋势。不同制度、不同类型、不同发展阶段的国家相互依存、利益交融,形成"你中有我、我中有你"的命运共同体。这是中国首次提出"命运共同体"的概念。

2012年,习近平总书记在十八大报告中向世界郑重宣告:"合作共赢,就是要倡导人类

命运共同体意识,在追求本国利益时兼顾他国合理关切,在谋求本国发展中促进各国共同发展,建立更加平等均衡的新型全球发展伙伴关系,同舟共济,权责共担,增进人类共同利益。"这是中国政府正式提出"人类命运共同体"的主题。

2013年3月,习近平在莫斯科国际关系学院发表演讲,第一次向世界传递对人类文明走向的中国判断:"这个世界,各国相互联系、相互依存的程度空前加深,人类生活在同一个地球村里,生活在历史和现实交汇的同一个时空里,越来越成为你中有我、我中有你的命运共同体。"

2015年9月,在联合国成立70周年系列峰会上,习近平全面论述了打造人类命运共同体的主要内涵:建立平等相待、互商互谅的伙伴关系,营造公道正义、共建共享的安全格局,谋求开放创新、包容互惠的发展前景,促进和而不同、兼收并蓄的文明交流,构筑尊崇自然、绿色发展的生态体系。

2016年9月,在G20峰会开幕式主旨演讲中,习近平呼吁树立人类命运共同体意识,以建立全球伙伴关系来积极应对当前复杂形势下各国所面临的困难和挑战。他说,在经济全球化的今天,没有与世隔绝的孤岛;同为地球村居民,我们要树立人类命运共同体意识。伙伴精神是二十国集团最宝贵的财富,也是各国共同应对全球性挑战的选择。

2017年1月,习近平在日内瓦万国宫出席"共商共筑人类命运共同体"高级别会议,并发表题为《共同构建人类命运共同体》的主旨演讲,阐释了构建人类命运共同体的中国方案。2017年2月,联合国社会发展委员会第55届会议一致通过"非洲发展新伙伴关系的社会层面"决议,首次写入"构建人类命运共同体"理念。2017年10月,习近平总书记在十九大报告中第三部分"新时代中国特色社会主义思想和基本方略"的第十二项,"坚持和平发展道路,推动构建人类命运共同体"做出了明确的概括:"构建人类命运共同体,建设持久和平、普遍安全、共同繁荣、开放包容、清洁美丽的世界。"并强调,要尊重世界文明多样性,以文明交流超越文明隔阂、文明互鉴超越文明冲突、文明共存超越文明优越。中国共产党第十九次全国代表大会通过全体投票,一致通过将"推动构建人类命运共同体"写入党章。

2018年2月,《中华人民共和国宪法》(2018年修正)的《序言》中写入"推动构建人类命运共同体"的内容。

## 二、汉语国际教育发展史
Brief History of International Chinese Education in the World

汉语是世界上使用人数最多的语言,但却不是最具影响力的语言。事实上,汉语在世界上的影响力毋说与英语相比,就是与俄语、阿拉伯语、日语等语种相比,也存在着一定的差距。造成这一情形的原因是多方面的,但随着我国经济的快速发展以及国际地位的不断提升,这一情形正在逐渐发生改变,越来越多的外国人对中国的语言文化产生了浓厚的兴趣,呈现出学习和使用汉语的热潮。

我国对外汉语教学有着很长的历史,但有系统、有组织地进行对外汉语教学,主要是在新中国成立之后。1951年,清华大学第一次对东欧招生,标志着真正意义上的对外汉语教学的开始。1983年,全国性学术团体——"中国教育学会对外汉语教学研究会"的成立则标志着对外汉语教学学科的正式诞生。对外汉语教学是指以外国人为教学对象的汉语教学,他们大多是成年人,是一种外语教学。对外汉语教学的任务是训练、培养外国学生正确使用汉语进行社会交际以及跨文化交际能力,进而能够理解中国文化。

我国对外汉语教学的整个发展过程是从应对需求到主动出击的过程。起初,对外汉语教学是为来华的外国人提供汉语的基本技能训练,在国内成立专门的学校和机构,侧重于"请进来",可以说在这一时期我们的对外汉语教学还处于被动应对的阶段。来华学习汉语的人数很少,对外汉语教学尚未成规模、系统化,对外汉语教学的理论和方法也处于初始启动阶段,很多想法和做法都不是很成熟。

改革开放以来,中国经济快速腾飞,中国在世界上的大国地位日益彰显,在国际上引发了一股"中国热","中国热"又带动了"汉语热"。据教育部统计,2018年共有来自196个国家和地区的492 185名各类外国留学人员在全国31个省(区、市)的1 004所高等院校学习。加强对外汉语教学工作,积极主动地为国内外汉语学习者提供及时高效的汉语言文化教学服务工作,成为现实之需、当务之急。中国的崛起是汉语走向世界的基础和条件,随着中国综合国力的增强,对外汉语教学也将迎来新的春天。

2005年7月,中国的对外汉语教学进入了一个新时期。首届"世界汉语大会"的召开,标志着对外汉语教学已经将目光转向汉语国际推广。汉语国际推广是汉语在国外有了一定基础之后我国政府所采取的一种主动行为。这主要是因为改革开放后,中国的国际影响力逐渐增强,作为交流的工具,掌握汉语已成为一种工作需要。为满足当地社区学习汉语多样化的需求,在从被动到主动的转变中,孔子学院应运而生,逐渐成为推广汉语教学、传播中国文化及汉学的全球品牌和重要平台。

在"汉语国际推广"的影响下,汉语作为外语教学也在发生着变化。从汉语国际推广到汉语国际教育,二者的不同之处在于"推广"与"教育":"推广"是指扩大施行或作用的范围;而"教育"则是指培养新生一代准备从事社会生活的整个过程,主要是指学校对儿童、少年、青年进行培养的过程。因此,汉语国际教育较汉语国际推广而言,更注重培养的过程。赵金铭(2011)指出,汉语国际教育的学术定位属于第二语言或外语教学,学科定位属于应用语言学,下辖国内的对外汉语教学(汉语作为第二语言教学)、海外汉语作为外语的教学。汉语国际教育的主旨是努力拓宽、发展汉语教学,同时传播中华文化。袁礼(2011)从狭义与广义两个层面界定了汉语国际教育:狭义的汉语国际教育是指对华侨华人进行中华语言及中华传统优秀文化的教育;广义的汉语国际教育是指对中国人与外国人进行中华语言、文化、宗教、民俗、经济、政治、社会、科技等直接或潜移默化的教育。不论是广义还是狭义,汉语国际教育都是指国际环境框架下的汉语教育。换言之,汉语国际教育不再是简单的对外汉语教学,它是对外汉语教学进一步发展的产物,视角要从最初的"国内"环境切换到"国际"环境。此外,汉语国际教育还包括了传播汉语言和汉文化的双重使命,这对于对外汉语教学来说是质的飞跃,也为汉语教学确定了新的发展方向。

汉语国际教育不仅是一种教育行为、教学行为,也是一种国际传播行为。与此相比,汉语国际推广更强调传播语言的主动性,强调汉语国际传播中的主动性,容易造成误解,引发接受国的反感或抵触,给捏造所谓"中国威胁论"的人落下口实。所以,在孔子学院创办15年并连续成功举办13届全球孔子学院大会的基础上,长沙举办的"2019中国国际中文教育大会"标志着汉语国际教育进入全新发展阶段。

## 三、孔子学院发展历程
### The Development of Confucius Institute

孔子学院(Confucius Institute)是中国国家对外汉语教学领导小组办公室在世界各地设立的推广汉语和传播中国文化与国学的教育和文化交流机构,其最重要的工作就是给世界各地的汉语学习者提供规范、权威的现代汉语教材,提供正规、科学的汉语教学渠道。全球首家孔子学院于2004年11月21日在韩国首尔成立。截至2018年12月31日,全球有154个国家(地区)共建立了548所孔子学院和1 193个孔子课堂。在过去近15年的时间里,伴随着中国在全球政治、经济、文化地位的跃升,孔子学院的事业也得到飞速发展(如图1、图2所示)。

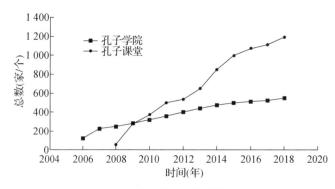

图1 孔子学院发展趋势图

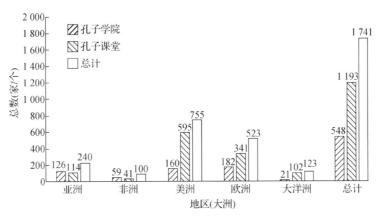

图2 2018年孔子学院分布概况图

孔子学院是中外合作建立的非营利性教育机构,致力于适应世界各国(地区)人民对汉语学习的需要,增进世界各国(地区)人民对中国语言文化的了解,加强中国与世界各国教育文化交流合作,发展中国与外国的友好关系,促进世界多元文化发展,构建和谐世界。孔子学院开展汉语教学和中外教育、文化等方面的交流与合作,所提供的服务包括:开展汉语教学;培训汉语教师,提供汉语教学资源;开展汉语考试和汉语教师资格认证;提供中国教育、文化等信息咨询;开展中外语言文化交流活动等。各国孔子学院以教授汉语、传播中华文化为己任,同时因地制宜、灵活多样地融入当地,服务当地人民,努力成为所在国的汉语教学中心、本土汉语师资培训中心和汉语水平考试中心。

在2004年最初的开拓时期,孔子学院是从亚洲和非洲开始逐渐走出去的,这也是中国地缘优势及外交环境的反映。亚洲多国属汉字文化圈,对汉语和中国文化的认同感与生俱来,而且从周边国家开展工作有利于借助国际贸易、边境交往等方面的优势。令人意外的是,仅隔一年,2005年新建立的孔子学院的数量几乎是2004年的6倍,且新增孔子学院主要分布在欧洲、美洲和大洋洲,其增长速度超出了中国人的预期,却符合了世界人民对汉语和中国文化的学习需求和兴趣。2006年,孔子学院实现了飞跃发展,全球的汉语和中国文化学习需求暴增。7月,在北京召开了首届孔子学院大会,来自38个国家和地区的孔子学院和孔子课堂的代表参加了此次大会,与会代表共同讨论了中国语言和文化传播的发展方向。据2006年统计数据和相关资料显示,当年海外通过各种方式学习汉语的人数已超过3 000万人,100多个国家2 500余所大学开设了中文课。孔子学院不单纯是语言教育机构,已成为向海外介绍中国的窗口。2011年,孔子学院总部加大了汉语教学及学习电子资源的开发和推广,特别开发了含中文在内的46个语种的全新的网络孔子学院中文学习和教学网站,增强了网络孔子学院的功能。截至2011年底,网络孔子学院注册用户已达到近31万人,仅当年新增用户近18万。据统计,2011年网络孔子学院访问量约8 500万次。此外,教材的开发也得到蓬勃发展,改编、翻译及出版《汉语乐园》《快乐汉语》《跟我学汉语》《当代中文》《汉语800字》《汉语图解小词典》《汉语图解词典》《国际汉语教学通用课程大纲》等8套教材、45个语种的工具书以及《新实用汉语课本》共9个语种1 115个品种。2012年,孔子学院总部启动实施"孔子新汉学计划"。该计划以课题研究为主线,涵盖中外合作培养博士、来华攻读博士学位、"理解中国"访问学者、青年领袖、国际学术会议和出版资助等6个项目。2013年孔子学院数字化建设进一步发展,孔子学院数字图书馆、孔子学院教学案例库、信息库正式上线运行。其中孔子学院数字图书馆首期整合了18.8万种多媒体资源,有助于用户便捷地学习、研究和体验中国语言文化。此外,孔子学院总部还不断加强汉语考试服务体系建设,考生和考点数量增长迅速,HSK、HSKK、BCT、YCT等汉语水平考试已成为全球权威汉语水平测试。2014年网络和计算机考试得到进一步的推广,共在全球116个国家(地区)设立了886个考点。2015年习近平主席在全英孔子学院和孔子课堂年会开幕式讲话中指出,孔子学院是世界认识中国的一个重要平台,作为中外语言文化交流的窗口和桥梁,孔子学院和孔子课堂为世界各国民众学习汉语、了解中华文化发挥了积极作用,也为推进中国同世界各国人文交流、促进多元多彩的世界文明发展作出了重要贡献。2017年第12届孔子学院大会以"孔子学院发展与构建人类命运共同体"为主题。截至2017年,中国共计派出教师30 277人次,累计派出志愿者43 871人次,培养各国本土汉语教师46万人次。2018年第十三届孔子学院大会共有来自154个国家和地区的1 500多名代表参加。国务院副总理、孔子学院总部理事会主席孙春兰出席并做了《推动孔子学院高质量发展,为构建人类命运共同体贡献力量》的主旨演讲。孙春兰指出,中国政府一贯鼓励跨文化交流,积极支持中外双方合作办好孔子学院。习近平主席多次强调,作为中外语言文化交流的窗口和桥梁,孔子学院属于中国,也属于世界。在中外双方共同努力下,孔子学院的教育质量稳步提升,文化交流日益活跃,服务能力不断增强,为满足各国民众汉语学习需求、服务经贸等务实合作作出了积极贡献。孙春兰指出,构建人类命运共同体,推动各国共同繁荣发展,需要更好地发挥语言在增进理解、凝聚共识、促进合作、深化友谊中的独特作用。孔子学院要创新教学方法,加强师资队伍建设,健全质量评价体系,打造汉语教学权威平台。要开展丰富多彩的文化活动,发挥汉学家的文化使者作用,培育人文交流综合平台。要实施"汉语+"项目,因地制宜地开设技能、商务、中医等特色课程,建立务实合作支撑平台。要坚持开门办学,发挥双方办学优势,培养更多熟悉对方国家的优秀人才,构建国家友好交往平台,为深化中外友好、构建人类命运共同体做出贡献。

## 四、新时期汉语国际教育推进构建人类命运共同体的崇高使命

Mission of International Chinese Education—Promoting Construction of a Community with Shared Future for Mankind

崔希亮(2018)认为,汉语国际教育在构建人类命运共同体的过程中应该有所作为。他

详细论证了汉语国际教育与人类命运共同体之间的密切关系,认为人类命运共同体的理念为汉语国际教育学科和事业发展提供了内生动力,主要表现在:① 汉语国际教育要为构建人类命运共同体服务;② 汉语国际教育要与构建人类命运共同体同行;③ 汉语国际教育要立身中国,放眼世界;④ 构建人类命运共同体会为汉语国际教育提供更好的发展环境。

宁继鸣(2008)运用公共产品理论论证了"语言国际推广:全球公共产品和国家公共产品的二重性"。他认为,随着世界经济全球化的不断发展,不同文明之间的竞争与冲突将进一步加剧,维护语言多样性、文化多元化已成为构建和谐世界的重要选择,在语言国际推广的国家公共产品属性进一步加强的同时,其全球公共产品的属性日趋明显……全球公共产品属性使得各国在促进世界不同民族的文明互动与融合、抵御单一价值体系文化的共同利益驱使下,肩负着一种神圣的使命,在责任和义务的推动下推广本国语言,从而有利于实现人类语言的多样性与文化的多元化。当语言推广既成为一国履行国际道义的责任,又是一国长远发展的需要时,语言国际推广给国家和世界带来的效益就能最终实现。

在新时代背景下,在推进"一带一路"倡议、构建人类命运共同体的进程中,汉语国际教育承担着推进汉语教学、传播中华文化、促进中外文明交流互鉴、推进人类文明进程的神圣使命。

## 1. 加强汉语国际推广全球公共产品属性是汉语国际教育的重要任务

Important Mission of International Chinese Education—Strengthening the Public Product Attribute of Chinese Language Globalization

中国"向世界推广汉语"已有100多年的历史。新中国成立之后,汉语推广受到党和国家领导人的重视,开始有组织、有系统地向国外传播汉语。改革开放以来,这项工作得到进一步加强,但长期限于对外汉语教学领域,侧重于"请进来"。直到2002年,教育部和国家对外汉语教学领导小组开始酝酿借鉴世界各国推广本民族语言的经验,在海外设立语言推广机构。随后,这一计划出现在国务院批准的《汉语桥工程》(2003—2007)五年规划的文件上。2005年7月,首届世界汉语大会在北京人民大会堂召开,"汉语国际推广"被正式确认并全面实施,标志着我国汉语推广工作开始进入全面发展的战略阶段。2004年,我国在借鉴英、法、西、德等国家推广本民族语言经验的基础上,开始探索在海外设立以教授汉语和传播中国文化为宗旨的非营利性公益机构——孔子学院。

汉语国际推广,特别是海外孔子学院建设,使得全世界的汉语需求者能以更低的成本获取更高质量的汉语教育服务,享受历史悠久、博大精深的中华文化。因此,汉语国际教育应着力加强文化自信,强化中华文化所蕴含的追求和谐、强调"和而不同"价值理念的教育。将中华文化注重利他、注重和谐的东方品格与释放着和平信息的人文精神有效融入汉语教学实践,对于思考和消解当今世界个人至上、恶性竞争、掠夺性开发以及种种令人忧虑的非和平现象,对于追求人类的安宁与福祉将提供重要的思想启迪,实现汉语国际推广促进世界和谐发展的神圣使命。

## 2. 有效提升中华优秀文化传播力是汉语国际教育的重大挑战
The Grand Challenge of International Chinese Education—Boosting the Dissemination of Excellent Chinese Culture Effectively

中华优秀传统文化在历史上曾对许多国家包括西方国家产生过深刻影响。17 世纪至 18 世纪,一些西方传教士把中国古代的一些经典著作翻译介绍到欧洲各国,震动了欧洲许多国家的思想界,形成崇拜中国文化的热潮。新中国成立后,中国广大人民所创造的革命文化和社会主义先进文化成为中国现代发展的强大精神动力,中国精神受到全世界的广泛关注。在当今时代,人们越来越认识到,中华文化蕴藏着解决当代人类面临的难题的重要启示。因此,中华文化走出去正面临难得机遇,具有广阔空间。

但是,如何让世界了解一个真实、立体、全面的中国是一个重大课题,提升中华优秀文化传播力是汉语国际教育工作者的神圣使命。2016 年 2 月 19 日,习近平总书记在党的新闻舆论工作座谈会上指出:坚持正确方向,创新方法手段,提高新闻舆论传播力、引导力。他强调,要尊重新闻传播规律,创新方法手段,切实提高新闻舆论传播力、引导力、影响力、公信力。这些论点对于汉语国际教育专业人员具有极好的启示作用:在汉语教学中要着力加强中国语言文化的国际传播力建设,讲好中国故事,传播好中国声音。

## 五、《国际汉语教师标准》与跨文化交际能力
International Standard for Chinese Teachers and Intercultural Communicative Competence

语言能力决定发展潜力。牛津大学认为(任晓霏等,2019),发展和提升语言教育和语言学习,是大学教育的必要条件,也是终身学习的关键影响因素。陆俭明(2016)提出,语言能力事关国家综合实力。当前国家面临的问题是社会整体语文素养出现一定程度的滑坡,国民语言意识普遍薄弱,民族语言研究人才缺乏等。在汉语国际教育中,语言能力则更为关键,教师不仅要有扎实的汉语语言素养和教学能力,而且要有较强的英语能力和用施教国语言进行沟通的基本能力。

根据任晓霏等(2019)的研究,2012 年 12 月 12 日,国家汉办出台新的《国际汉语教师标准》,对 2007 标准框架进行凝练,突出汉语教学、中华文化传播和跨文化交际三项基本技能。实际上,三项基本技能全部指向了跨文化交际能力:① 汉语教学是汉语作为第二语言(外语)教学,本身就是一种跨文化交际活动;教师应该具有较强的跨文化敏感度,分析判断教学对象在汉语学习过程中的母语语言文化中的迁移现象,增强交际参与度、差异认同感、交际信心、交际愉悦和交际专注度等跨文化敏感度五个方面的能力,从而有效提高教学效率。② 传播中华文化是汉语国际教育硕士跨文化交际的神圣使命。在国际汉语教师证书考试

的说明中有着明确的阐述,即 i.了解中华文化基本知识、主要特点、核心价值及当代意义,通过文化产品、文化习俗说明其中蕴含的价值观念、思维方式、交际规约、行为方式,将文化阐释和传播与语言教学有机结合,掌握相关中华才艺,并能运用于教学实践;ii.了解中国的基本国情,了解当代中国的热点问题,能以适当方式客观、准确地介绍中国;iii.了解世界主要文化的特点,尊重不同文化,具有多元文化意识,能自觉比较中外文化的主要异同,并应用于教学实践(上述 i、ii 涉及跨文化效力,即有效推进中华文化海外传播的能力);iv.是跨文化意识,即汉语国际教育要培养具有全球公民意识、具有高尚国际情怀的人才。以文明交流超越文明隔阂、文明互鉴超越文明冲突、文明共存超越文明优越。③ 关于跨文化交际本身,《国际汉语教师标准》与国际汉语教师证书考试有相同的描述:了解跨文化交际的基本原则和策略,掌握跨文化交际技巧,能有效解决跨文化交际中遇到的问题,能使用任教国语言或英语进行交际和教学。

所以,汉语国际教育硕士跨文化交际能力的培养是研究生培养三项基本技能的核心,跨文化敏感度、跨文化意识和跨文化效力三者的相互作用应该贯穿于汉语作为第二语言教学能力培养和中华文化传播力提升的全过程。

需要指出的是,本书参阅和引用了大量相关论著和论文以及百度百科、百度学术和中国知网等反映学界研究现状及最新成果的资料,为便于行文,正文中引用的部分文献内容没有直接指出其来源,但希望所有参阅的文献均在参考文献中注出,这里一并对相关专家和学者表示崇高敬意。

# 参考文献

陈国明,2009.跨文化交际学[M].上海:华东师范大学出版社.
崔希亮,2018.汉语国际教育与人类命运共同体[J].世界汉语教学;32(04):435-441.
国家汉语国际推广领导小组办公室,2015.国际汉语教师标准[M].北京:外语教学与研究出版社.
胡范铸,陈佳璇,张虹倩,2018.目标设定、路径选择、队伍建设:新时代汉语国际教育的重新认识[J].世界汉语教学;32(01):3-11.
胡范铸,陈佳璇,2011.国际汉语教育研究.第 1 辑[M].北京:高等教育出版社.
孔子学院总部/国家汉办.[EB/OL].http//:www.hanban.org.
刘旭,2015.中国孔子学院历时发展研究[J].重庆大学学报(社会科学版):21(06):234-241.
卢德平,2016.汉语国际传播的推拉因素:一个框架性思考[J].新疆师范大学学报(哲学社会科学版):37(01):55-61+2.

陆俭明,2016.语言能力事关国家综合实力提升[N].人民日报(02-17):007.

宁继鸣,2008.语言国际推广:全球公共产品和国家公共产品的二重性[J].文史哲(03):125-130.

任晓霏等,2019.汉语国际教育硕士跨文化交际能力培养体系[J].社会科学家(12):146-151.

施家炜,2016.汉语国际教育专业人才培养的现状、问题和发展方向[J].国际汉语教育(中英文)1(01):13-17.

王祖嫘,吴应辉,2015.汉语国际传播发展报告(2011—2014)[J].新疆师范大学学报(哲学社会科学版)36(04):92-99.

习近平,2013.更好统筹国内国际两个大局夯实走和平发展道路的基础——在十八届中共中央政治局第三次集体学习上的讲话[N].人民日报(1-30):001.

习近平,2017.共同构建人类命运共同体——在联合国日内瓦总部的演讲[N].人民日报(1-20):002.

袁礼.2011.试论孔子学院和国际汉语教育的制度化建构[J].华侨大学学报(哲学社会科学版)(1):76-82.

张西平,柳若梅.2008.世界主要国家语言推广政策概览[M].北京:外语教学与研究出版社.

张勇先.2014.英语发展史[M].北京:外语教学与研究出版社.

赵金铭.2011.国际汉语教育研究的现状与拓展[J].语言教学与研究(4):86-90.

教育部官方网站(http://www.moe.gov.cn/jyb_xwfb/gzdt_gzdt/s5987/201904/t20190412_377692.html)

# 第一章　文化与交际
## Chapter One　Culture and Communication

## 一、文化
### Culture

从词源和语义上考察,"文化"一词是从拉丁语 Cultum 转化而来的,其原意是指人在改造外部自然界使之适应于满足食住等需求的过程中,对土地的耕耘、加工和改良。后来,这一术语产生了转义,罗马著名演说家西赛罗在他的"智慧文化即哲学"这句名言中把文化的转义确切地表达出来了,智慧文化的内容变为主要指改造、完善人的内在世界,使人具有理想公民素质的过程。于是,政治生活和社会生活,以及培育公民具有参加这些活动所必需的品质和能力等等,渐渐被列入文化概念,使其外延和内涵都变得更为广泛和丰富。但在中世纪,文化的含义被神学观念所压倒。18 世纪启蒙时代的理论家们把"文化"概念逐步从神学体系中解放出来。从 18 世纪末开始,西方语言中的"culture"一词的词义与用法发生了重大变化。在这个时期,文化一词主要是指自然成长的倾向以及人的培养过程。到了 19 世纪,文化本身变成了心灵的某种状态或习惯,与人类完善的思想具有密切关系。其后又用来指一个社会整体内知识发展的一般状态,再后来表示各类艺术的总体。最后,到 19 世纪末,文化开始意指一种物质上、知识上和精神上的整体生活方式。

### 1. 文化的定义
#### Definition of Culture

人们对"文化"一词并不陌生,但是,简单而明确地定义"文化"这一概念绝非易事。据统计,由人类学家、精神病学家以及其他权威学者对"文化"一词下的定义已达近两百个。

1871 年,英国著名人类学家泰勒(E. B. Tylor)在《原始文化》一书中提出了他对文化的定义:"所谓文化或文明乃是包括知识、信仰、艺术、道德、法律、习俗,以及包括作为社会成员的个人而获得的其他任何能力、习惯在内的一种综合体。"(E. B. Tylor,1992)这种理解影响了当时和后来的许多社会学家,学者们从各个不同的领域,以不同的方法、不同的角度对文化这一综合体进行了详细的研究,并出现了不同的文化学派。英国著名文化人类学家马林诺夫斯基认为:"文化是对传统的器物、货品、技术、思想、习惯及价值而言的……并且包括社会组织。"(B. Malinowski,2002)美国著名人类学家克拉克洪(Clyde Kluckhohn,1986)教授认为,文化指的是某个人类群体独特的生活方式,既包含显性式样又包含隐性式样,它具有为整个群体共享的倾向,或是在一定时期中为群体的特定部分所共享。苏联有学者认为,文化是受历史制约的人们的技能、知识、思想感情的总和,同时也是其在生产技术和生活服务的技术上、在人民教育水平以及规定和组织社会生活的社会制度上、在科学技术成果和文学艺术作品中的固化和物质化。德国有学者认为,文化指人类在一定时期一定区域内依据他们能力在同周围环境斗争中以及在他们的理论和实践中所创造的成果,包括语言、宗教、伦理、公共机构、国家、政治、法律、手工业、技术、艺术、哲学和科学。在西班牙,文化是指在某一社会里,人们共有的由后天获得的各种观念和价值的有机的整体,也就是非先天遗传的人类精神财富的总和。在法国,文化是指一个社会群体所特有的文明现象的总和,它包括知识、信仰、艺术、道德、法律、习俗以及作为社会成员的人所具有的一切其他规范和习惯。法国学者维克多·埃尔(Victor Hell,1988)认为:"文化就是对人进行智力、美学道德方面的培养,文化并不是包括行为、物质创造和制度的总和。"法国著名学者卢梭在他的《社会契约论》一书中指出文化是风俗、习惯,特别是舆论。在他看来,文化有以下特点:其一是,铭刻于人们的内心;其二是,文化是慢慢地诞生的,但每天都能获得新生力量并逐渐取代过去的权威力量;其三是,能维系人们的法律意识。文化一词应具有两种相关的含义。它首先支持着群体或组织成员广泛持有的神话、象征、故事等价值观念,同时,它也代表着存在于一个国家或一些其他大型政治组织中以价值观念为基础所构筑成的共同团体。文化是一组通过学习可以获得的、共享的互关联的符号,它为团体成员提供某些方针,能为组织或团体的生存提供必要的解决方案。在《当代人类学》中,哈维兰(W. A. Havilland,1987)指出,可为人所接受的文化定义应是:文化是一系列规范或准则,当社会成员按照它行动时,该行为应限于社会成员认为合适和可接受的变化范围内。而美国学者沙因(Edgar H. Schein,1992)则认为,文化是由一系列假设所构成的模式,它是由组织或团体的成员在探索内部组织和外部环境这一过程中所发现形成和创造的。荷兰哲学家皮尔森(V. Peursen,1992)说,文化不再是一种利在于人的、在历史中自动发生作用的非人格力量。这样看来,文化与其说是名词,倒不如说是动词。故此,人们在考察文化时,就不应把它作为一个已完成的事态现状,而应把它作为现代文化构成中的一个阶段性的历史过程。虽然皮尔森对文化的界定具有浓厚的人本主义特色,宣扬了人的主体性,但是也揭示了一些深邃的哲理。德国人类学家兰德曼(M. Landman,2006)说,文化是由人自身的自由的首创性所创造的。正是如此,人类创造了丰富多彩的文化,例如不同的民族有不同的文化,不同的时代有不同的文化。显然,兰德曼对于文化所包含的具体内容并不十分关心,他所关注的是,文化究竟是怎样发生的?文化何以如此多样化?它对人类具有什么样的意义?

在汉语中,文化的意识至少应当上溯至东周。孔子曾极力推崇周朝的典章制度,他说,"周监于二代,郁郁乎文哉。"(《论语》)。这里的"文"已经有文化的意味。而"文化"最早见于《周易》之"观乎人文,以化成天下。"就词源而言,古代汉语最先将"文化"合二为一使用的则最早出现于西汉刘向的《说苑·指武》。他写道:"圣人之治天下,先文德而后武力。凡武之兴,为不服也;文化不改,然后加诛。"这里,把"文化"与"武威"对立,"文化"的基本含义便为"文治教化"。汉代荀悦有所谓"宣文教以张其化,立武备以秉其威"之说。南朝梁昭明太子萧统所谓"言以文化辑和于内,用武德加于外远也",即所谓"文化内辑,武功外悠"的说法。后来,南齐王融在《三月三日曲水诗序》中写道:"设神理以景俗,敷文化以柔远。"从这两个最古老的用法上看,中国最早的"文化"一词是"文治和教化"的意思。在古代汉语中,文化就是以伦理道德教导世人,使人"发乎情止于礼"的意思。晋代束晳在《补亡诗》中也同样阐述了"文化内辑,武功外悠"的含义。这里的"文化"显然指的是人们的礼仪风俗。可以说,在中国古代,文化一直是在文治教化、礼乐典章制度意义上使用。而把"文化"翻译为"culture",则始于日本学者,这时候的文化交流,已掩盖了两者语意上的区别。如钱穆先生所言,中国的"文化"偏重于精神方面,这时也多少认同了"culture"中的有关耕种、养殖、驯化等含义,将文化置于一定的生活方式之上。尤其值得一提的是,近代以来,随着西方人文社会科学的传入,文化的内涵在不断扩大。学者们对文化的定义也众说纷纭、五花八门,有的人认为文化就是文学,有的人认为文化就是指人格、道德等等。

新中国成立后,根据修订后的《词源》,"文化"一词是指文治和教化,指人类社会历史发展过程中所创造的全部物质财富和精神财富,也指社会意识形态。《辞海》则认为文化有三种含义:其一,从广义上说,文化是指人类社会历史实践过程中所创造的物质财富和精神财富的总和;从狭义上讲,文化是指社会的意识形态,以及与之相适应的制度和组织机构。其二,泛指一般知识,包括语文知识在内。例如"学文化"就是指学习文字和求取一般知识;又如对个人而言的"文化水平",也是指一个人的语文和知识程度。其三,指中国古代封建王朝所实施的文治和教化的总称。上世纪80年代以来,文化问题研究成为中国学术界的一股潮流,文化的定义也多样化起来。有的人认为,文化是人类在处理人和世界关系中所采取的精神成果的总和,是活动方式与活动成果的辩证统一;有的人认为,文化是指人类精神生产的领域,是观念形态的反映,其核心内容是作为精神产品的各种知识;还有的人则认为,文化是人的生命活动发展的特殊方式,是人与自然、人与世界全部复杂关系种种表现形式的总和。我国著名学者任继愈先生认为文化有广义和狭义之分。广义的文化,包括文艺创作、哲学著作、宗教信仰、风俗习惯、饮食器服之用,等等。狭义的文化,专指能够代表一个民族特点的精神成果。梁漱溟先生认为:"文化,就是吾人生活所依靠之一切,文化是极其实在的东西。

文化之本义,应在经济、政治,乃至一切无所不包。"台湾著名学者钱穆认为,"文化只是人类生活。……文化是指集体的、大众的人类生活"。凡此种种,不一而足。

在文化的定义和对其本质的认识上,马克思、恩格斯曾在经典著作中有过重要论述。早在19世纪40年代,马克思、恩格斯就在《德意志意识形态》(马克思,恩格斯,2004)中运用唯物主义的基本观点,提出文化起源于人类物质生产活动的思想。1876年,恩格斯在《劳动在从猿到人转变过程中的作用》中,指出文化作为意识形态,借助于意识和语言而存在,文化是人类特有的现象和符号系统,文化就是人化,人的对象化或对象的人化,起源于劳动。后来拉法格(P. Lafargue)关于思想起源的探讨和普列汉诺夫关于原始文化的研究,具体地说明了文化的起源问题,证实了马克思和恩格斯的文化起源观。列宁则主要从精神的角度探讨文化,论述了文化的阶级性。毛泽东同志认真分析和总结西方文化、新学旧学之争的过程及其因缘,在肯定以新学、西学为基本内容的资产阶级民主主义文化的积极作用的同时,对帝国主义文化和封建主义文化作了断然的否定,提出了无产阶级领导的反帝反封建的新民主主义文化的科学主张。其基本点包括:第一,这种文化只能由无产阶级的文化思想即共产主义的思想去领导,而不能由任何别的阶级的文化思想去领导;第二,这种文化与新民主主义革命的性质和任务相适应。因此它既不是资产阶级专制主义的文化,也不是社会主义文化(虽然含有社会主义因素);第三,这种文化具有民族的、科学的、大众的文化特征和基本内容。这些思想构成了毛泽东同志关于新民主主义文化的科学定义。它从理论和现实两方面清晰地阐明了什么是新文化,也就是中国社会发展所要求的先进文化的问题。

可见,文化是一种社会历史现象,每一社会都有与其相适应的文化,并随着社会物质生产的发展而发展。作为意识形态的文化是一定社会的政治经济的反映,又给予巨大影响和作用于一定社会的政治和经济。而随着民族的产生和发展,文化又具有民族性。不同民族的文化,无论在内容上还是在形式上,都反映着不同民族的个性,具有不同的特色。另一方面,文化也具有地域性,"一方水土养方人",不同地域的文化同样具有不同的特色,大到历史传统、风土人情;小到"乡音难改"。同时,文化还具有历史连续性和包容性。"海纳百川,有容乃大",一定社会物质生产发展的历史则是不同文化相互融合和发展的历史。故此,我们可以总结概括出"文化"定义的四层含义(见图1):

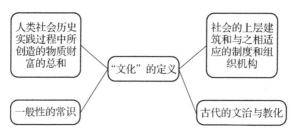

图1　文化定义的四层含义

## 2. 文化的分类
Classification of Culture

从逻辑上看,对"文化"展开分类,实质上是对此概念的外延展开逻辑划分。要全面地划分被分概念的外延,首先就须对被分概念的所论对象进行要素分析,找出所论对象共同具有的重要构成要素,分别以它们内涵的异同为标准展开分类,然后用"文化"概念作为它们最邻近的属概念,把以不同要素为标准展开分类得到的结果组织、统一起来。这就是所谓"要素分析的分类"。要素分析的分类是对复杂对象展开分类研究的有效方法。

对文化进行要素分析就会发现,文化有存在形态、建构目的、思维方式、意识状态、历史时代、地理区域以及品质七个要素。以它们分别为标准展开要素分析的分类,就得到文化的七个要素类型(如图2)。

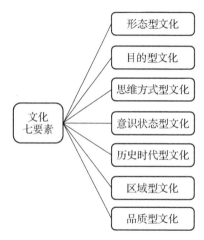

图2 文化的七个要素类型

文化的要素类型本身(类名),是文化的第一层次分类(要素分析的分类)的结果。以这些要素类型分别统一其亚层次的分类类别,就共同构成文化的分类体系。换言之,文化的分类体系是以文化的要素类型为分类的第一层次,统一着不同亚层次类别而结构起来的系统体系。文化的具体构成如下:

**1) 形态型文化**

形态型文化是以存在形态为标准,对文化进行要素分析的分类而得到的要素型文化。文化的存在形态多姿多彩,但若以建构文化的主体(人)为参照系来分析就可发现,文化一部分存在于主体自身之上,一部分则转化为外部对象。存在于人自身之上的文化我们称之为本体文化,转化为外部对象的文化我们称之为对象文化,有的文化既包含本体文化,又包含对象文化。这样,全部形态型文化就可分为本体文化、对象文化、本体—对象文化三大类。

本体文化是存在于人自身之上的形态型文化。具体承担本体文化的人包括个体人、群体人——社会与人类。相应地,本体文化可分为个人本体文化、社会本体文化、人类文化三大类。

个人本体文化是统一在个人身上的本体文化。每个人身上都统一着或多或少、或同或异的文化。对个人身上的文化可以从要素、行为、来源、性别、年龄五个维度展开探讨。相应地,个人本体文化可分为个人要素文化(如语言素养、科学素养、技术素养、艺术素养、宗教知识等)、个人行为文化(有职业劳动文化、学习文化、交往文化、创造行为文化、休闲文化、饮食文化、性文化等)、个人来源型文化(先天文化与后天文化)、性别个人文化(男性个人文化与女性个人文化)、年龄个人文化(儿童个人文化、青年个人文化、中年个人文化、老年个人文化)五大类。

社会本体文化是统一在社会中的本体文化。社会是统一着种种文化的、由众多个人有机构成的群体,是人们通过复杂的人际关系、社会关系而建构起来的。对统一在社会中的文化,可以从社会的机构、行为、来源、层次四个维度展开探讨;相应地,社会本体文化可分为社会结构文化(家庭机构文化、政治机构文化、教育机构文化、科学机构文化等)、社会行为文化(家庭生活文化、政治文化、经济文化、教育文化、科学研究文化等)、来源型社会文化(内生社会文化、外来社会文化)、层次型社会文化(官方文化与民间文化、精英文化与大众文化)四大类。

人类文化是人类具有的统一着所有个人文化、社会文化的本体文化。在历史上,人类是相对于自然的一个"大共名"。由于地理上的相互隔离,在相当长的历史时期没有形成统一的人类文化。近代以降,伴随着科学技术的大发展,特别是在今天全球化的历史条件下,具有内在一致性又包含着种种差异性、矛盾性的人类文化,就初见端倪了。

对象文化是转化为人的外部对象的形态型文化,是人借助于外物通过自觉—盲目行为而把自己的目的、智能、体力外在地对象化的产物。以所对象化的主导性能力是脑力还是体力为标准,可把对象文化分为物质文化、客观精神文化、物质—客观精神文化三大类。

物质文化是主要通过人的体力劳动并运用相应手段变革外物而形成的对象文化。根据用途,物质文化大体上可分为消费品、工具、建筑物、驯养物、国土等亚类。

客观精神文化是主要通过人的脑力劳动并运用相应手段变革外物而形成的对象文化。根据存在形态,客观精神文化大体上可分为书面文献、造型艺术品、音像制品、计算机软件等亚类。

物质—客观精神文化是基本上均等地外化人的脑力与体力而形成的对象文化,如计算机、电视机、网络设备等高科技产品,就属此类。

本体—对象文化是本体文化与对象文化统一而形成的综合的形态型文化。人所建构、创造的本体文化与对象文化大都是统一存在的。从大的范围看,其统一的形态有地区、民族、国家、大洲、全球大方位、全球之分;相应地,本体—对象文化可分为地区文化、民族文化、国别文化、洲别文化、全球大方位文化(如东方文化、西方文化)、全球文化六大类。

### 2) 目的型文化

目的型文化是以建构文化的目的为标准,对文化进行要素分析的分类而得到的要素型文化。对人类贯彻到文化中的全部目的,可根据分化与否而分为两大类,即未分化的目的和分化的目的。相应地,目的型文化可分为生存文化与分化的目的型文化两大类。

生存文化是以生存为目的的未加分化的目的型文化。这种目的型文化的典型代表就是原始文化。在当代落后的地区也有生存文化,这是原始文化延伸到今天的结果。

分化的目的型文化是追求分化开来的目的而创造的目的型文化。分化开来的目的有求知、利行、求美、信仰四大类。相应地,分化的目的型文化可分为求知文化、利行文化、求美文化、信仰文化四大类。

求知文化是以求知为目的的目的型文化。求知文化包括求知行为文化(如科学研究)与求知行为结果形态的文化,这就是识性知识。识性知识是通过感知与求知思维、认识世界万物而建构起来的知识。知识是通过人的智能活动而建构起来的观念,包括识性知识与意向知识两大类。识性知识又可分为逻辑维的识性知识与认识方式维的识性知识。

利行文化是以利行为目的的目的型文化。利行者,有利于行为也。从动态过程的角度看,利行文化都贯穿在人的行为中。从成果的角度看,利行文化的成果包括主观形态的意向观念、客观形态的劳动产品、主—客观综合形态的技术。

意向观念是观念形态的利行文化。从知与意两个方面,可以分之为意向知识与意向体系两类。意向知识是以价值观为定向系,以种种一般的与特殊的、成功的与错误的行为知识为主要内容的、关于人的行为追求领域里的知识;是通过人的切身体验、学习与创造而建构起来的。

意向体系是以"我"及其立场为观念性主体,以需要、兴趣、爱好、欲望、理想、目的、幻想、态度、方法、规范等为主要内容,并具有内在动力性的观念形态的意向观念;是人在先天心向基础上,在后天的学习与生活中,以自我认识、相关知识(特别是意向知识)、既有条件为根据,通过决策思维而建构起来的。

求美文化是以追求美为目的的目的型文化。美是能引起主体主动感受、诱发相应情感并能唤起其行为,从而形成被主体所干预的对象的以和谐为主导的和谐与失和统一的存在形态;是在自然物结构与功能基础上,通过主体的感受与行为干预而发展变化着的存在形态。求美是人以其包括心理结构的机体结构及其孕育了的需要与能力为根据,对美展开追求的统一着相应心理过程的行为关系。人与美的关系有外在关系与内在关系之分。内在关系是实现人与美的价值的关系,包括审美、学美、美育、创美、研美、研审美六方面。研美与研审美是对美与审美的科学研究,这些关系可以实现在人类的求知文化的创造中,在此不论。而审美、学美、美育与创美四种关系则形成求美文化的四个重要亚类:审美文化、学美文化、美育文化、创美文化。

审美文化是以审美为目的的求美文化。从行为的角度看,审美是以陶冶性情、健康身心、享受人生为目的的统一着对对象的感知、理解、体验、评价、共鸣等心理过程的行为。人们阅读文学作品、听戏、看电影等行为，都属于审美的行为文化。学美文化是以学习美的理论与实践为目的的求美文化。美育文化是以美、研美成果、研审美成果为教育内容的求美文化。创美文化是以创造美为目的的求美文化。从过程与成果的两极出发，可分之为艺术创作和艺术（语言艺术、造型艺术、表演艺术等）两大类。

信仰文化是信仰者以对超现实世界的绝对肯定为前提，以"永生""极乐"为目的，笃信躬行的目的型文化，它又有民间信仰文化、宗教文化、邪教文化等亚类。

民间信仰文化是在民间流传的以对"鬼""神"等的信仰、崇拜为内容，以祈求神灵赐福消灾为目的的信仰文化，是原始时代的万物有灵观念、巫文化在民间一代代延续下来，并不断有所变革的信仰文化。这种信仰文化没有理论形态的宗教世界观与宗教教义，祖先崇拜、自然崇拜是其主要的信仰基础，祭祀、巫术、占卜等仪式是主要的信仰行为。

宗教文化是以对超现实对象的信仰为主导，以相应学、术、教（育）、艺（术）、行（为）统一的超现实—现实文化；是在一定文化环境中，以教主的教义创造为先导，通过宣传、组织，并在与异质文化、其他宗教的不断相互竞争与协调中，逐渐创立与发展起来的。据统计，截至2018年，世界人口约为76亿，信仰宗教者约为65亿，占世界总人口的86%。其中基督教、伊斯兰教、印度教、佛教4种传统宗教信徒总数约占世界宗教信徒人数的88%以上。在中国流行的宗教主要有道教、佛教、基督教、伊斯兰教。

#### 3）思维方式型文化

思维方式型文化，是以建构文化采用的思维方式为标准，对之进行要素分析的分类而得到的要素型文化。规定思维方式异同的根本要素，是思维所遵循的逻辑规律。逻辑规律是思维的一般性方法。全部思维遵循的逻辑规律是建构律。亚层次的建构律是展开律与直觉律。遵循展开律而展开的思维为展开的思维，运用展开的思维建构起来的文化，可称之为思维展开型文化；遵循直觉律展开的思维为直觉思维，运用直觉思维建构起来的文化，可称之为直觉思维型文化。

思维展开型文化，是运用展开的思维建构的直觉思维型文化。在展开的思维中，有遵循程序律的动作思维、遵循完形律的形象思维、遵循代换——还原律的代换思维（代换思维是建构和运用语言的思维，也可称之为语言思维）三个亚类。思维展开型文化相应地可分为动作思维型文化、形象思维型文化、语言思维型文化。

动作思维型文化是运用动作思维建构起来的思维展开型文化。动作思维是遵循程序律控制肢体建构新动作展开的思维。程序律是组合一定的程序，从而展开动作建构的展开律，是动作思维的基本逻辑规律。动作思维有一般动作思维、复杂动作思维之分；动作思维型文化相应地分为一般动作思维型文化和复杂动作思维型文化（自体复杂动作思维型文化和工具动作思维型文化）两类。

形象思维型文化是运用形象思维建构起来的思维展开型文化。形象思维是遵循完形律操作表象或语词——表象,在观念中或同时通过外化手段建构新形象的展开的思维。完形律是运用一定的逻辑方法操作、变革、组合既有完整形象,建构具有特定形象逻辑结构的新形象的展开律,有资料型形象思维和目的型形象思维之分。相应地,形象思维型文化可分为资料形象思维型文化、目的形象思维型文化两大类。

语言思维型文化,是运用代换思维建构起来的思维展开型文化。代换思维是遵循代换—还原律、创造和运用语言展开的思维。代换—还原律是代换思维的根本逻辑规律,是以某种既可建构外化又可感知内化的形象为代象,来代表作为观念的本象并可返还本象的展开律。对代换思维进行要素分析就可发现,代换思维有代象、本象、代换的层次、代换所遵循的亚层次逻辑规律四大构成因素。因此,代换思维可分为代象型代换思维、本象型代换思维、层次型代换思维、逻辑规律型代换思维四个要素类型。相应地,语言思维型文化可分为代象型代换思维文化、本象型代换思维文化、层次型代换思维文化、逻辑规律型代换思维文化四个要素类型。

代象型代换思维文化是运用代象型代换思维建构起来的语言思维型文化。代象是人操作建构的既可外化又可内化的形象。代象有具体形象(简称"具象")和符号两类;代象型代换思维也有具象代换思维和符号代换思维两类。相应地,代象型代换思维文化可分为具象代换思维文化(日常具象代换思维文化,如红灯代表禁行,绿灯代表放行;艺术具象代换思维文化,如挥动马鞭代表骑马等;抽象形象代换思维文化,如地图上以红线代表铁路,以黑线代表公路等)和符号代换思维文化(自然语言思维文化包括口语思维文化、身姿语思维文化、手语思维文化、文字思维文化、盲文思维文化、数学思维文化等亚类和人工语言思维文化包括数理逻辑思维文化、代码思维文化、计算机语言思维文化、机器语思维文化、媒介语思维文化等亚类)两类。

本象型代换思维文化是运用本象型代换思维建构起来的语言思维型文化。本象型代换思维是以所代换的本象为标准,对代换思维展开要素分析的分类而得到的语言思维。本象是被代象代表的观念,包括经验和语言两大类。本象型代换思维文化可分为对经验的代换思维型文化和对语言的代换思维型文化两类。

层次型代换思维文化,是运用层次型代换思维建构起来的语言思维型文化。层次型代换思维是以代换的层次性为标准,对代换思维展开要素分析的分类而得到的代换思维。又有一阶代换思维、二阶代换思维、三阶代换思维、四阶代换思维等。有几个层次的代换,就有几个层次的还原。相应地,层次型代换思维文化可分为一阶代换思维文化、二阶代换思维文化、三阶代换思维文化、四阶代换思维文化等。电子计算机的工作原理就是多阶代换与多阶还原的对立统一,是多阶代换思维型文化的典型代表。

逻辑规律型代换思维文化,是运用逻辑规律型代换思维建构起来的语言思维型文化。逻辑规律型代换思维是以所遵循的代换—还原律的亚层次逻辑规律为标准,对代换思维进行要素分析的分类而得到的要素型代换思维。逻辑规律型代换思维文化可分为经验思维型文化、抽象思维型文化、具体思维型文化三大类。

直觉思维型文化是运用直觉思维建构起来的思维方式型文化。直觉思维是遵循直觉律的逻辑规律型思维。直觉律是在整合作用下瞬间选择、组合潜在准备着的相关观念直趋诱因迅即完成建构的逻辑规律,是直觉思维的基本逻辑规律。直觉思维型文化可分为反应性直觉思维型文化、认知直觉思维型文化、直觉决策思维型文化、情感思维型文化四个亚类。

**4)意识状态型文化**

意识状态型文化,是以建构文化的意识状态为标准对文化进行要素分析的分类而得到的要素型文化。意识是人的自知自控自塑自正的心理。统一在生活行为中的意识状态是复杂多样的。其状态深入到文化中的,有兴奋—抑制、平衡—统一、自控、秩序四种状态,相应地,意识状态型文化,可以分为奋抑状态型文化、统一状态型文化、自控状态型文化、秩序状态型文化四个维度类型。

奋抑状态型文化,是在意识兴奋与抑制维度上的意识状态型文化。觉醒与睡眠是两大基本奋抑状态;相应地,奋抑状态型文化可分为觉醒状态型文化和梦中文化。

统一状态型文化,是人的意识在统一与否状态下的意识状态型文化。意识自觉、平衡、统一的状态是健康状态,意识昏乱、失衡、分裂的状态是病变状态。相应地,统一状态型文化有健康状态的文化与病变状态的文化之分。

自控状态型文化,是在能否有根据地自我控制维度上的意识状态型文化。人对自己的意识与行为的自我控制,有自觉与盲目的两极,当中还有半自觉状态。相应地自控状态型文化可以分之为自觉文化、半自觉文化、盲目文化三类。

秩序状态型文化,是在意识过程展开的秩序维度上的意识状态型文化。秩序状态的两级是理性与非理性。理性是协调、顺序地展开不同系列意识过程、相应动作的意识与行为状态。非理性是冲动、失序地展开不同意识过程、相应动作的意识与行为状态。在理性与非理性的两极间,还有半理性状态。相应地,秩序状态型文化可分为理性文化、半理性文化、非理性文化三类。

**5)历史—时代型文化**

历史—时代型文化是以建构文化的历史时代为标准,对文化进行要素分析的分类而得到的要素型文化。对历史—时代型文化可从相对独立的历史断代的时代和文化的历史延续两方面,分为时代性文化、传统—现实文化两大类。

时代性文化是以创造文化的历史时代为着重点的历史—时代型文化,根据科学家和哲学家对人类历史的研究,人类经历了由猿到人的漫长进化过程,经历了漫长的原始时代而在最近五六千年的时候逐渐进入文明时期。这样,时代型文化可分为原始文化、文明文化(古代文化、中世纪文化、近代文化、现代文化)两大类。

传统—现实文化是以文化的历史延续为着重点的历史—时代型文化。又可以以文化中的历史延续与现实创造者占主导地位为标准,把历史—时代型文化分为传统文化与现实文化两类。

**6) 区域型文化**

区域型文化是以建构文化的居民所处的地理区域为标准,对文化进行要素分析的分类而得到的要素型文化。区域有地区、民族聚居区、国家、大洲、全球大方位、全球之分;相应地,区域型文化可分为地区文化、民族文化、国别文化、洲别文化、全球大方位文化、全球文化六大类。

地区文化是一国之内不同地区的人们建构、创造的地区文化。以中国人民创造的地区文化而论,其地区文化可分为城市文化、农村文化、南方文化、北方文化等。

民族文化是某一民族共同创造和拥有的地区文化。斯大林指出民族是"人们在历史上形成的一个有共同语言、共同地区、共同经济生活以及表现于共同文化上的共同心理素质的稳定的共同体"。根据创造文化的民族,可把民族文化分为汉民族文化、阿拉伯民族文化、俄罗斯民族文化、日耳曼民族文化等。

国别文化是不同国家的人民创造的地区文化。这里的国指国家或国民的祖国。祖国是国民所属的在一定更迭着的政权统一、管理下的,以一定的国土为物质基础、以广大国民为主体、在世代的生存发展中共同创造的人为—自然性的具体存在。国别文化有中国文化、印度文化、俄罗斯文化、德国文化、英国文化、美国文化等。

洲别文化是不同洲别的人民创造的地区文化,每个大洲都生活着不同国度的人民,创造着不同的国别文化。由于地理上的邻近性,同一大洲的人民在文化上有更多的交流与学习,使他们的文化有相当大的共同性。这样,以地球上的大洲为标准,可把洲别文化分为亚洲文化、欧洲文化、非洲文化、美洲文化、澳洲文化。

全球大方位文化是人们习惯地从全球大方位上来称谓的地区文化,如西方文化、东方文化(包括中国文化)等。

全球文化是人类共同创造了的地区文化,是在个人文化、地区文化、民族文化、国别文化、洲别文化基础上,在全球化的历史潮流中逐渐建构起来的。

**7) 品质型文化**

品质型文化是以文化的品质为标准,对文化进行要素分析的分类而得到的要素型文化。品质是特定维度上的质之量,是"质量"。文化的不同维度的品质,一般都在这种维度的两极之间分布,使其品质有某种两极对立的表现。文化有哪些维度的两极对立的品质呢?通过对文化的品质维度分析可以发现,文化有历史、动力、结构、功能、价值、艺术、数量、态度、政治、人性等十个维度的品质。相应地,品质型文化可分为十个类型,每个类型又可细分为两个亚类(见表1.1)。

表 1.1　品质型文化

| 品质型文化 | 历史品质文化 | 先进文化与落后文化 |
| --- | --- | --- |
| | 动力品质文化 | 创造性文化与僵化性文化 |
| | 结构品质文化 | 统一性文化与矛盾性文化 |
| | 功能品质文化 | 高效文化与低效文化 |
| | 价值品质文化 | 善的文化与恶的文化 |
| | 艺术品质文化 | 美文化与丑文化 |
| | 数量品质文化 | 丰富性文化与贫乏性文化 |
| | 态度品质文化 | 宽容—开放性文化与狭隘—封闭性文化 |
| | 政治品质文化 | 民主—公平文化与专制—特权文化 |
| | 人性品质文化 | 人道主义文化与反人道主义文化 |

## 3. 价值观与文化模式

Value and Cultural Pattern

渗透于文化之中的价值观概念是个范畴难于界定、关涉内容宽泛、边缘界限模糊的抽象客体,可以说不同的人对其理解都有自己的一套价值理论。学者们对价值观的概念也有不同的界定。克拉克洪(1951)将价值观界定为"某一个体或某一群体特征所具有的、或外显或内隐的关于可取之物的独特观念,它影响对现有模式以及行为的手段与目的的选"。这一定义虽显得模糊与混乱,但至少我们可以看出他把价值观视为人群的属性,具有认知、情感、意动的因素,是界定生活情境、做出选择与决策的一般原则。罗克奇(M. Rokeach,1973)将价值观定义为"一种持久的信仰,即相信某种特定的行为模式或存在的终极状态对个人而言是优先于与其相对立的行为模式或存在的终极状态的"(1973),是"关于行为之可取的目的与模式的信仰"(1973)。这些可取的行为模式是抽象的理想,代表着理想的生存,如安全、幸福、自由、平等、仁慈及拯救。

**1）价值观的概念**

价值观具有行为规范性维度它是同一社会文化背景下的成员普遍共享的,是行为的标准与准则。它告诉人们真理与谬误、积极与消极;它界定行为人的应当与不应当、有用与无用,以及所采取的行动恰当与否或是否被社会接受。价值观是社会行为的决定性因素,它指导人们的自我表现,决定人们的思想、行动、判断的理性化与合理化。价值观是足以影响到人们的态度、知觉、需求和动机之类事情的个体属性。

价值体系的多维性和相对持久性就是一个准则体系,人们通过它对行为进行评判;它也是一个社会指导原则的系统,诠释一个社会的文化规范。价值体系包括以下几个维度(见表 1.2):

表 1.2 价值体系维度

| 价值体系 | 个人价值观 | 每一个社会行为个体在一定的社会文化背景下,长期形成的兼容群体价值准则又有别于其他行为人的个人价值体系,是社会互动冲突的主要原因之一。 |
|---|---|---|
| | 文化价值观 | 同一文化背景下,社会群体共同持有的价值观念。值得说明的是,由社会所保持的主导性文化价值观并不必然同义于或相似于个体本人的价值观。 |
| | 集体主义文化价值观 | 以中国、日本为代表,崇尚平和、集体主义、权威、等级结构、社会地位以及对上级的服从。强调顺应性、归属性,讲求自律、奉献、忠诚,以群体为取向,讲求人际关系的和谐,对群体有依赖感。 |
| | 个体主义文化价值观 | 重视人权、尊重个性的实用主义与人道主义。认为每一个个体都是唯一的、特殊的、与其他个体完全不同,因此个体利益是至高无上的。重视个人成就、个性创造、张扬个性。追求平等、提倡民主、不畏权威。 |

价值体系也是一个行为的优先模式或生存的终极状态的相对持久的信仰体系。价值体系一旦形成,它在长时间过程中是相对稳定的。就个人而言,价值观稳定与持久的程度取决于个体对这种价值观念持有的强度。

价值优先的顺序在不同文化圈存在着程度不同的差异。一种社会文化背景下对人们的思想、判断、行动力有普遍规范作用的主要的价值观念可根据他相对于其他价值观念所具有的相对重要性来进行排序,进而形成一个价值体系。

价值优先的顺序也会在长期的社会变化中被重新排序。时代变迁、社会变革、大的历史事件都可能会影响到价值体系的变化。价值观的变化会直接影响到人的信仰、思想、观念、行动以及社会行为。

**2) 价值取向与文化差异**

价值观是文化的核心,它代表了同一文化背景下人们关于其心理构成的相似性特征的心理变量。不同文化的人拥有不同的文化价值观。从某种程度上说,社会整体的文化价值模式的异同也区分了不同的文化群体。文化之间的差异涉及存在于深层价值观念以及价值体系之中的差异性。来自不同文化的个体,由于价值观上的差异会对其互动产生消极的影响。对方的言行若违反了某种价值体系的期望可能会导致不同程度的交际误会、冲突、侮辱甚至伤害。人类共通的五种价值取向包括:

(1) 人性取向:人可以被视为善的、恶的或善恶相混的。中国文化中关于人性的各种先验假设在古代先哲的思想中都有较为充分的体现。以孔孟为代表的"性善说"为例,认为人的本性是善的,即使是行为表现极恶的人其先天本性之善也并未完全泯灭,即所谓"人皆可以为尧舜"。而基督教文化对人的取向则是人生来即有"原罪",要信奉耶稣,才能得到救赎。也正是因了神的指引,才能逐渐向善、净化心灵、成就善事。

(2) 自然取向:在人与自然的关系中,存在三种可能的类型:控制自然、与自然和谐、服从自然。这种对自然的取向与不同文化族群的宗教信仰密切相关。

（3）人类活动取向：人的活动可通过三种方式进行：行动（doing）、存在（being）、存在—转化（being—becoming）。以美国、欧洲一些国家为代表的西方文化是以"行事"和"动作"为取向的。他们强调活动、竞争、完成任务、实现目的。东方文化是以"存在"为取向，人们从事自发性的活动，沉浸于快乐之中。

（4）时间取向：人类社会的核心可以受到过去、现在和将来的影响。西方社会是以将来为时间取向，将时间视为稀缺资源力图有效利用。东方社会则以过去和传统为取向，崇拜先祖及家族传统，不太重视时间表和计划，因而常不守时。

（5）人际关系取向：在人际互动的制约中，此维度是东西方文化差异的典型代表。人际关系取向有以下三种：① 个体主义关系。以西方文化为代表，强调人际关系中的个体主义，将自己视为个体而非群体成员，参与人际交往。② 并列的关系。以属东方文化的日本为代表，强调人际关系的畅达、群体的和谐及对他人福利的关心。人际交往中表现出彬彬有礼、和蔼愉快、避免冲突。③ 线性关系。属东方文化，以社会等级、对权威的服从、忠诚、义务感、责任感及对年长者顺从谦恭的行为为特征。

以上五种价值取向上的差异，是造成跨文化交际差异，特别是东西方行为文化差异的根本原因。

**3) 宗教哲学信仰与文化价值模式**

基于宗教观念上的价值观差异也是导致文化冲突乃至民族纠纷甚至战争的根源。

儒、释、道的宗教哲学阐释东方人的价值观。儒家讲求温良恭俭让、言不越礼、非礼勿言、非礼勿视、非礼勿听。要对自己的行为如何影响他人有预见能力。中国人相互交往时的彼此照应性文化由此而来。儒家提倡克己复礼，抑制情感的表达；提倡入世哲学，对人生有积极的态度，奉公守法，严以律己，宽以待人。这些都对同属东亚国家的日本、韩国的交际文化产生深远的影响，它是影响人们价值取向的根深蒂固的精神源泉。东亚人的很多社会行为都可在此找到诠释。东方文化强调归属感及避免产生冲突，"己所不欲，勿施于人"，从而形成儒家文化模式。道家强调心情平静，与自然保持和谐，反对武断与自我表现，追求返璞归真、贴近自然的原始生活，信奉出世哲学，回避社会责任。

西方的价值模式以基督教哲学来诠释行为准则是以"摩西十戒"为基准的。以美国人为例，他们所追求的价值观都深深地扎根于基督教文明的土壤里。根据《圣经》人类起源创造论的观点，上帝造人是有目的的，它赋予每个人以不同的使命。上帝面前人人平等。根据范德·赞登（Vander Zanden，1965）、萨莫瓦尔等人（L. A. Samovar，1998）的观点，美国人的价值观可归纳为以下几点：

① 追求人的平等自由，张扬个性，突出体现在追求民主制度、崇尚人权、人道主义等方面。对美国人而言，每一个个体都是唯一的、特殊的、与所有其他个体完全不同，因此个体的利益是至高无上的。所有人都享有平等自由的权利去表达自我、享受物质生活的富裕和执掌政府权力。

② 追求科学、理性、重视教育。美国人以理性的方式对待生活、采取行动；认为科学的方法使人能够预见并控制生活；认为教育是改善人性的一个重要因素，通过学习可使自己成为一个独立的、自我激励的、以成就为取向的个体。这也是美国多出科学家、研究者的重要原因。

③ 乐观、自信，追求进步。美国人的乐观体现在他们着眼于未来而非现在或过去，对未来及新的挑战充满自信。他们追求进步和变化，视其为改善生活与理解生活的主要工具；善于捕捉新的机会并不断探索新的可能性。东方人的过于谦虚和谨慎在这一价值模式下则被视为缺乏自信和悲观。

④ 热衷工作、追求成功。人要"做"事情，才会有价值。工作是获得成功、金钱和权利的手段，因此他们每天都在不停地为自己安排事情、活动和表现以决定自我身份和价值。美国人有非常强烈的成功欲，渴望自己能出类拔萃，而道家的"无为而为"则被视为懒惰、不进取。

⑤ 重视时间、讲求效率。美国人极为重视时间、效率，将时间视为商品，相信未来是可以计划和控制的。良好的计划、组织与实用性是提高效率的有效途径。因此他们凡事有预约的习惯，并提前订好一个星期乃至一个月的时间表。出于礼貌中国人对突然造访的客人一般不会拒之门外。而美国人却不会这样，会直接告诉你约好了再来。

**4) 价值观与跨文化交际规则**

不同的价值观产生不同的社会互动规则。东方文化群集有更多的关于顺从、回避冲突、顾全面子、维护群体和谐关系及克制情感表现的规则。在东方文化中存在着比西方文化更多关于"面子的现象"，因为自我表象在东方人的观念中非常重要。同属东方文化圈，价值取向及互动规则也有所不同。如在日本，有比其他东方国家更多的关于等级制工作关系的规则及回避冲突或与外群体之间关系的规则。与西方文化相比，日本人较少强调情感与意见的表达、好恶之情的表示以及提出请求与建议。他们较少有关于家庭关系的规则。而在中国、香港、台湾及一些华人居住地区，孝顺、尊敬父母的规则是重要的。

社会关系规则在人际互动中发挥着核心作用，制约着社会情境与互动的规则，这也是由文化决定的。规则随文化的不同而不同，规则也是具有文化维度的。它因社会主导性的价值观与文化的不同而异，并与价值观一起规定了主导性文化，同一文化背景下的成员一般都能理解其文化本身的社会互动规则，但有着不同社会规则的其他文化背景下的成员或许不能充分理解。规则由根本的文化价值原则而获得顺序化与模式化。经验与实践证明：不同的文化中有不同的规则来界定人际关系并赋予社会互动以不同的重要性。

社会互动中的人际关系规则、交际的空间使用规则、社会行为规范，呈现出不同的文化模式，如构成交际元素的问候、交谈、表达、礼貌、冲突、回避、亲密程度、道歉、羞耻感、回避、互动量、非言语交际方式等诸多表达规则都存在着文化差异。

不同的文化具有不同的互动规则，来自不同文化的人们对互动规则的恰当性持有不同的信念，他们会根据各自不同的标准来采取不同的互动规则。在一种文化中被社会所接受的规则,在另一种文化中可能会有完全不同的意义,即不同文化的成员有可能对其他文化中的规则产生误解或错误的诠释,从而使来自不同文化背景的人际互动产生隔膜甚至冲突。

许多经验性与非经验性的学者在他们的研究中发现:每一种文化中都存在着一些特殊的规则,如日本文化中有很多规则涉及公开批评、义务互换、回报、礼品的赠送与接收、礼仪、情感克制与情绪抑制,关于调节公共互动的正式规则要多于指导私人互动的规则,因为他们在公共情境中对自己有更多的约束,他们有更多的工作关系规则和群体关系规则,如工作情境中的上下级的不同角色与具体行为规范皆源于日本人对社会秩序和等级差别的关注。他们比其他文化更为充分地认同服从的重要性,从而产生克制的行为规范。日本人还强调对群体的忠诚、维护关系的和谐,重视"顾全面子"以维系关系的和谐。

图3　　　　　　　　　　　　　　　图4

跨文化交际中东道国文化规则的优先性在跨文化交际的社会互动中存在文化习俗规则的非平等性,即客观上以东道主文化的规则为主导。违反东道主文化规则会对互动造成破坏。在一个陌生的文化规则下,若缺乏关于对象国社会规则的文化知识,极可能因其不恰当的服饰或言行而在大街上商店里、交谈中甚至餐桌上无意间违反规则而招致误解、麻烦甚至祸患。一名美国青年在新加坡旅游期间,由于对东道国法律文化特色的无知,在大街上信手涂鸦,客观上造成对对象国文化缺乏尊重甚至侵害,横遭鞭笞刑罚,就是典型的案例。因此,学习东道国文化的规则,了解与其互动的恰当方式尤为重要。学习东道国文化的规则需要深刻理解其文化,不仅要理解其语言及非语言的文化,还要了解当地人的互动规则及为何采用此种方式互动。对于异国的互动规则的理解需要有关于政治、经济、历史、宗教、教育、价值观、行为方式及思维模式的广泛知识,需要培养跨文化交际意识,树立文化同理心,尊重他人文化,学习不同文化中的社会互动规则,减少或避免跨文化交际冲突。

## 4. 文化圈与文化层
Cultural Circle and Layer

文化产生、发展、演变的过程,既离不开一定的空间范畴,也离不开一定的时间概念。文化发展的系统构成包括空间系统的文化圈和时间系统的文化层。文化圈理论发端于德奥历史学派,其创始人是拉策尔(F. Ratzel),确立于其弟子弗洛贝尼乌斯(L. Frobenius)、格雷布纳(F. Graebner)、安卡曼(B. Ankermann)诸人。德国文化学家格雷布纳在1911

年出版了《民族学方法论》一书，比较系统地阐述了文化圈研究的理论与方法。维也纳大学教授施密特(W. Schimidt,1910)对东南亚、南美、澳洲文化的研究，丰富和发展了文化圈理论方法，而这些理论方法也就成了当时和后来一些传播论学者研究民族文化源流的基本原理。

理论界普遍认为，圈是一个地理空间概念，文化圈主要是指具有相同文化特质的众多文化群体所构成的区域，文化圈强调的是区域文化特质的相同性或者相似性。文化圈理论注重空间研究，试图在重建古今文化关系的历史序列上找出具有同源性的规律。层是一个历史时间概念，正如考古发掘切开的地质层横切面一样，文化层主要是指在文化发展的不同历史进程中，代表不同时期文化特征的文化层次不断累积叠加所形成的文化历史的横断面。文化层理论注重研究文化的时间维度，对于我们了解人类文化的产生、发展，比较、研究，鉴别各个民族文化嗣续的谱系具有重要意义。文化圈与文化层分别构成文化的空间向度和时间向度，彼此相互依存、相互包容又相互转化，共同体现了人类文化生活与发展的内在时空特征。基于此，对于文化的考察研究既可以从空间的文化圈视角也可以从时间的文化层视角切入。

文化圈理论从上世纪前叶被介绍到中国后，其诸多概念和方法为学界熟知并应用到学术实践中。文化圈是一个有机的整体，它包括人类需求的各种文化范畴。它在各地区形成、发展并可能向其他地区移动，同时，在不同地带还可能与其相关联的文化成分形成文化圈。文化圈的特点是一方面必须有较大的族群或民族的固定不变的基本文化作为根基，因此它具有持久性的地理空间；另一方面，文化圈还拥有独立整体的文化丛，它的移动是全部的文化范畴的移动，从而在比较中发现两个地区所有文化上的历史关联。另外，民族之间文化的影响力也可能是个别文化成分的流入，也可能是一个文化圈的个别文化成分被冲散。文化圈的数量标准和质量标准是确定人类口头和非物质文化有机关联及其体系的有效方法。文化圈方法论还可以用来认定并区分独立文化圈和混合文化圈、融合度高的文化圈与融合度低的文化圈、割断和被割断的文化圈以及辨别零散残存的文化要素等等。

文化圈的概念是以文化的分化为根据的。在历史上，文化的发展一直是一个不断分化和整合的过程。一方面，由于地域、种族、社会和历史进程本身等诸多因素的制约，文化的发展必然在区域和种族划分的基础上，形成具有相对独立性、自主性、稳定性和特殊文化性格的"文化群落"，另一方面，一个拥有先进文化优势的"文化群落"会成为核心文化，不断向外扩散，并与其他"文化群落"发生多方面的交流、碰撞，促进各种不同特质的文化的交汇和融合，使各群落原有的文化发生变异。正是在文化的分化与整合的辩证统一的过程中，形成了各个"文化群落"的共性和个性。由于文化发展中的整合趋向，若干"文化群落"以核心文化为轴心，形成具有某种共性的文化圈，而与其他文化圈相区别；由于文化发展中的分化趋势，处于同一文化圈中的各个文化群落或群落集团，又有各自独立的特点，从而形成具有鲜明个性的亚文化圈。

文化的区域与种族分化，在古代学者中早已引起了很大的兴趣。我国先秦时代已经有所谓"夷夏之辨"。孔子已经明确按典章、制度、习俗、仪节等文化特质的不同来区分诸夏与夷狄。他曾说:"夷狄之有君,不如诸夏之无也。"古希腊的希罗多德(Herodotus)也曾在《历史》一书中详尽比较了希腊与异邦(特别是和东方)在文化上的差异。

1860年,德国学者巴施提安(A. Bastian)首次提出文化区域的概念。后来在《论地理区域学说》中,他深入说明了区域文化的形成原因是环境因素和历史进程的共同作用。泰勒(1992)在《原始文化》一书中着重研究民族的文化特质,试图找出各种特定文化类型"在地理与历史中的分布状况,以及它们彼此之间存在的关系",对从欧洲到澳洲土人的各种民族区域文化做了分类比较。以后,虽然在文化学研究中出现了种族文化决定论和地理文化决定论两大派别,但对"文化范型"的讨论,仍然是民族—地域的综合分析。事实上,关于区域文化的研究总是和民族文化的研究结合进行的。例如,汤因比(A. J. Toynbee)在《历史研究》中将人类6000年的历史分成26个文明,其分类方法实质上仍然是民族—地域文化的综合划界法,诸如西方文明、伊朗文明、印度文明、希腊文明、米诺斯文明、苏美尔文明等,都是以明显的地理区域为首要标志。

马克思主义创始人早在西方文化人类学创立之前就已经注意到文化的区域分化现象。恩格斯早在1844年的《英国状况—十八世纪》一文中就提出研究不同的民族性对哲学文化的深刻影响问题。他分析了英、德、法三个国家哲学文化的特点并把它和英吉利、德意志、法兰西三个民族的特殊性格联系在一起。他指出:"不相信自己能消除对立因而完全听从经验,这是英国人的民族性所固有的特点。"这成为英国哲学文化的一种长期延续的认识论特征。众所周知,马克思在讨论古典的古代和亚细亚的古代之后,特别讨论了希腊文化的特殊性。他指出:"有粗野的儿童,有早熟的儿童。古代民族中有许多是属于这一类的。希腊人是正常的儿童。"因此,可以说,恰恰是马克思和恩格斯最先倡导了民族—区域文化的比较研究,而这种研究在马克思晚年的人类学研究中,占有特别重要的位置。

由于资本主义的发展,传统的封闭的地域界限被一个个打破,世界进入了全面开放的时代,各种区域—民族文化体系之间的交往和碰撞、冲突已成为一种显著的时代特征。不同文化的交汇(对立和融合)不仅是一个纯文化问题,而且带有深刻的政治意义,在一个国家的社会大变动时代,这一问题会顿时成为重大的社会政治问题。例如,在1826—1850年的俄国,由于资本主义的长足发展,围绕俄国社会发展道路问题就出现了斯拉夫派和西方派的文化大论战:前者主张全面接受西方价值观念,实行全面的西方化政策;后者主张俄罗斯特殊论,鼓吹村社的趋同观念以对抗西方的个人中心主义。差不多在同一时期,日本在明治维新前夕也爆发过"兰学派"(西方派)与"国学派"之争。在近代中国,围绕中国前途而进行的中西学之争始终未曾停息,出现过"中体西用""全盘西化""中西会通""全盘化西"等各种主张,成为中国社会大变革在思潮上的集中反映,时至今日,这一论争仍在继续。反过来说,资本主义社会在当代的矛盾日趋尖锐,西方文明已经充分暴露出其弊端,出于对西方价值观念的疑虑和不满,近些年在西方出现了东方文化热。

**1) 文化圈产生发展的条件**

正因为如此,文化圈这一概念正如经济圈的概念一样,不仅具有丰富的学术内涵,而且有深刻的时代意义。也正是由于这个原因,尽管对民族—区域文化类型的划分标准有各种不同的看法,但有关人类文化史上的大文化圈的基本类属关系的见解大体上是一致的。季羡林教授认为,人类文化包括东方文化和西方文化两大体系群,东方文化群有中国文化、印度文化和闪—伊斯兰文化三个子群,西方文化群实质上只有希腊—罗马—西方文化一个子群(见图5)。这其实就是世界历史上能独立存在、特点鲜明而又有深远影响的四大文化圈。

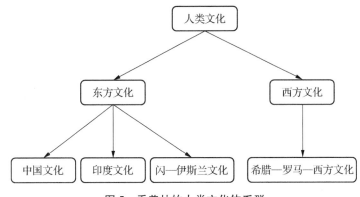

**图5 季羡林的人类文化体系群**

事实上,一个文化圈的特质的形成,是有一系列条件的,而对这些条件的把握,也就为确定划分文化圈的标准提供了根据。文化圈的产生和发展是受下述条件制约:

① 地域条件。自然地理环境是文化圈形成的重要前提。虽然地理环境的作用不像地理环境决定论者所说的那样绝对,但地理条件对文化的深刻影响却是不容置疑的。马克思认为:"在文化初期,第一类自然资源具有决定性的意义。"并指出,古代东方诸大河流域优越的自然条件,造成了东方大土地所有制,这是古代亚细亚生产方式及其文化的基础,而土地贫瘠、资源缺乏的海洋国家希腊,却产生了小土地所有制,在此基础上形成了古典古代的希腊文化。

② 民族条件。民族性包括两个方面:一是民族的自然历史属性,即人种或种族特征,二是民族的社会历史属性,是文化圈形成的重要基础之一。"五四"以来,我国学者对所谓"国民性"的研究也从一个侧面表现了民族性与文化的关系。一般说来,民族性对一个文化圈的影响,最突出的是表现在核心文化的形成上;但在同一文化圈的演化过程中各民族的民族性对该文化圈内的文化冲突与交汇、融合,也始终起着潜在的制约作用。

③ 社会条件。从本质上说,文化的特质主要是由社会的物质生产方式和社会经济生活决定的。马克思正是从这一点出发区分了古代东方和古代希腊两种不同文化类型的,甚至西方学者所做出的农业社会文化、商业社会文化、工业社会文化的分类,虽然并不科学,但也在一定程度上反映了他们对文化的社会经济根源的认识。连韦伯(M. Weber)(1987)也认

为,在确定文化区域的独特性及其起源时,"必须承认经济因素所具有的根本重要性"。同时,在经济基础以外,各种政治、法律、伦理要素形成一种传统,在历史的演变中逐步沉淀下来,不管一种文化的形态、内涵、传播空间、承载主体发生多大变化,这种传统却顽强地延续下来。

### 2) 文化圈的维度

作为识别文化差异的合理维度,文化圈有宗教、语言、文字、自然地理等多个维度的划分方法(见图6)。宗教是识别不同社会文化的有效手段。按宗教信仰,可以划分为基督教文化圈、佛教文化圈、阿拉伯—伊斯兰教文化圈、印度—婆罗门教文化圈等。语言是文化的载体。按照语言,可以划分为印欧语系、汉藏语系、阿尔泰语系、闪含语系、乌拉尔语系、高加索语系、马来波利尼西亚语系、南亚语系、达罗毗荼语系、尼日尔刚果语系等文化圈。文字是文化传承的重要工具。按照文字可以划分为汉字文化圈、阿拉伯字母文化圈、印度字母文化圈、斯拉夫字母文化圈和拉丁字母文化圈等。自然地理区位也是塑造文化的重要力量。按照自然地域可以划分为黄河—长江文化圈、印度河—恒河文化圈、地中海文化圈等。

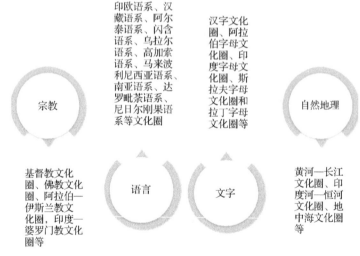

**图6 文化圈概念的维度**

这些维度,有助于我们在更聚合的层面上把握文化差异,从而在国际汉语师资培养过程中形成适应这些文化差异的跨文化交际能力。

德国学者认为文化圈是一个地理上的空间概念,它包含有一定的文化成分,即包含一个文化丛。文化丛是一种文化实体,是功能上相互关联的文化特征的综合体。每一种文化丛都是一个由中心产生的,产生之后便向周边地区传播,形成文化圈,因而每一个文化圈都以其原始发源地为中心。所有的文化,无论古代的还是近代的,都是文化中心的文化丛扩散的结果。在文化因素的地理分布上只存在传播扩散的影响,而不存在独立创造的可能。

文化圈理论在斯宾格勒(O. Spengler)那里表现为"文化形态学"。他将世界文化划分为八种文化形态,而每一种文化形态就像一个生物有机体一样,都要经过青年期、壮年期直至衰老死亡,这些文化形态就是文化圈,这也是文化发展的必然命运。季羡林(1987)说过:"一个民族的文化发展约略可以分为三个步骤:第一,以本民族的共同的心理素质为基础,根据逐渐形成的文化特点,独立发展。第二,接受外来的影响,在一个大的文化体系内进行文化交流;大的文化体系以外的影响有时也会渗入。第三,形成一个以本民族的文化为基础、外来文化为补充的文化混合体或者汇合体。这种发展是错综复杂的、犬牙交错的,而且发展也决不会永远停止在某一阶段,而是继续向前进行的,永远如此。"在中古时期,文化圈逐渐取代了文明区域而成为东方文化和文艺发展的主流。在长期的交流互动中,东方文化逐渐融合形成三大文化圈(如图7)。

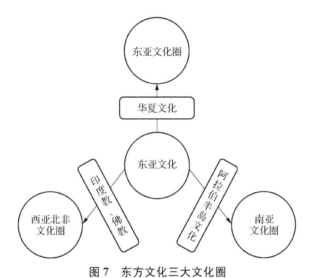

图7　东方文化三大文化圈

由上图可见,以儒家和道家思想为信仰的华夏文化向周边的朝鲜半岛、日本列岛、菲律宾吕宋岛和越南沿海等地扩散,形成以中华文化为中心的东亚文化圈。以印度教和佛教为信仰的南亚半岛向东南亚等地区扩散,形成以印度文化为中心的南亚文化圈。以伊斯兰教为信仰的阿拉伯半岛文化向西亚、北非地区扩散,形成以阿拉伯文化为中心的西亚北非文化圈。这三大文化圈虽然因为信仰各异而形成的文化特质各不相同,但是由于有东方上古农业文明的共同基础,所以形成和而不同的东方文化。

东方三大文化圈在各自发展和文化传播过程中,表现出具有东方特色的几个特征。首先,文化圈的形成是以宗教信仰为核心的,而且在同一文化圈内,宗教信仰的认同强于其他因素,包括民族心理的认同。其次,文化圈内部是从宗教信仰中心向外辐射的,以成梯次的、批次的形式展开。离文化中心的距离与所受的影响成正比,成波浪形、冲击形扩散。再次,文化圈与文化圈之间,即文化圈外部的文化传播,是渐进型的、渗透性的,是以文化圈的势能大小来决定文化传播走向的,与文化传播的和平或暴力方式无关。最后,文化圈自身的能量是靠信仰来维持的,从理性的、科学的、唯物主义发展观的观点来分析,文化圈不可能是永远不变的。随着宗教信仰的减弱与改变,文化圈的影响力和传播空间也会逐渐缩小,甚至变异。

### 3) 文化圈与文化板块

东方近代时期始于19世纪,止于20世纪初期,是东方社会和文化承近古发展之余绪,开启现代突进之序幕的转型时期。无论是其历史和文化乃至文艺都程度不同地染上了近代的时代特色。这一时期亚洲一些国家出现的资本主义萌芽,因西方的殖民过程而受阻中断。非洲国家则因政治、经济、文化的发展存在着千差万别,而表现出很大的不平衡性。这一时期东方国家的基本矛盾主要是殖民与被殖民、阻遏与发展、奴役与反抗之间的民族矛盾。不堪忍受的东方人民起而反抗,终因缺乏先进的领导和明智的纲领而失败。然而它毕竟表现出近代转型期的东方人民思想觉醒的一幕,推进了亚非历史文化的进程。继后,东方许多国家又先后出现了以知识阶层为主体的改良主义运动,如中国的戊戌变法维新运动、印度国大党运动、阿拉伯民族文化复兴运动、伊朗君主立宪运动、土耳其新奥斯曼党人的立宪运动、菲律宾的"宣传运动"和朝鲜开化党人的活动等。这些带有启蒙反思性质的运动推动了东方各国人民复兴民族传统、争取民族解放运动的大潮。尽管这一时期的亚洲革命终因资产阶级不够强大和和政治上的改良主义而未能达到预想的目标,但是它勇敢地回击了殖民主义体系,宣告了"亚洲和非洲的觉醒",东方复兴在即。近代时期,在西方经济和思想的直接或间接地影响下,东方各国都或多或少地产生出一批具有近代思想意识与价值观的新兴知识分子阶层。他们率先掌握了西方先进的科学技术、文化知识,比较深刻地了解到外部世界的形势,对西方资本主义制度的先进性和东方封建主义的落后性,以及未来的社会发展趋势,有比较清醒而明确的认识。他们认定唯有实行社会变革,学习西方资本主义近代化经验,才能拯救祖国于危亡之中,改变民族的命运。于是他们大力提倡向西方学习,东亚地区的一些国家还提出向企图"脱亚入欧"的日本学习。他们不仅通过各种渠道引进、传播先进的西方科学技术和文化知识,还言传身教地将周边的大量年轻学子送到西方去学习,从思想意识到知识结构完全西化。这一趋势在东方许多国家引起"东西之争""新旧之争"的大辩论,反应异常激烈,朝野上下为之震动。在社会变革如此激荡、文化转型如此迅猛的时代,东方世界传统的三大文化圈的实质开始被逐渐销蚀,边界开始变得模糊。其实这种发展趋势在近古末期的东方社会已开始出现端倪,文化圈的形成是因宗教信仰的日益盛传而勃兴,也必然随着其弱化而减损。近古后期,由于东方文化影响力的减弱,文化圈的影响也日趋衰退。在近代开始的反对西方殖民的各种运动中,无论是亚洲国家或非洲国家都或多或少地带有不同程度的宗教信仰色彩,相对而言,非洲的宗教信仰色彩更浓厚一些。另外,近代东方各国在西方文化的强势冲击之下,宗教信仰也在发生变化,传统文化变得日益多样化,文化圈的边界开始由模糊不清,变得和许多异质文化形成交叉,即文化交感区域。这样,文化圈开始变得结构松散,分化为更多极、多元的杂交性质的文化板块。文化板块的形成对文化圈的外延和张力形成一种挑战。

文化圈与文化圈之间的交流无论是和平方式的,还是暴力方式的,都是渐进性的、浸润型的,即一种较温和的"进入"型的。但是文化板块之间的交流即便是和平方式的,也是撞击性、挤压性的,即一种较粗鲁的"闯入"型的。例如,东亚和南亚文化板块撞击成的东南亚文化板块(第二次世界大战中,1943英军成立"东南亚指挥部","东南亚"遂有其名),西亚北非文化板块和欧洲文化板块撞击成的马格里布文化板块,东非、西非、南非等文化板块以及地中海文化板块等。文化板块的形成和地缘政治以及经济利益的关系越来越密切。如果说在宗教信仰重于民族利益的情况下,形成了文化圈的话,那么当经济利益重于宗教信仰的情况下,就会形成功利性的文化板块。而生活在不同文化板块中的人,有可能由于个人利益的关系流散域外,形成身份认同的困惑,缺乏归属感,如此多的问题,不断困扰着近代转型期的人民,犹如非洲获得诺贝尔文学奖的作家一样,几乎都是在文化板块形成过程中,即在现代的文化冲突中形成的创作灵感,并取得巨大成就的。由此可见,文化板块之间的冲突才是近代以后最主要、也是最重要的文化冲突。这种异质文化相互扭曲后,逐渐形成的文化张力,会由此而产生出无限的生命力。

第一次世界大战使殖民地人民有了喘息之机,民族资本主义得到一定的发展。俄国十月革命爆发,改变了历史现存的秩序,鼓舞了亚非各族人民争取民族独立的信心。第二次世界大战后,亚非各国人民进一步觉醒,为日后争取民族解放、国家独立开辟了广阔道路。实际上,东方文化自进入近古时期以来,发展开始变得缓慢,到了近代,由于西方文化突飞猛进的发展,东方这种落后状态尤为明显。直到现代东方各国纷纷独立,东方文化才有了复苏和发展的可能与条件。

东方文化虽然仍然落后于西方,但是已然充满了勃勃生机。因此,当现代西方文化继续传入东方各国时,又引起了东方文化与西方文化之间再一次的碰撞和融合。这种情况必然会反映到亚非各国的知识分子中间,并引起思想观念上的冲突。他们对自己的东方文化传承和西方文化来袭,有三种观点:一是妄自尊大,完全排斥西方文化;二是妄自菲薄,全盘接受西方文化;三是对东西方文化都要取其精华,去其糟粕,以发展自己的新的东方文化。事实证明只有第三种观点才是正确的。因为,发生学理论和实践都证明,一切国家和民族的文化都是在不断吸收、融合外来文化的前提下发展的,否则文化就会枯萎、停滞甚至湮没。由于在如何对待本国的传统文化和西方文化的问题上所采取的实践不同,所以客观上才加速了东方文化圈的变化与东方文化板块的成熟。因为只有这种文化板块中的文化才是他们在逐步探索中发现的最适合本国本民族特点而且最切合实际的政策和发展道路的文化。尤为重要的是由于经济利益和民族利益的强烈诉求,文化圈内强化了物质利益的集团性认同,文化圈的约束力大为减弱。在这种情况下,文化圈的文化逐渐让位于新形势下形成并成熟的文化板块的文化。但是由于文化板块成熟期相对文化圈要晚近,所以文化圈的惯性会继续发挥影响。直到当代,即20世纪中期以后至今,东方文化板块才以崭新的文化身份和定位登上世界历史的舞台,让人拭目以待它们的辉煌。

**4) 从文化板块走向全球一体化**

当代东方文化板块交流是以碰撞和冲突为主要特点的。有竞争就会有冲突,文化板块间的竞争也会导致因利益造成的文化板块间的冲突。当前,古老的东方各国在生存形势的压力下，奋起直追，各自文化板块的区域内开始了当代社会的发展进程。此时与西方文明纠缠在一起的现代化在东方各个文化板块中开始盛行开来。这种现代化带着西方文明的有益成分，不容置疑地或强行、或潜移默化地融入东方本土文化中，其根径逐渐深深扎入东方文化板块各民族和社会之中。这种现代化由于东方文化板块内传统的惯性，而表现出前所未有的多样化。20世纪70年代后，东方的日本、"亚洲四小龙"和中国经济的相继崛起，成为东方各文化板块内各国（地区）反思"全盘西化"论的事实依据。但是西方要保持它们在世界各个领域的绝对优势，有意无意地想遏制和强迫东方全面服从它们制定的各种规则，于是似乎有预谋地对亚洲经济和政治制度进行干预，运用资本运作，致使1997年始于泰国，随即蔓延整个亚洲的经济危机发生，使东方诸多国家的经济蒙受了重大损失。

20世纪末开始，东方的中国、东南亚、印度、中亚、中东、非洲都开始运用自身传承了十几个乃至几十个世纪的文化和文明与西方制定的国际规则进行抗争。这一态势促使西方许多学者开始对欧洲中心主义进行反省。自我身份认同与全球一体化、同质化的冲突所带来的困惑，使得生活在一个浅蓝色球体上的所有人都需要拷问我与其他人有什么不同。全球化的世界所拓展开来的是文化交流中的一个理性时代。东方各国越来越清醒地认识到，只有发展经济、增强各国国力、同时努力保持自己的文化传统，才有权利在国际关系中平等地共同制定国际规划，才能真正从弱势对比中走出来进行平等对话。从1992年至今20多年来，持续不断的经济全球化、政治多极化、社会信息化和安全机制化，使世界秩序趋向多元化。东方文化板块由于多种外力的作用也在冲撞中发生变化，只有运用全球化的观点，才能看清今后东方发展的大趋势，才能在未来的文化和文明冲突中立于不败之地。全球化是一个从多角度观察认知世界各种关系的概念。当人类各种联系发展到牵一发而动全身的世界性问题、而彼此间又相互依存的状态时，全部社会因素与自然因素综合作用下的文化板块必然会走向全球化。

全球化（globalization）是一种概念，也是人类社会发展的一种现象过程。全球化目前有诸多定义，通常意义上的全球化是指全球联系不断增强、人类生活在全球规模的基础上发展及全球意识的崛起、国与国之间在政治、经济贸易上互相依存。全球化亦可以解释为世界的压缩和视全球为一个整体。20世纪90年代后，随着全球化势力对人类社会影响层面的扩张，全球化趋势已逐渐引起各国政治、教育、社会及文化等学科领域的重视。

古时人们就曾因为贸易而有国际化的概念，在中古世纪的中国就曾经有与西方通商贸易的概念，借由输出丝绸和茶叶与西方国家进行物物交换，18世纪的德国学者将这条道路取名为丝路，后来鄂图曼帝国崛起，通商贸易受阻，为了能够不假于土耳其人之手，西欧国家纷纷海上探险寻找新丝路，史称地理大发现，这可谓早期全球化的开始。

对关于全球化是一个现实存在的现象还是只是一个说法在学术上是有争议的。虽然这个词已经被广泛使用，但是一些学者提出这个现象在其他历史时期就已经出现了。很多学者更喜欢使用"国际化"而不是"全球化"。简单地说，它们两者的区别在于国家的角色在国际化中更重要。也就是说，全球化程度比国际化程度要深。所以，这些学者认为国家的边界还远没有达到要消失的地步,因此,完全的全球化还没有开始,也可能不会开始——从历史上考虑,国际化从来没有变成全球化。著名的依赖理论提出者萨米尔·阿敏(Smir Amin)提出,"全球化是一个反动的乌托邦",并且对全球化给拉美和亚洲国家带来的负面影响进行了精辟地分析。

多元文化主义(multiculturalism)是多民族社会用以管理文化多元性的公共政策,它采取官方手段在一个国家内部强制推行不同文化之间的相互尊重和宽容的政策。多元文化政策强调不同的文化各有其独特性,事关接纳其他民族时尤其重要。这个词最早在1957年用来描述瑞士的政策,在20世纪60年代末期被加拿大接纳,并且扩散到其他英语国家。多元文化主义是近二十多年来活跃于美国学术界、教育界和政治界的一种政治和社会理论,对美国的传统信条(American Creed)提出了严峻的挑战,从而引起两种价值观的激烈交锋。

从全球化的视角考察,几乎所有的重大历史事件都是东西方文明以及世界各种文化相互碰撞和融合的具体表现形式。就当代而论,自20世纪最后十年开始,世界秩序形成了基本的轮廓,即人类在地球村里以自己独特的文明方式或文化模式相互作用和相互影响着,具体表现形式为社会文化的多样化,即各种文明在非军事对抗的格局下,逐渐形成全球统一的市场经济结构。另一种表现形式为经济贸易、文化贸易,甚至是文艺贸易活动的日趋频繁。在这种社会大潮中,东方的东亚文化板块的儒家文明、南亚文化板块的印度文明、西亚文化板块的伊斯兰文明,以及非洲文化板块的本土文明等,其"和而不同"的优越性和独特性也越来越明显。在这种社会发展张力的作用下,东方文化板块完成了从"现代主义"向"后现代主义"的过渡,即当代社会向后现代社会的过渡。

任何一种文化都有其自身的多种多样的表现形式。就其可感知的有形的方面而言,有饮食男女、肤色服饰、建筑艺术等;其不可感知的无形方面则有语言信仰、思想观念、社会制度等。人们往往通过这些,或观察、或思考,可以分辨出一个人属于哪种文化,一个民族有哪些文化。其实,在文化的这些有形和无形的表现形式中,最核心也是最本质的东西,是对于"人性"的认同。它使人或族群、民族有一种心理归属感,可以找到某类精神家园。东方文化主要是建立在亚非几大河流域农耕文化基础上的,是群体意识认同的结果。东方特有的智慧是很难相信一些固定不变的规则,认为许多事情是变动而且可以因人而异的。因此,尽管东方当代文化板块之间,以及东西方两大群体之间的相互碰撞和冲突可能是现存秩序中主要的而且是长期的特点,但是由于一切都在变化之中,这种文化板块之间的关系也存在某些变数。在当今整个世界都在走向全球一体化的过程中,未来的发展趋势必然是人类共同的福祉利益高于一切,符合"人性"要求的生存与发展是世界动态的主流。而存在于各个民族、各个国家、各个地域利害关系之间的矛盾,在普通人的"和而不同"的心理指向引导下,必然会渐趋一致。当然其中的"同"比"不同"要多;"不同"比"同"要更为凸显,因为不同是表象,同是本质。正如宋代大儒张载所说:"仇必和而解",这是人类进步的人性,是普适性的真理。在它的作用下,世界各个文化板块走向全球一体化是人类可实现的梦想。

## 二、交际
Communication

### 1. 交际的定义
Definition of Communication

所谓交际,指的是人与人之间的往来接触,是人与人之间的一种双向或多向行为。进行交际的双方或各方通过积极、主动的相互作用,达到沟通信息、交流感情、增进了解、发展友谊、互利合作的目的。而这种目的明确、主动性强的社会行为,只有在人类之中才能进行。低等动物之间在生存时的相互接触,高等动物间为了维持生存需要而进行的某些信息交换,都与人们彼此间的交际具有本质的不同。所以,交际是人类社会常见的、也是特有的社会现象。

交际是人们不可或缺的社会行为,也是人类社会常见的社会现象。可以说,自有人类,就有交际。交际是伴随人类的产生而产生、伴随人类社会的发展而发展的。

"交际"这个词语在汉语中出现,至少已经有两千多年。《孟子·万章下》曰:"敢问交际,何心也。"宋朝儒学大师朱熹作注:"际,接也。交际谓人以礼以币帛相交接也。"这里可以说交际是双向的:一方为交,一方为接。交际行为必须发生在两个或两个以上的主体之间,并且带有往来应酬的意思。这不仅明确道出了交际的含义,而且阐释了交际的方式及其与礼仪的关系。其意义与"社会交往""社交"和"交往"没有本质的区别。张先亮教授提出"交际"有三方面的性质:"交际是一种社会互动行为。交际是一种个体实现行为。交际是一种符号指涉行为。"因此我们可以把交际理解为是人与人之间通过语言、行为等表达方式进行传递信息和交流情感的过程。

从单个人来讲,每个人从他进入人世间的那天起,就不是孤立存在的。在不断流逝的岁月中,他必然要充当多种社会角色,并以各种不同的方式,与他人结成各种不同的关系。马克思曾精辟地概括说人是各种社会关系的总和,交际则为一种人类机能。而如果从社会的角度来讲,交际又是人的存在方式。在漫长而艰难的人生旅途上,人"一要生存,二要温饱,三要发展",那就需要适应社会,经历一次个体的社会化过程;就得生活在某一社会组织之中,接受社会制度和本民族文化规范的约束,从事一定形式的生产劳动,参加一定的社会活动。否则,离群索居是难以长期生存下去的,而为所欲为、行为越轨也必将为社会所不容。简言之,人与人之间的交际是与人类赖以生存的生产劳动和社会活动紧密相连的。马克思、恩格斯说,生产本身是以个人之间的交往为前提,这种交往的形式又是由生产决定的。因而生产一旦开始,就立即表现为双重关系:一方面为自然关系,另一方面是社会关系。而在此处,社会关系的含义是指许多个人的合作。这就是说人与人之间的社会关系,往往由其从事的生产活动决定的交往活动方式所构成。社会关系的形成离不开人与人之间频繁的交往。正是在这层意义上,马克思和恩格斯又把社会关系称为"交往形式""交往方式"。脱离了这种"交往"的各种社会关系必然会解体,整个社会也就因此停止了运转,人类社会也就不复存在了。

## 2. 交际的特点
Characteristic of Communication

交际在现实生活中是人与人之间交流与沟通的桥梁,是人类通往和谐社会必须建立起来的一种生存方式。近代以来,在工具理性和技术理性的支配下,人与人的交往方式不断遭到扭曲,导致人际交往不合理的程度日益加剧。面对复杂多变的世界,人类应更加重视和谐,强调和谐,促进和谐。和谐构成了社会交际的核心,也是成功交际得以实现的关键。生命与世界之间、生命与生命之间、个体生命与整体世界之间,其原初的存在关系以及其存在展开关系不是强迫性的,更不是控制性的,而是通融和谐的;"追求人际和谐是人类理性的重要体现;和谐取向是人际交往中普遍存在的一种社交愿望和行为驱动"。从这个意义上说,和谐构成人类交往的内在要求,也成为人类交际追求的理想目标。而在理论上一旦具有观念化与框架性,和谐便为社会交际提供了导向性与实践性。

要想建立并维护和谐的人际关系,发展并完善和谐的人际关系,必须要了解现代人际交往的一些特点。现代人际交往的特点有:

① 主动参与性。随着生产力的发展,人员素质的提高,越来越多的人改变了原来狭小的社交圈,主动投身到人际关系的海洋,积极地自我推荐、自我暴露。这种主动参与性已成为现阶段人际交往的一个重要特点。更多的人从较封闭的社交圈迈进开放的区域,主动参与,积极奉献,这已是当今世界的一个新潮流。

② 平等互助性。人际交往本质上是相互平等的互助合作的关系,其表现为人与人的互相关心、互相爱护和互相帮助。人们在保持平等交往的前提下,既对他人有所帮助,也对他人有所期待。显然,有的人在交往中满足了物质需要,有的则在交往中满足了精神的需要。在这种相互期待、相互协调、相互满足对方需要的过程中,人与人之间要达到相互沟通和理解。可见,人与人满足需要的途径一般都是双向的,即在交往中,我们所付出的东西要满足对方的需要,而对方回报我们的内容又受益于我们。这种平等互助性已成为现代人交往的一个新特点。

③ 开放选择性。近年来,随着中国科技的发展、经济的振兴,人民的物质文化生活水平在不断地提高,各地之间、人与人之间的联系越来越广泛,人际交往的空间也越来越大,人们活动区域越来越大。面对着各种新技术革命的挑战,面对着各种日新月异的信息,面对着各种各样的人物,人际交往的视野变得越来越开阔,人际交往的选择面也大大拓宽。当今社会,每个人都具有较开放的区域和更多的选择机会,这一观念,已为越来越多的人所认识和

接受。

④ 自我约束性。现代人际关系还具备了自我约束、自我管理、自我教育的新特点,人们在把握自己的前提下,在交往中更多的人都有能力做到目标明确、胸有成竹。人们更加重视自尊、自爱、自重、自强的精神。

人际关系不仅受人自身的个性等因素的影响,同时还要受到法律手段、行政手段、经济杠杆、道德的调节和控制。决不能为了情感和面子,为了一时之快而放弃原则,置国家和人民的利益于不顾。要用理智来调节和支配自己的行动,做情绪的主人,对自己负责,对集体负责,对国家负责,对社会负责。正如高尔基所说的,人的最光荣最伟大的任务就是在世界上做一个人,为了保持人的尊严,人不能马马虎虎地活在世上。我们每个人都应该充满自信心、自豪感和主人翁精神,在遵纪守法的前提条件下,去果断地选择交往对象。

随着中国物质文明和精神文明建设的深入发展,人们的知识层次、思想观念在不断地提高和完善,更多的人在人际交往中都能遵纪守法,自觉地维护集体和国家的利益,用理智来约束自己和把握自己,把原则性和灵活性巧妙地结合起来。

波特(R. E. Porter)和萨莫瓦尔(2009)认为,每当行为或行为后遗影响有了意义的时候,交际便会发生。当某一个人观察我们的行为或其后遗影响并付诸意义的时候,交际便已经发生了,不管我们的行为是自觉的还是不自觉的,是有意的还是无意的。言语信息或书面信息是一种交际,而微笑、摇头或皱眉同样也是交际,因为这些行为都有其各自的意义。只不过前者为语言交际,后者为非语言交际罢了。

萨莫瓦尔把"交际"定义为"意义在人类用信号互动时的形成和反映的能动化和系统化的过程"。他认为,之所以说"交际"是能动的,主要有四个方面的原因:① 交际时"持续不断的活动";② 交际是被即时使用的活动,只要被使用了,就不会被撤回;③ 交际发生时,交际完成的各个因素之间是互相作用的;④ 人们在交际当中往往"三心二意",注意力不集中。

与此同时,"交际"的分类也体现着多元性和能动性。就当前该领域的研究成果来看,交际不仅包括语言交际和非语言交际,还包括人与人之间的各种社会交往。"交际"又因不同研究学者的研究方向和角度不同而被译为"交流""传播"等等。因此,多元性是交际固有的特征。另外,人类通过交际达到某种共识或目的,从而推动了社会的多元化发展,这也是其能动性之所在。

波特和萨莫瓦尔认为,交际包括八个要素,即信息源/行为源、编码、信息、途径、接受者、译码、接受者的反应及反馈。在这些要素当中,编码和译码对我们来说尤为重要。在跨文化交际过程中,我们常常会发现这样的情形,那就是信息在编码时是一种文化,可是译码后却成为另一种文化。由于这种编码和译码是在不同的文化环境之中发生的,因而就有可能产生误解,甚至会导致交际中断。

语言交际能力也就是语言使用能力海姆斯(D. Hymes,1966)。它指的是语言学习者掌握在什么场合使用什么语言变体的能力。美国社会语言学家则通俗地将之概括为：Who speaks what to whom and when(谁何时对谁说什么)。

社会语言学家对交际能力的定义重点在社会语言能力，即根据社会环境恰当得体地使用语言的能力。实现这种能力的关键不是乔姆斯基(A. N. Chomsky)所说的 linguistic competence，而是语境上的适合性(contextual appropriateness)，执行时的可行性(implementational feasibility)和在交际情景中的对策能力(strategy competence)(C. P. Otero, 1994)。上述能力主要由三个要素组成：① 场合(Setting)，指时间、场所以及与文化传统有关的特殊场合；② 话题(Topic)，指谈话的主题和涉及的内容；③ 参与者(Participant)，指谈话的各方，有的也包括听众在内。

由上述定义可以看出主体文化同客体文化一样，也是交际能力的一部分，是决定交际能力的主要因素之一。这是因为交际是一种双向的活动，交际得以实现的三个要素无一不受到主体文化的影响。首先，从交际的场合看，它可能是在目的语国家，也可能是在母语国家，还有可能发生在第三国，当交际发生在母语国家时，其受到母语文化的影响最为直接。譬如，你要吸引外商到某地投资，你必须向他介绍当地的投资环境，其中包括文化古迹、风景胜地、宗教信仰、风土人情、消费习惯、饮食文化等等与文化相关的内容。

## 3. 跨文化交际中的文化差异
Cultural Difference in Intercultural Communication

### 1) 霍夫斯泰德的文化维度指标

霍夫斯泰德(G. Hofstede, 2010)认为，文化是在同一个环境中的人民所具有的"共同的心理程序"。因此，文化不是一种个体特征，而是具有相同社会经验、受过相同教育的许多人所共有的心理程序。不同的群体、不同的国家或地区的人们的这种共有的心理程序之所以会有差异，是因为他们向来受着不同的教育、有着不同的社会和工作，从而也就有不同的思维方式。

那么，不同国家的文化差异究竟应该怎样来表示呢？霍夫斯泰德从其调查数据的分析中，得出了以下描述各种文化差异的指标：

（1）权力差距（距离）

权力差距是指一个社会中权利与权力的距离。权力差距大的社会通常是集体主义社会，重点强调社会阶级、上级与下级。这样的社会渴望权力，渴望差距。低权力的人理所应当地依附于高权力的人。人与人之间不平等的现象长期存在并且被大家所公认。这样的社会更注重权力、声望和财富。

权力差距较小的社会通常是个人主义社会，强调人人平等，强调个人能力，人与人之间的相互依赖性较小。这样的社会更侧重于个人的舒适与感受。

权力距离即在一个组织当中，权力的集中程度和领导的独裁程度，以及一个社会在多大的程度上可以接受组织当中这种权力分配的不平等，在企业当中可以理解为员工和管理者之间的社会距离。一种文化究竟是大的权力距离还是小的权力距离，必然会从这个社会中权力大小不等的成员的价值观中反映出来。因此研究社会成员的价值观，就可以判定一个社会对权力差距的接受程度。例如，美国是权力距离相对较小的国家，美国员工倾向于不接受管理特权的观念，下级通常认为上级是"和我一样的人"。中国相对而言是权力距离较大的国家，在这里地位象征非常重要，上级所拥有的特权被认为是理所应当的，这种特权大大地有助于上级对下属权力的实施。

图8　美国与中国文化的权力距离差异示意图

（2）不确定性避免

在任何一个社会中，人们对于不确定的、含糊的、前途未卜的情境，都会感到面对的是一种威胁，从而总是试图加以防止。防止的方法很多，例如提供更高的职业稳定性，订立更多的正规条令，不允许出现越轨的思想和行为，追求绝对真实的东西，努力获得专门的知识等等。不同民族、国家或地区，防止不确定性的迫切程度是不一样的。相对而言，在不确定性避免程度低的社会当中，人们普遍有一种安全感，倾向于放松的生活态度和鼓励冒险的倾向。而在不确定性避免程度高的社会当中，人们则普遍有一种高度的紧迫感和进取心，因而易形成一种努力工作的内心冲动。

这项理论所考虑的是一个社会对风险和不确定性的接纳能力。对不确定因素躲避程度高的社会通常是集体制社会。集体制社会，尤其是东方国家，个体与个体的连接相对紧密，相互依靠的程度也更高，因此对于稳定程度的追求也更高。追求高稳定度的社会更重视对于信息和安保的控制。事事要求安全（secure），不喜欢挑战，也不喜欢风险。对于不确定因素躲避程度低的社会通常是个人主义社会。这一类社会将风险、不稳定和多样性的存在视为必然，并且愿意面对风险或接受挑战。

例如，日本是不确定性避免程度较高的社会，因而在日本，"全面质量管理"这一员工广泛参与的管理形式取得了极大的成功，"终身雇佣制"也得到了很好地推行。与此相反，美国是不确定性避免程度低的社会，同样的人本主义政策在美国企业中则不一定行得通，比如在日本推行良好的"全面质量管理"，在美国却几乎没有成效。中国与日本相似，也属于不确定性避免程度较高的社会，因而在中国推行员工参与管理和增加职业稳定性的人本主义政策，应该是适合的并且是有效的。此外,不确定性避免程度低的社会,人们较容易接受生活中固有的不确定性,能够接受更多的意见,上级对下属的授权被执行得更为彻底,员工倾向于自主管理和独立的工作。而在不确定性避免程度高的社会,上级倾向于对下属进行严格的控制和清晰的指示。

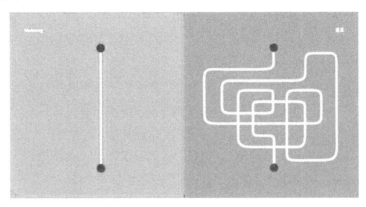

图9　日本与美国文化的不确定性避免差异示意图

（3）个人主义与集体主义

个人主义的社会,通常是西方社会,更注重个人的感受与成就。这样的社会更像是由一个个单独的个体组成,虽然个体与个体之间可以选择相互牵连,但并不是必要的。个人主义社会鼓励个人为自己谋取福利,个人优先于集体;个人的感受、能力、成就更得到重视;允许多样性的存在,允许不一样;允许大家"事不关己,高高挂起"。最常见的就是"None of my business. Mind your own business"。集体主义社会,通常是东方社会,尤其是中国、日本和韩国。在集体主义社会当中,集体永远优先于个人,社会中的个体相互依赖,而且社会鼓励大家相互依赖,先考虑集体的利益,要顾全大局。这样的情况下,责任(比如社会责任或者家庭责任)更趋向于分担制。如果出了成绩就是大家共同努力的结果,而非强调个人的角色。如果要吃苦就要大家共同承担。"特立独行"在集体主义社会中通常是贬义词。虽然是这样,并不代表每一个个体都有相同的想法,每个社会都会有特例。

图10　中国、日本与美国文化个人主义与集体主义差异示意图

（4）男性度与女性度

男性化社会中更重视男权，对男性和女性的社会角色有特定的要求。中国人常说"男主外，女主内"就是在对不同性别的社会角色作出规划。在这样的男权社会中，男性通常比女性更强势，拥有更多的权力，或更容易掌握更多的权力。男权社会中重视竞争、权力和物质上的成就。女性化的社会则相对柔软，比男权社会更加注重女性的权利。不同性别之间的差异相对较小，更注重平等，注重人与人之间的关系与感受，对老弱病残也更加照顾和同情。这样的社会的竞争也更小。

男性度与女性度即社会上居于统治地位的价值标准。对于男性社会而言，居于统治地位的是男性气概，如自信武断，进取好胜，对于金钱的索取，执着而坦然；而女性社会则完全与之相反。有趣的是，一个社会对"男子气概"的评价越高，其男子与女子之间的价值观差异也就越大。美国是男性度较强的国家，企业当中重大决策通常由高层做出，员工由于频繁地变换工作，对企业缺乏认同感，因而员工通常不会积极地参与管理。中国是一个女性度的社会，注重和谐和道德伦理，崇尚积极处世的精神。

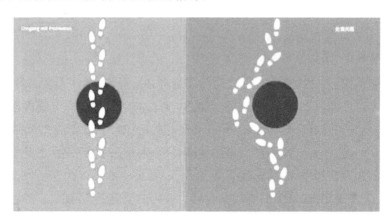

图11 男性度与女性度差异示意图

（5）长期取向与短期取向

第五个维度从对于来自世界各地的23个国家的学生的研究中得出。这项研究采用的是由中国学者设计的调查问卷，可以说是注重德行而不是真理。长期取向的价值观注重节约与坚定；短期取向的价值观尊重传统，履行社会责任，并且爱"面子"。

长期取向与短期取向可以看作是一个社会对于美德的探索。这个理论是霍夫斯泰德和邦德(M. H. Bond)共同建立的。短期取向的社会通常对事实有一个绝对的标准，或强烈希望为事实建立一个绝对的标准(absolute truth)。短期取向社会对事物的看法以及思考模式通常是标准化的。这样的社会遵循传统，对未来的规划和积蓄都是短期的，要求快结果(fast results)。

相反，长期取向的社会希望根据时间和具体情况来确定什么是事实。这样的社会更善于改善传统来迎合当下的情况，喜欢长期投资，并且有耐心通过较长一段时间来成就某种结果。

通过对上述文化四维度调查数据的分析,霍夫斯泰德证实了不同民族的文化之间确实存在着很大的差异性,而且这种差异性是根植在人们的头脑中的,很难轻易地改变。文化差异是由各国的历史传统以及不同的社会发展进程而产生的,表现在社会文化的各个方面。

从霍夫斯泰德的各文化维度指标值中,可得出东西方的文化差异是十分明显的,就是在同为东方文化圈的中国大陆、日本、中国香港、新加坡之间等也是较明显的。例如中日两国文化都是一种集体主义导向,但两种集体主义却有较大的不同。此外,除了民族、地域文化差异之外,不可否认,还有"公司文化"和"团队文化"的风格差异。

当然,文化差异的指标不仅仅有四个。但即使只考虑这四个文化差异指标,且认为每个指标也都只有两种情况,按照排列组合来分析,也可能有68种不同的民族文化类型。

图 12　长期取向与短期取向差异示意图

(6) 沉溺与约束

沉溺是指相对享乐型的社会,这样的社会更注重人自身需要的各种享受和娱乐。这样看来,应该更像是个人主义社会,自娱自乐,只要自己开心就万事大吉。相对来讲,约束性的社会的成员则被社会的条条框框所束缚。这更像集体主义社会,任何事都要考虑别人与社会的想法,而并不是总是由自己自由选择。

**2) 文化差异与跨文化交际**

文化差异是制约中国人与外国人进行交流的重要因素。如果对于中西方文化知之甚少或是缺乏必要了解,在交际过程中就会遇到许多问题,甚至造成误解或使双方处于尴尬境地。因此,了解不同文化之间的差异有助于跨文化交际的顺利进行,对中外文化交流有一定的现实意义。在跨文化交际中由于风俗习惯、交际习俗、思维方式、价值观念的不同会产生文化上的差异,主要表现为:

① 风俗习惯中的差异主要有动物象征的差异、色彩偏好习俗的差异和数字使用的差

异。中外文化中的动物象征的内涵不同,对颜色也因民族习惯和生活习惯的不同而有着不同的爱憎,这是不可逾越的,因此交际者必须注意这些具有民族文化背景色彩的词汇,通过它们逐步熟悉其他民族文化的全部内涵。只有这样,才能真正掌握语言,充分发挥语言交际工具的作用。比如,中国古典婚礼的红色寓意,从红双喜、新人着红衣红裤、新娘的红盖头、新房的红蜡烛等都寄托着人们对新人的祝福,意味着新人进门,男方家族将人丁兴旺,日子过得红红火火。而西方婚礼给人们最深刻的印象是庄严的教堂和白色的婚纱。白色的婚纱在西方象征纯洁、忠诚、美丽。

② 交际习俗中的文化差异主要表现在称呼、问候、感谢与致歉、打招呼与告别、时间观念、餐饮习俗、恭维、馈赠习俗的差异。因为不同的民族有着不同的交际习俗,因此在表达方式上也就产生了差异,进而产生了文化上的差异。我们在跨文化交际中应该全面了解中外语言表达方式的习俗,尽可能地避免误会的产生。

③ 因思维方式产生的文化差异主要是因为文化会影响人们对外界事物的看法和认识。不同的国家存在不同的文化,因此在人们的思维方式上必然存在着差异,而思维方式上的差异必然会造成交际行为、交际风格等方面的不同,这一点在东西方文化之间表现得尤为明显。思维方式对语言结构有重要的影响,而跨文化交际又是一个复杂的过程,因此我们要正确对待这些差异,确保跨文化交际的顺利进行。比如中国服饰的审美理想是重意轻形,而西方服装的审美理想则是形即本质,重形轻意。

④ 因价值观念产生的文化差异主要表现在子女教育观的差异、家庭观念的差异、个人隐私的差异、学习目的的差异、集体主义与个人主义价值取向的差异上。人们的交际能力必然与价值观念联系在一起,每一种文化都有自己特有的价值体系,这套体系能够帮助人们区分美与丑、善良与邪恶,这就是人们的处世哲学、道德标准和行为规范。但是它不能脱离具体的文化而存在,每一种文化的判断标准是不同的,这种文化认为是好的,另一种文化则可能相反。它们在各自的文化体系中都有其存在的合理性,绝不可以理解为一种价值标准先进,而另一种落后。例如,在中国,人们推崇谦虚知礼,追求随遇而安,不喜欢争强好胜,同时社会风气也往往封杀过于突出的个人,正所谓"行高于众,人必非之"。在传统的中国文化中,集体取向占据主导地位,追求个人发展被视为是一种严重的个人主义,必然会遭到谴责,而西方文化则非常崇尚个人主义,"随遇而安"被看作是缺乏进取精神的表现,是懒惰、无能的同义词。个人本位的思想根植于他们心中,人们崇尚独立思考,独立判断,依靠自己的能力去实现个人利益,且个人利益至高无上。我们之所以要对中西方文化进行对比,其目的是通过对比,提示不同文化之间的相同点和相异点,重点是相异点及其可能造成的文化误解和文化冲突。通过文化对比,发掘文化差异和文化冲突的根源,总结出规律性的特点。只有预见到在交际之中可能出现的文化冲突,在交际过程中才能主动地、自觉地排除文化干扰,避免文化冲突,营造双方共同接受的交际氛围。

## 4. 隐性偏见与跨文化交际
Implicit Bias & Intercultural Communication

偏见是一种心理现象，广泛存在于不同历史时期。跨文化传播视野中的偏见指的是在没有获得全面、准确的信息的基础上对他文化作出的不理性判断，以及由此形成的对他文化的否定性态度，即它是一种后天形成的倾向，人们通常因此以一贯（消极的）方式对某一特定的人群或事件做出反应（章志光，1998）。文化偏见有时以可见的方式出现，但它更多的是以隐性的方式潜藏在语言和其他语境因素中。一旦隐性的文化偏见逃过人们的视线，它就很容易随着话语的传播而为人们所接受，并可能转变为一种权力，影响和限制人们对其他文化问题的正确感知。

### 1) 跨文化传播视野中的隐性偏见

偏见最初是社会心理学研究的领域。在上世纪 20 年代到 50 年代，偏见被视为一种"精神变态"反应。60 年代，随着社会心理学的发展，学者们逐渐认识到偏见可能源自某些隐性认知心理偏向，是动机驱动下的社会化过程。人们具有保护内群体的动机，因此对内群体成员和外群体成员会产生不同的心理期待，往往认为内群体成员聪明、勤劳、通情达理，外群体成员冲动、懒惰、有攻击性；期待内群体的行为是积极、正面的，期待外群体的行为是消极、负面的。这种社会化过程常常会自动激活对内群体的积极情感和态度（"我们的"）以及对外群体的消极情感和态度（"他们的"）。

20 世纪 70 年代，学者们将关于偏见的研究应用到跨文化传播研究中，提出支配性种族主义和规避性种族主义概念。考威尔（A. Cowell）认为，支配性种族主义属于显性种族主义，支配性种族主义者往往在公开场合表露自己对外群体的偏见，他们的行为与态度往往表里一致。而规避性种族主义者却没有这种表里的一致性，他们在外显层面支持种族平等，在公开场合对外群体表示友好或同情，但内心却认为外群体是"令人厌恶的"。这种消极的情感和态度常以一种隐蔽、间接且被主观"合理化"的隐性形式表达出来。

20 世纪 90 年代，随着全球化的发展，不同族群、内/外群体、东道国国民与移民、旅居者之间的群体间交往不断深化，文化、价值观、语言上的差异导致各种形式的冲突和摩擦，其中既包括显性层面的冲突，也包括隐性层面的摩擦。在此背景下，学者们开始探究隐性偏见的理论基础。他们认为，过去经验的痕迹（内隐态度）虽不能被个体意识到或自我报告，但仍会对个体的某些行为产生潜在影响。威尔森（T. D. Wilson）、林德赛（Lindsey G.）和斯库勒（J. Schooler）在这一基础上提出了双重态度模型，他们认为人们对同一态度客体能同时存在两种不同的评价，一种是外显态度，一种是内隐态度。外显态度是能够被人们意识到和承认的，通过内省表现出来的态度；内隐态度是人们对态度客体的自动反应，是无意识中自动激活的态度。

根据奥尔波特（G. W. Allport, 1946）的群体间交往理论，群体间交往可以消解群体间偏见、改善群体间态度，广泛地与外群体接触有助于增加对外群体的好感。但也有研究显示,通过交往改善对外群体的态度是有条件的。如果群体间偏见具有隐蔽性和复杂性,那么隐性层面的偏见可能制约群体间交往。尽管这已成为日益突出的社会问题,但国内学者没有进行过系统的观察、分析和论述。

跨文化交往中的隐性偏见是一种文化认知框架,具有对内群体偏爱和对外群体贬损的潜在意识和偏向性。人们对于外群体的态度是矛盾而复杂的,表面上反对偏见和歧视态度,在交往中对外群体成员表现出友好、友善的态度,给予外群体平等的社会地位,但同时在内心隐匿着对外群体的排斥和鄙视。对外群体的隐性偏见呈现为厌恶、焦虑、恐惧等回避型反应,它涵盖思维、情感和行为等多个维度。

跨文化交往中的显性偏见是受个体的意识和思维控制的、经个体一系列价值判断后所体现的对外群体的一种复杂的偏见形式。在跨文化交往中,为了适应社会生活,寻求社会赞许性身份,或避免受到他人的谴责,人们对外群体的态度有可能分化为外显和内隐的双重态度,有可能策略性地隐藏对外群体的某些偏见。

在隐性偏见和显性偏见的划分与人际交往理论中,马丁·布伯(Martin Buber)提出的"本相"和"装相"范畴与约瑟夫·卢夫特(Joseph Luft)、哈瑞·英汉姆(Harry Ingham)提出的人际交往中信息流动存在"开放区"与"封闭区"的"约哈瑞窗口"理论具有一致性。马丁·布伯认为,人们在交往中虽然在一般情况下交谈的内容是真实的,但也不同程度地存在假象,真相和假象混合于人际传播中。"装相"是人们在交往中自我披露的部分,含有程度不同的本相,但也含有假象。约瑟夫·卢夫特等人提出"约哈瑞窗口"理论,其中"开放区"是传播各方均认为可以公开的信息,而"封闭区"是传播各方均认为不能公开的纯私人信息,除了隐私,还包括不愿意暴露的弱点。

**2）隐性偏见的认知心理成因**

群体间隐性态度的建构往往源自多重视角,既是历时沿袭的心理冲突作用的结果,也是社会化过程以及外界压力作用的结果。

首先,在跨文化交往中,对他者的隐性偏见是历时沿袭的认知心理。查阅民族志学和历史学的文献,在许多上古时期的古老民族中,为了适应环境,人们有意识地遵守回避外群体、接近内群体的"生存法则"。为了适应恶劣的生存环境,抵御疾病侵袭,人们自然形成了不接触外群体的倾向,在人们的潜意识中,外群体成员可能携带各种病毒、寄生虫,一旦和外群体接触,自己可能感染他们身上的病原体,造成疾病在内群体暴发。而与内群体成员接触和交往更加安全,自己对内群体可能携带的病原体产生了抗体,被传染疾病的概率要小得多。鉴于此,当疾病暴发或蔓延时,尽可能避免与外群体接触,对其表现出反感和敌意,是理所当然的。

当疾病暴发或蔓延时,人类还有着尽可能接近内群体的内群体偏爱倾向。在内群体中,更容易结成稳固的抵抗疾病的联盟关系。内群体成员不仅能为染病者提供食物、水等生存必需品,还可以保护染病者在患病期间免受猎食者和敌人的攻击。因此,当疾病暴发或盛行时,人类往往努力强化与内群体的这种联盟关系,向内群体求助,争取从内群体获得更多的支持。

内群体偏爱和外群体贬损这一原始动机一直延续到当今社会。与单独个体相比,融入群体会有更多生存和发展的机会,如共享食物、找到伴侣、分工协作等。随着对食物、庇护场所等稀缺资源的争夺加剧,人们会自觉地维护所属群体的利益不受外群体的攻击和破坏。这一原始动机导致人们在隐性层面对外群体抱有偏见和歧视。

其次,群体间隐性偏见的建构往往源自多重视角,也是社会化过程作用的结果。根据最佳区分性理论,人们有求同的需要,渴望自己与他人相类似,希望在所属群体中满足归属的需要。同时,人们也有求异的需要,希望自己不同于他人,希望在与其他群体的比较当中满足求异的需要。内—外群体的社会分类使人们在这两种需要之间找到一个平衡点,归属的需要在群体内得到满足,求异的需要在群体间获得满足。

内—外群体的社会分类使得人们易于产生"最终归因错误"。如果人们看到一个外群体成员的负面行为时,如随地丢垃圾,常会认为负面行为缘于该行为人的不良品质,即出于内在原因。与此相反,如果行为人是内群体成员,那么同一个负面行为会被解释为是情境造成的,例如周围许多人都是这样处理垃圾的,所以内群体成员即使在这里丢垃圾,也是入乡随俗而已,是外在原因造成的。这使得人们对内群体和外群体建构了不同的社会期待和信息感知标准。

内—外群体的社会分类还容易使人们产生对外群体的隐性群体性判断。当与一个外群体成员交往时,如果先想到的是外群体成员的个性特征,那么"个体自我"容易被激活,会将这一交往视为"跨文化人际交往"。与之相反,如果认为自己在与这一个体所代表的群体交往,先想到的是外群体的整体印象,"社会性自我"便会凸显,会将这一交往视为"跨文化群体间交往"。"社会性自我"被激活,一种可能是由于与外群体缺乏交流,所以更易想到外群体的整体印象,即以刻板印象来看待外群体成员。如果这种刻板印象是负面的,则可能形成与外群体成员交往的消极期待。另一种可能是由于以前与外群体的交往是不愉快的,当面对外群体成员时,可能将以往不愉快的跨文化交往经历泛化至所有与外群体交往的语境,先入为主地认为与外群体的交往都是不愉快的。这种隐性群体性判断容易激活对外群体的隐性消极态度。

在当下全球化语境中,显性偏见转化为隐性偏见,还可能源自外界平等主义的压力。根据"沉默的螺旋"理论,在现今社会,尤其在西方国家,平等主义、人人平等、不该对他者抱有偏见已渐渐成为"公开的意见"或"意见气候",面对社会敏感问题,人们进行精细信息加工和印象整饰的动机就会增强。为了适应社会生活,即使自己对他者抱有偏见,也往往不会公开承认,如此一来,平等主义的声音越来越强大,有偏见的人越来越沉默,形成螺旋发展过程。大多数人为了避免由于单独持有偏见态度而孤立,往往规范自己的言行,服从具有强大影响的公开意见,以期获得最大的社会赞赏和酬赏,并将社会对自己的惩罚降低到最小。

但是,不愿公开承认对他者的偏见与真正对他者没有偏见不能等同,迫于外界平等主义的压力而表现的对他者的积极态度与内心对他者的真正态度也不能等同。前者是为了寻求社会赞许身份,维护积极的自我形象,期望受到他人的赞许,或避免因抱有偏见而带来消极后果,而表现出的对他者的积极态度;后者是有反对偏见的内心意愿,从内心里赞成人人平等,没有外界要求、限制和功利的压力。因此,虽然在显性层面,人们大多自称对他者没有偏见,但内心对他者的真正态度却可能存在显著差异,偏见没有因受到平等主义的影响而完全消弭,而是转化为更加隐蔽的形式存在于群体间的交往中。

### 3) 隐性偏见的消解

以往研究大多认为,偏见不可避免且无法改变。经过对隐性层面的偏见进行大量的实证研究,研究者提出,虽说隐性偏见具有较高的稳定性,但同时也具有可塑性和可变性,并不是无法改变的。鉴于隐性态度和刻板印象是通过社会化过程习得的,也可以通过"反向习得"或"再习得"抵消、消解其消极影响。

消解隐性偏见的一个重要途径是使持隐性偏见者充分意识到自己对他者抱有偏见,从而促使其产生消解偏见的内部心理动机。西方学者(赵欣,2016)在 2000 年考察了无偏见者(显性/隐性偏见均处于低水平)和规避性种族主义者(显性偏见处于低水平,隐性偏见处于高水平)对自我伪善水平的反应。他们在加拿大进行了一项针对旅居加拿大的亚洲人或亚裔加拿大人的研究。研究者让一部分白人被试者处于"伪善"情境中,让其就自己对亚裔加拿大人的消极态度和行为进行反思,而让另一部分被试者处于控制情境中,不让其进行类似的反思。该研究的假设是,让被试者充分意识到自己抱有隐性偏见,会使其在内心产生负罪感和内疚感,从而产生给亚裔学生发放奖学金的愿望。研究结果支持了上述假设,在"伪善"情境中,规避性种族主义者体验到更多内疚感,表达出给亚裔学生发放奖学金的愿望。然而,无偏见者的反应却不受情境控制的影响。该研究说明,让人们充分意识到自己对外群体抱有隐性偏见有助于消解这种偏见。

有学者(赵欣,2016)在 2007 年考察了持隐性偏见的医生对冠心病患者的诊断,为以上研究提供了进一步的支持。研究发现,在没有进行情境控制的条件下,隐性偏见水平高、显性偏见水平低的医生为黑人患者推荐积极治疗(溶栓治疗)的概率要小些,而为白人患者推荐积极治疗的概率要大些。在另一组实验中,研究者在一开始便让医生意识到他们的诊断可能受到隐性种族偏见的影响,隐性偏见水平高的医生的诊断发生了转变,开始向黑人患者推荐积极治疗。由此可见,在进行医疗诊断时,让这些医生充分意识到自己存在隐性种族偏见有助于促使其有意识地修正、消解这种偏见。

而有些学者的研究修正了偏见具有高度稳定性的论说,同时针对隐性偏见的消解提出了新的看法。一方面,隐性偏见虽然具有顽固性,但能够通过"反向习得"来消解。另一方面,消解偏见的关键不是外部心理动机,而是内部心理动机。外界压力不能有效转变人们对他者的态度,反而使偏见转化为更加隐蔽的形式存在于跨文化交往当中。为了有效消解偏见,人们需要充分意识到自己对他者抱有偏见,认识到不应该对他者抱有偏见,产生消解偏见的内部动机,使得反对偏见的内部动机与外部动机具有同一性。

人类是社会性动物,三岁大的孩子就可能对外群体抱有种族偏见。因而存在这样一种观点:偏见是与生俱来的,无法消解或改变,每个人都有可能对他者持有偏见。也有学者认为,与显性偏见相比,隐性偏见难以觉察和捕捉。由于内隐态度的隐蔽性、复杂性特征,人们并不知道自己对他者抱有偏见。随着全球化进程,平等主义已经成为共识,公开表达偏见会受到社会压力,但偏见没有因为受到社会谴责而消解。在此意义上,充分认识隐性层面的偏见,关注隐性偏见对群体间交往的特殊影响,有助于拓展现有群体间偏见研究中的隐性偏见研究维度,推动群体间偏见研究向理论纵深发展。

## 5. 文化定势与跨文化交际
Cultural Stereotypes and Intercultural Communication

### 1) 文化定势的概念

随着全球一体化进程的不断推进,不同文化之间的交往日益紧密。全球化使民族间的跨文化交际日益频繁,跨文化交际已经成为各国或各民族交往过程中不可缺少的环节。然而,在实施跨文化交际的过程中往往会受到文化定势(cultural stereotype)的影响,其影响既有积极的一面,又有消极的一面。

"文化定势"是由美国政治评论家沃尔特·李普曼(Walter Lippmann)最早在1922年出版的《公众舆论》(Public Opinion)一书中首先采用的术语。它是指按照性别、种族、年龄或职业等进行的社会分类,形成的是关于某类人的固定印象。近年来,国内学者对于这一领域也展开了广泛的研究。国内著名学者贾玉新(1997)指出文化定势是指一个群体对另一群体成员的过于一般化的、过于简单化的信念或态度,或是一种简单化的认知方式。胡文仲把"定势"定义成"是对于某些个人或群体的属性的一套信念,这些信念可能是正面的,也可能是负面的,并且现在使用这个词一般带有贬义"。由此可见,以往国内外研究学者对文化定势的研究重点多放在定势的消极意义上,认为文化定势在跨文化交际过程中起着阻碍作用,因而被归纳为是错误的、非理性的。但随着研究的不断深入,人们开始趋向于认为文化定势是一种普遍的、不可避免的人类认知方式,将其作为一种中性来看待,认为文化定势是一个矛盾的对立统一体,对跨文化交际的顺利进行既有消极作用,又起着积极作用。

### 2) 文化定势对跨文化交际的消极影响

文化定势作为一种认知方式和认知策略,它就像是一把钥匙一样帮助人们开启不同文化的大门。但是它的存在同时也束缚和制约着人们的固有思想,这种消极影响是不容忽视的。其消极影响主要表现在:

第一,文化定势夸大了群体的差异性,忽略了个体的差异性。由于文化定势思维模式的存在,人们习惯于以某种群体的整体特征取代对其范围内个体的观察、分析和判断。文化定势使我们不能够正确而又客观地看待个体成员,认为群体具备的特征个体也必然会具备,适合群体的同样也适合群体中的个体。因此在现实生活中,常常有人用定势思维给他人贴上固定的标签。正如波特(2000)所指出的:"定势会使我们相信,所有爱尔兰人都是红头发、急脾气;所有日本人都个子矮、龅牙、狡猾;所有犹太人都精明而贪婪;所有黑人都迷信且懒惰。虽然这些概括为人们普遍接受,但它们并不正确。"

第二,文化定势将文化看成是静止的,而不是变化的。任何文化定势都是通过对比文化之间的差异而得出的结论,然而文化对比研究只能比较出一个群体在一定的历史时期下的文化特征,不可能概括出其在各个不同时期的特征。例如:许多学者专家在阐述礼貌原则方面都曾举过这样的例子——中国人喜欢谦虚,为了展示自己谦逊的一面,经常否定别人对自己的赞美。然而这种想法很有可能会在具体交际过程中产生误解。因为实际上,并不是所有中国人对待别人的称赞都会采取这种谦虚的回应方式,因此当有中国人欣然接受他人的称赞时很容易引起误解。

第三,文化定势忽视了各民族各群体之间存在的文化共性。从跨文化交际的范围来看,我们常常把文化定义为某种人群的整体表现形式,即特定群体的行为方式以及支配该行为的价值观念体系。文化定势起源于跨文化之间的对比,它过度注重各文化之间的差异,忽视文化的共性。在跨文化交际过程中,对文化间差异性过度敏感的交际者很可能被文化定势所误导。例如,处在文化定势下的人们会认为所有美国人都崇尚个人主义,所有的中国人都崇尚集体主义。

第四,文化定势极容易导致"本群体文化中心主义(enthnocentrism)",从而产生文化偏见、文化歧视等。处在这一思维模式下的群体往往会对本群体文化简单地概括和认同,并以其为中心看待任何问题,过度抬高本群体文化,歧视甚至打击其他群体文化,这样发展下去势必会引起文化冲突甚至是民族仇恨。美国的白人和黑人之间的冲突就足以体现这方面的因素。

**3)文化定势对跨文化交际的积极影响**

从认知角度上看,文化定势具有认知功能和图象功能,它包括"自定势"和"他定势"。如果对"自定势"进行反思,可以促进对母体文化的认同和认知。同样经过反思"他定势"可以促进对陌生文化的认知。文化定势虽然对跨文化交际产生消极影响,但它是一种不可避免的认知心理过程,文化差异和认知方式决定了它存在的逻辑性、合理性和必然性。目前国内外许多学者提出要"承认定势,建立定势,向定势挑战"。通过不断建立和打破文化定势来进行跨文化交际活动,从而提高跨文化交际的效率。文化定势对跨文化交际的积极影响主要表现在以下几个方面:

第一,文化定势能够帮助人们恰当而又相对稳定地认知这个世界。人类在认识事物时,首先要在心理上对事物进行分类,从而实现事物分类思维过程的范畴化。文化定势就是文化的范畴化,是以客观事实的简化和泛化为基础,而简化和泛化则是从真实的交际场景、事件的观察中提炼出来的,具有一定的代表性、真实性与合理性,有助于交际者对不同社会的主流文化进行把握。

第二,文化定势能有效降低焦虑感和恐惧感,减少跨文化交际的盲目性和复杂性。不同文化之间的交际会使交际双方产生不安定感,引起一系列心理行为的变化及情感障碍。文化定势的前期存在正具有一定的前瞻性和引导性,能在跨文化交际中起到积极的导向作用,使交际者能够有效地降低焦虑感和恐惧感,从而有助于跨文化交际的顺利进行。

第三,文化定势能在跨文化交际过程中避免产生"文化休克(cultural shock)"现象,并刺激人们的跨文化交际的欲望。文化定势背后蕴藏着诸多如历史、文化、社会等多方面的因素,在交际过程中会从多角度对不同文化间的差异性、敏感性进行梳理,对交际对象的思维方式和言语行为进行有效的预测,使自己在交际中采取的言行更为适当和谨慎,从而潜移默化地自觉培养了文化移情(cultural empathy)能力。例如,我们了解到西方人在交谈时比较注重个人隐私,因此在与西方人日常交际的过程中,一般避开询问对方的年龄、工作、收入情况、婚姻状况、政治倾向、宗教信仰等,而会选择谈论天气、旅游、体育、休闲、娱乐、公共安全等方面的话题。

图 13　中西方文化定势差异图

以上关于西方人的文化定势可以使人们在交际之前粗略地了解西方文化,从而使其在实际交往中就能遵循相应的文化规约和文化准则,减少他们对另一种文化的反感情绪和排斥情绪,避免产生我们通常所说的"文化休克"现象。

文化定势在跨文化交际中是不可避免的,它既有积极的一面也有消极的一面。因此,在跨文化交际过程中,我们应当不断地对定势加以反思和总结,解构不恰当的文化定势,构建合理而多维的新定势,不断培养跨文化交际能力,从而使跨文化交际能够顺利进行。

# 参考文献

[德]黑格尔,1960.哲学史讲演录(第 2 卷)[M].贺麟,王太庆,译.北京:商务印书馆.
[法]维克多·埃尔,1988.文化概念[M].康新文,晓文译.上海人民出版社.
[荷]冯·皮尔森,1992.文化战略[M].刘利圭,等译.北京:中国社会科学出版社.
[美]埃德加·沙因,1992.组织文化与领导[M].马红宇,王斌,译.北京:中国人民大学出版社.

［美］威廉·A.哈维兰,1987.当代人类学[M].王铭铭,等译.上海:上海人民出版社.

［美］吉尔特·霍夫斯泰德.2010.文化与组织[M].李原,孙健,译.北京:中国人民大学出版社,06.

［美］克莱德·克拉克洪,1986.文化与个人[M].高佳,何红,译.杭州:浙江人民出版社.

［美］威廉·戴维斯,2001.中西文化之鉴[M].北京:外语教学与研究出版社.

［美］沃尔特·李普曼,2006.公众舆论[M].阎克文,江红,译.上海:上海人民出版社.

［英］阿诺德·汤因比,2010.历史研究[M].郭小凌,王皖强,译.上海:上海人民出版社.

［英］爱德华.B.泰勒,1988.原始文化[M].蔡江浓,编译.杭州:浙江人民出版社.

［英］爱德华.B.泰勒,1992.原始文化[M].连树声,译.上海:上海文艺出版社.

［英］恩格斯,1952.劳动在从猿到人转变过程中的作用[M].中共中央马克思恩格斯列宁斯大林著作编译局,译.北京:人民出版社.

［英］马林诺夫斯基,2002.文化论[M].费孝通,等译.北京:华夏出版社.

陈华文,2001.文化学概论[M].上海:上海文艺出版社.

冯天瑜,2003.汉字文化圈论略[J].中华文化论坛(02):50-54.

胡文仲,高一虹,1997.外语教学与文化[M].长沙:湖南教育出版社.

胡文仲,1999.跨文化交际学概论[M].北京:外语教学与研究出版社.

胡文仲,1988.跨文化交际与英语学习[M].上海:上海译文出版社.

黄莹,2006.我国政治话语体裁中人际意义的变迁——基于《人民日报》元旦社论的个案研究[J].广东外语外贸大学学报(02):42-45.

季羡林,1987.简明东方文学史(绪论)[M].北京:北京大学出版社.

贾玉新,1997.跨文化交际学[M].上海:上海外语教育出版社.

米切尔·兰德曼,2016.哲学人类学[M].阎嘉,译.贵阳:贵州人民出版社.

李先进,2012.文化定势及其在跨文化交际中的作用[J].求索(11):110-112.

梁漱溟,1990.中国文化要义[M].济南:山东人民出版社.

马克思,恩格斯,2004.马克思恩格斯全集[M].中共中央马克思恩格斯列宁斯大林著作编译局,译.北京:人民出版社.

钱穆,1969.文化与生活,中华文化之特质[M].台湾:世界书局.

萨谬尔·P.亨廷顿,1998.第三波——20世纪后期民主化浪潮[M].刘军宁,译.上海:上海三联书店.

史继忠,2002.世界五大文化圈的互动[J].贵州民族研究(04):18.

斯大林,1955.斯大林全集(第3卷)[M].中共中央马克思恩格斯列宁斯大林著作编译局译.北京:人民出版社.

苏富忠,2003.技术的利行文化观[J].烟台大学学报(1):3.

苏富忠,1998.论代换思维[J].心理学探新(3):3.

苏富忠,1992.论美[J].齐鲁学刊(4):37.

苏富忠,2004. 文化的分类体系[J]. 烟台大学学报(哲学社会科学版)(03):262-268.
苏富忠,2004. 文化的人为性具体存在观[J]. 烟台大学学报(1):11.
王炯华,盛瑞裕等,2001. 中国传统文化十二讲[M]. 武汉:华中科技大学出版社.
王莉,2008. 基于文化圈理论的语言圈层问题初探[J]. 新疆社会科学(6):103-106.
王威孚,朱磊,2006. 关于对"文化"定义的综述[J]. 江淮论坛(02):190-192.
王玉德,2006. 文化学[M]. 昆明:云南大学出版社.
韦森,2003. 文化与秩序[M]. 上海:上海人民出版社.
学诚,2002. 对新世纪中国宗教的一些思考[J]. 中国政协(8):41.
张林,张向葵,2003. 态度研究的新进展——双重态度模型[J]. 心理科学进展(11):171-176.
章志光,1998. 社会心理学[M]. 北京:人民教育出版社.
赵欣,2014. 跨文化传播视野中的隐性偏见[J]. 江淮论坛(3):186-189.
仲高,2009. 新疆文化知识读本[M]. 北京:民族出版社.
周维功,2015. "道德恐惧"辨[J]. 江淮论坛(5):104-108.

Allport G,1935. A Handbook of Social Psychology[J]. Mental Health:6(3):86-86.

Argyle H,1984. The Anatomy of Relationship the Rules and Skills Needed to Manage Them Uccessfully[M]. London:Heineman.

Argyle M,1986. Rules for social relationships in four cultures[J]. Australian Journal of Psychology (38):309-C318.

Arieli A,Sterkin A & Grinvald A,1996. Dynamics of Ongoing Activity:Explanation of the Large Variability in Evoked Cortical Responses[J]. Science:273(5283):1868-1871.

Banaji M R,Hardin C D,1996. Automatic stereotyping[J]. Psychological Science:7(3):136-141.

Brewer M B,1993. The Role of Distinctiveness in Social Identity and Group Behavior[M]. Hogg M D. (Eds.) Group motivation. London:Harvester Wheatsheaf.

Brewer M B,1991. The Social Self on Being the Same and Different at the Same Time[J]. Personality and Social Psychology Bulletin (17):475-482.

Chen G M,William J,1998. Foundation of Intercultural Communication[M]. Mass:Allyn & Bacon.

Chomsky A N,1994. Critical Assessments(Vol. 3)[C]. NY:Routledge.

Dovidio J F,Gaertner S L,2004. Aversive Racism[J]. Advances in Experimental Social Psychology (36):1-51.

Dovidio J F,1995. On the Nature of Contemporary Prejudice[J]. Psychological Review 102(1):4-27.

Dovidio, J F, 2001. On the Nature of Contemporary Prejudice The Third Wave[J]. Journal of Social Issues (57): 829 - 849.

Doviodio J F, Kawakami K & Johnson C, 1997. On the Nature of Prejudice: Automatic and Controlled Process. Journal of Experimental Social Psychology: 33(4): 510 - 540.

Fairclough N, Wodak R, 1997. Critical Discourse Analysis[A]. In Van D (ed). Discourse as Social Interaction. (Discourse Studies: A Multidisciplinary Introduction, Vol. (2) [C]. London: Sage.

Fairclough N, 1992. Discourse and Social Change[M]. Cambridge, UK: Polity Press.

Fairclough N, 1989. Language and Power[M]. London: Longman.

Fazio R H, Jackson J R & Dunton B C, 1981. Variability in Automatic Activation as an Unobtrusive Measure of Racial Attitudes: Foucault M. History of Sexuality (Vol. 1) [M]. Harmondsworth:Penguin Books.

Fazio R H, Sanbonmatsu D M & Poewell M C, 1986. On the Automatic Activation of Attitudes[J]. Journal of Personality and Social Psychology: 50(2): 229 - 238.

Folwer R, Kress G, 1979. Critical Linguistics[A]. In Fowler R, Hodge B. (eds). Language and Control[C]. London:Routledge and Kegan Paul.

Freud S, 1958. Psychoanalytic Notes upon an Autobiographical Account of a Case of Paranoia[A]. In: Strachey J ed. The Standard Edition of the Complete Psychoanalytical Works of Sigmund Freud(12)[C]. London: Hogarth Press.

Gaertner S L, Doviodio J F, 1986. The Aversive Form of Racism[A]. In: Dovidio J F, Gaertner S L eds. Prejudice, Discrimination, and Racism[C]. Orlando. Academic Press.

Greenwald A G, Banaji M R, 1995. Implicit Social Cognition Attitudes Self-esteem and Stereotypes[J]. Psychological Review: 102(1): 4 - 27.

Greenwald A G, McGhee D E & Schwartz J L K, 1998. Measuring Individual Differences in Implicit Cognition: The Implicit Association Test[J]. Journal of Personality and Social Psychology: 74(11): 1464 - 1480.

Halliday M A K, 1976. Anti-language[J]. UEA Papers in Linguitics: 15 - 45.

Hewstone M, 1990. The "Ultimate Attribution Error?" A Review of the Literature on Intergroup Causal Attribution [J]. European Journal of Social Psychology (20): 311 - 335.

Hofstede G, 1991a. Culture's Consequences: International Differences in Work- Related Values[M]. California: Sage.

Hofstede G, 1991b. Cultures and Organizations: Soft-ware of the Mind[M]. London: McGraw-Hill.

Hofstede G, 1999. The Universal and the Specific in 21st Century Global Management [J]. Organizational Dynamics (3): 34-43.

Hymes D, 1966. On "Anthropoligical Linguisics" and Congeners[J]. American Anthropologist: 68(1): 143-153.

Jarvis G A, Allwright D & Bailey K M, 1991. Focus on the Language Classroom: An Introduction to Classroom Research for Language Teachers[J]. Modern Language Journal: 77(1): 92.

Kluckhohn F R, Strodtbeck F L, 1961. Variations in Value Orientations[M]. Evanston: Row, Peterson.

Larry A. Samovar, Richard E. Porter, Edwin R. Mcdaniel, Carolyn S. Roy, 2009. 跨文化交际[M]. 董晓波,等编译. 北京:北京大学出版社.

Lustig M W, Jolene K, 1996. Intercultural Competence: Interpersonal Communication across Cultures[M]. New York: Harper Collins.

Mcsweeney B, 2002. Hofstede's Model of National Cultural Differences and Their Conse-quences: A triumph of faith—A failure of analysis [J]. Human Relations: 55(2): 89-118.

Otero C P, 1973. Introduction to Chomsky's social theory[A]. Rokeach N(ed). The Nature of Human Value [M]. New York: Free Press.

Rokeach N, 1973. From the Individual to Institutional Values with Special Reference to the Values of Science. In N. Rokeach (Ed.). Understanding Human Values (47-70) [M]. New York: Free Press.

Samovar L, Porter B, 2004. Identity: Conversation with Bene-detto Vecchi[M]. UK: Polity Press.

Sherif M, Cantril H, 1992. The Psychology of Ego Involvements: Social Attitudes and Identifications[M]. New York: Wiley.

Stangor M H. ed, 1996. Stereotypes and Stereotyping. New York: Guilford Press.

Teo P, 2000. Racism in the news: A Critical Analysis of News Reporting in Two Australian Newspapers [J]. Discourse & Society: 11(1): 7-49.

Tesser A, 1993. The Importance of Heritability in Psychological Research: The Case of Attitudes. Psychological Review: 100(1): 129-142.

Thomas L, Wareing S. (eds), 2001. Language, Society and Power: An Introduction [M]. London: Routledge.

Trew T, 1979. Theory and Ideology at Work[A]. In Fowler R, Hodge B. (eds). Language and Control[C]. London: Sage.

Van D, 1987. Communicating Racism[M]. London: Sage.

Van D, 1993a. Discourse and Cognition in Society[A]. In Crowley D, Mitchell D. (eds). Communication Theory Today[C]. Oxford: Pergamon Press.

Van D, 1993b. Elite Discourse and Racism[M]. London: Sage.

Van D, 1980. Macrostructures: An Interdisciplinary Study of Global Structures in Discourse, Interaction and Cognition[M]. Hillsdale, NJ: Erlbaum.

Van D, 1988. News as Discourse[M]. New Jersey: Lawrence Erlbaum Associates, Inc. Publishers.

Van D, 1985. Prejudice in Discourse[M]. Amsterdam: Benjamins.

Van D, 1989. Structures and Strategies of Discourse and Prejudice[A]. In Ethnic Minorities, Social Psychological Perspectives[C]. Amsterdam/Lisse: Swets & Zeitlinger.

Wilson S, Schooler T Y, 2000. A Model of Dual Attitudes[J]. Psychological Review (107): 101-126.

Wilson T D, Hodges S D & Lafleur S J, 1995. Effects of Introspecting about Reasons: Inferring Attitudes from Accessible Thoughts. Journal of Personality and Social Psychology: 69(1): 16-28.

Wilson T D, Lindsey S & Schooler T Y, 2000. Amodel of Dual Attitudes. Psychological Review: 107(1): 101-126.

Wilson T D, Lindsey S. Effects of Time Pressure and Analyzing Reasons on Attitudes Toward Dating Relationships. 1998[M]. Oxford: Oxford University Press.

Wilson T D, Lindsy S. & Schooler T Y, 2000. A Model of Dual Attitudes[J]. Psychological Review (107): 104-122.

Wood T, 2004. Ideology: The Power of Prior Discourse[A]. In Martin P, Joanne M. (eds). Communicating Ideologies: Multidisciplinary Perspectives on Language, Discourse, and Social Practice[C]. Frankfurtam Main: Peter Lang.

Zajonc R B, 1968. Attitudinal Effects of Mere Exposure[J]. Journal of Personality and Social Psychology (Monograph Supplement) (9): 1-27.

# 第二章　跨文化交际学与研究方法
## Chapter Two　Intercultural Communication Studies and Research Methods

跨文化交际学是一门年轻的学科,它是在国际交往日益频繁、全球经济一体化趋势不断增强的时代背景下发展起来的新兴学科。跨文化交际研究在中国是改革开放的产物,也是汉语国际推广战略决策的需要。

跨文化交际学是一门综合性学科,它是当代社会科学学科综合研究的结果,学科背景主要涉及文化语言学、社会语言学、言语交际学等,凸显出跨文化交际学的"文化""社会"和"交际"三个侧面;而这三个不同的侧面又都围绕语言符号与非语言符号的"语用"这个核心。正是在这个基础上建立起了跨文化交际学这门综合性的语言学科。当前国内的跨文化交际研究主要集中在外语教学界,汉语国际教育领域的跨文化交际研究亟须深入推进。

## 一、跨文化交际学的核心概念
The Core Concept of Intercultural Communication Studies

### 1. 跨文化交际能力
Intercultural Communicative Competence

跨文化交际能力概念的提出最早可追溯到20世纪70年代,当时有海姆斯(D. H. Hymes, 1972)、鲁本(B. D. Ruben, 1976)、哈默(M. R. Hammer)、古狄昆斯特(W. B. Gudykunst)和韦斯曼(R. L. Wiseman, 1978)等学者对跨文化交际能力(Intercultural Competence,简称ICC)的概念进行了讨论。海姆斯(1972)第一次提出交际能力的概念(concept of communicative competence),认为交际能力不仅是内在的语法能力,而且是一种在各种不同的交际环境中运用语法的能力,从而将之从社会语言学视角引入乔姆斯基的语言学视域下。为了进一步澄清交际能力的概念,鲁本(1976)提出跨文化交际能力的七个组成部分,如表示尊重、交流姿势、定向知识、移情、角色行为、交流管理和模棱容忍。就提高交流有效性而言,哈默等（1978）认为跨文化效力（intercultural effectiveness）是指成功地表达心理压力、有效地交流和建立人际关系的能力。

此后的三十年间，各种不同的跨文化交际能力术语和定义层出不穷。比如，拜拉姆（M. Byram,1997）、范蒂尼（A. Fantini,2007）提出跨文化能力（intercultural competence）；昆里斯克（C. Quinlisk,2005）则提出跨文化意识（intercultural awareness）；贝内特（M. J. Bennett,1993）则提出跨文化敏感度（intercultural sensitivity）。其中，跨文化能力（也即跨文化交际能力）被广泛运用于外语教学的研究当中。尽管对于跨文化交际能力的定义有着不同的版本，但被大多数学者广泛讨论的也不过几种而已（Deardorff, 2004, 2009）。例如，勒斯蒂格和凯斯特（M. W. Lustig & T. J. Koester,1993）在对跨文化交际能力定义时，提出几个关键的构成部分：交流和语境、恰当性和有效性、知识、动机和行为。当然，他们也提到了人际关系和语境在跨文化交流中的重要性。同样，古狄昆斯特（1993）也认为知识、技巧和动机对定义跨文化交际能力极为重要。在欧洲跨文化交际能力的多层面模型研究中，科拉姆（1997）认为态度和意识也是构成跨文化交际能力的重要组成部分。他认为，学生的跨文化交际能力应当包括跨文化知识相关能力、技巧、态度以及批判性跨文化意识。后来，范蒂尼（2000,2007）、迪尔多夫（2004,2006）等人在他们的研究中将知识、态度、技巧和意识纳入了跨文化交际能力的核心。迪尔多夫（2004）在其研究成果中发现，90%的受访专家一致认为拜拉姆的定义最为科学，即跨文化交际能力是指理解他人的知识和自身的知识、解释和阐释的技巧、发现和/或交流的技巧、评价别人的价值观、信仰和行为的能力、客观看待自身的能力，其中语言能力起着关键作用（Byram,1997）。迪尔多夫（2006）对该定义做了进一步修订，认为"跨文化交际能力是一种在跨文化情境下能否有效地和恰当地进行交流的能力，它是建立在具体的态度、跨文化知识、技巧和反应的基础之上。"这里，"有效性"（effectiveness）和"恰当性"（appropriateness）极为重要。在前人研究基础上，陈国明和斯达罗斯特（Chen & Starosta,1996）进一步发展了跨文化交际能力的定义，即一种能够有效和恰当地施行交际行为，从而在不同文化情境中彼此协调各自的文化身份的能力。跨文化交际能力强的人知道如何在交流中达到希望的回应，通过理解交流对象的世界观和文化身份实现自身的交际目的。换句话说，这是一种确认、尊敬、容忍和融合文化差异的能力。跨文化交际能力包含三个相关联的概念，即跨文化敏感度（intercultural sensitivity）、跨文化意识（intercultural awareness）和跨文化熟练度（intercultural adroitness）。

## 2. 跨文化适应

Intercultural Adaptation

当人们处于新的或陌生的文化环境中时，必定会遇到诸多不同的令人意想不到的来自生活、环境和文化上的压力、困难和挑战，因此，为了适应该种文化环境，他们必须不断地自我调整，自我适应，最终融入或接受新的文化环境，这就是跨文化适应的过程。跨文化适应是一个动态、复杂的发展过程。

布莱克和格里格森(G. S. Black & H. B. Gregerson,1991)曾经定义跨文化适应为个体对所在国各个不同方面的心理舒适程度。他们认为,海外的文化适应包括多个相关的因素,以员工为例,对他们而言,最重要的因素就是工作适应,包括工作责任、工作监管以及工作表现期望等。当然,在跨文化环境下,个体也会不可避免地面对生活在新环境中的挑战,比如环境适应、食物适应、购物适应等等。此外,与不同文化的人打交道,也需要交际或交流的适应,包括社交适应以及与同事和非同事的言语交谈适应等。

布莱克(1991)等认为,海外适应包括三个不同层次上的适应,即个体的、组织的和环境的。个体的个性特征对其海外适应的成功十分重要,这一点毋庸置疑;但哪一种个性特征对个体海外适应最重要,则无定论。贝克和伊万切维奇(Baker & J. M. Ivancevich,1971)等认为个体因素众多,比如诚实、正直、真诚、耐心、包容、毅力等都会激发个体的自信心和对陌生人的信赖,从而加快跨文化适应的过程。成熟度、自知之明、信心或幽默感对经常性的海外环境中的工作适应很重要(Tung,1982)。组织行为包括补偿、福利、海外工作的时长、升职、职业发展政策、调职回国训练、与国内办公室联系以及国内领导等都是影响跨文化适应的因素。另外,与个体及组织因素大不相同的是,环境的影响因素很大程度上不受组织控制,比如,配偶或家庭适应,文化韧性或侨居国的文化新奇度等。

## 3. 跨文化意识

Intercultural Awareness

世界经济的全球化不可避免地导致了生活中方方面面出现文化多样性或多元文化主义。就像贝莱(1993)所说的那样,这种趋势会继续滋养公民的多种身份,包括文化的、种族的、性别的、宗教的,以及国籍的等等。意识到这些相关的多种身份标志只是跨出了成为一个开化了的全球化公民的第一步,他们不仅能容忍文化差异,还彼此尊重各自的文化,以期在"全球化公民文化"中求得多元文化共存(Boulding,1988)。因此,跨文化意识对于在全球村中跨文化交际能力强的个体而言,只是最低标准。

跨文化意识的必要性在当今社会是不言而喻的。有不少专家和学者尝试开设跨文化训练项目或课程,以帮助人们获取跨文化意识的能力(Landis & Bhagat,1996;Yum,1989)。一项跨文化训练的最基本的目的是为了提高对文化差异的意识,从而提高个体的交流技巧;同时,减少在跨文化交流过程中发生误解的概率。最普遍的跨文化训练课程包括影响训练、认知训练、行为训练、场地仿真训练、文化意识训练和自我意识训练。其中,认知训练、文化意识和自我意识训练跟跨文化意识直接相关联(Brislin,Landis,& Brandt,1983;Gudykunst & Hammer,1983)。在这些训练当中,认识训练能够促进对于文化共性和差异的理解。文化意识训练需要参训者理解文化中的共性和具体的方面。自我意识训练帮助参训者识别出渗透在文化中的态度、观念和偏见,它们会影响参训者的交流方式。因此,跨文化意识要求个体从他们自身的文化视角去理解他们实际上是具有文化属性的,在此基础上,他们可以更进一步地弄清其他文化的独特性所在,从而在跨文化交流中能有效地解释或说明他人的行为(Triandis,1977)。

跨文化意识属于跨文化交际能力的认知层面,它是指对不同文化传统的理解影响人们的思想和行为(Chen & Starosta,1996)。跨文化意识强调通过对自身或他者文化的独特性理解,个体对环境的认识和反应不断发生变化(Triandis,1977)。

跨文化意识可以被看成是一个有态度性的知识和理解的内化过程,它们包括"那些普遍性理解,即由占据主流地位的团体所拥有的价值观、态度、信仰和个体的前景"(Adler,1987,P31)。该过程可被内分为三个层级:表层文化特征的意识、显著有别于自身文化的重大的和细微的文化特征意识、从他者文化内人群的视角感受他者文化的意识(Hanvey,1987)。

柯尔士(L. R. Kohls,1994)认为,跨文化意识是指交际主体对与本族文化有差异或冲突的他族文化现象、风俗习惯、社会礼仪等有充分的认识,并在此基础上以宽容的态度接受和适应,充分融入所处的异族社会文化。从该定义可以看出跨文化意识的形成基础及最终在情感层面上所呈现出的行为倾向。也就是说,跨文化意识是通过跨文化认知发展而促成的跨文化交际情感、态度层面上的正向发展。

## 4. 跨文化敏感度
Intercultural Sensitivity

布朗弗布伦纳(Bronfenbrener)、哈丁(Harding)和戈尔韦(Gallway)是最早提出敏感度(sensitivity)的学者,他们认为,对本国文化和对个体差异的敏感是两个重要的交际能力。前者是指对本群体内的社会规则的敏感;后者则是对区分他者如何在行为、感知或感受存在差异的敏感。哈特(Hart)、伯克斯(Burks)、卡尔森(Carlson)和伊迪(Eadie)把敏感看成日常生活中经常用到的思维模式。他们认为敏感的人应该能够接受个体差异,在交际过程中避免固守己见,能够接受并认同他人的观点(Chen & Starosta,1997:1-16)。贝内特(Bennett,1984)认为跨文化敏感是一个认知、情感和行为的发展过程,经历六个阶段:否定、防御、最小化、接受、适应和融合。这一跨文化敏感模型不仅要求情感和认知的逐步改变,同时还要求行为能力达到较高的跨文化交际能力水准。从概念的角度来看,贝内特等人对于跨文化敏感(intercultural sensitivity)的概念似乎与不少学者关于跨文化交际能力的讨论极为吻合。

此后,学者们如巴武克和布里斯林等人一直试图寻求量化测量的方法以检测跨文化敏感度,但由于信度和效度的可靠性问题一直未有进一步的发展。直到1998年,贝内特和哈默在前人研究的"跨文化敏感度发展模型"(The Developmental Model of Intercultural Sensitivity)的基础上,研制出"跨文化发展测量问卷"(Intercultural Development Inventory,简称IDI),成为学界广泛采纳的有效测量工具。

陈国明和斯达罗斯特(1997)认为"跨文化敏感度"和"跨文化交际能力"两个概念一直混淆不清,缺乏明晰的界定。在前人研究的基础上,他们提出"跨文化交际能力"是一个"伞"概念,包括认知、情感和行为三个层面;而跨文化敏感度属于跨文化交际能力的情感层面。因此,陈国明和斯达罗斯特(1997)将"跨文化敏感度"定义为,"个体对理解和欣赏文化差异所能激发出的正面情感的能力,从而有助于促进跨文化交际中欣赏和有效行为的发生。"这一定义将跨文化敏感度限制在跨文化交际能力的情感层面,它是指在跨文化交际中对理解和欣赏文化差异的准备进程。陈国明和斯达罗斯特(2000)进一步指出,跨文化敏感度的概念被明晰化后,应当包含六个组成部分:自尊(self-esteem)、自我监控(self-monitoring)、思想开明(open-mindedness)、移情(empathy)、参与交际(interaction involvement)和理性判断(non-judgment)。

## 5. 跨文化效力
Intercultural Effectiveness

跨文化效力是指促进与来自不同文化背景人群交流和协作,从而产生有利结果的能力(Simkhovych,2009)。跨文化效力的目的就是减少失败的风险,提高个体和组织在国际环境中成功交际的概率。有学者认为,跨文化效力对有不同种族文化背景人群的社会环境具有很好的预测能力。在大学里,跨文化效力有助于促进当地学生和国际学生的交流和融合。

另一个非常接近且经常被学界混用的概念是跨文化能力(intercultural competence)。跨文化能力是指在跨文化遭遇中成功处置的能力(Deardorff,2006)。泰勒(1994)声称,跨文化能力导致"视角转变"(perspective transformation),即在跨文化遭遇中人们相互影响并对自身价值观的再审视。迪尔多夫曾证实跨文化能力的两个重要元素,即效力和恰当。效力可由自身评断,能力却只能由跨文化遭遇中的对方得以证实。跨文化经历、知识、技巧和态度对是否有成功的结果非常重要(Deardorff,2006)。

跨文化效力和跨文化交际能力被学界很多学者混同使用,不仅使得它们在概念上模糊不清,而且也导致很多研究令人困惑(Hammer 等,1978;Ruben,1976;Wiseman,2003)。为了进一步厘清这两个概念,陈国明和斯达罗斯特(1996)认为,跨文化效力应当仅指"跨文化熟练"(intercultural adroitness),或者说,它是跨文化交际能力的行为层面。即跨文化效力应与交流技巧,包括言语行为和非言语行为等相一致,它们能使个体通过恰当和有效的行为表现达成跨文化交际的目的。

学者们归纳出跨文化效力的五个组成部分:信息技巧(message skills)、交际管理(interaction management)、行为灵活(behavioral flexibility)、身份管理(identity management)以及关系培养(relationship cultivation)能力(Chen,2005;Spitzberg & Changnon,2009)。

## 6. 跨文化交际中的言语交际
Intercultural Verbal Communication

言语交际（verbal communication）指的是至少发生在两个人之间的言语活动，它是以人际交往为目的言语行为。在一般的话语交谈中，应当有一个话语施动者，一个话语接受者。施动者组织言语活动的目的是为了表达自己的思想，希望话语接受者能够理解自己的言语，进而理解自己的思想。话语施动者常采用对方能接受的话语形式，清晰、完整地表达自己的观点。当然，在言语行为的发生过程中，话语施动者也会考虑言语行为是否与自身身份匹配、与话语接受者的关系及话语场合等因素相适应，从而更好地实现交际目的。从这个角度来讲，跨文化中的言语交际具有更为复杂的社会性和文化性。

言语交际的基本功能就是传递信息，在此基础上衍生了言语交际的四大功能：认知功能、行为功能、人际功能和调剂功能。认知功能代表着言语交际有着可以被用来传递某种观点、思想或知识的功能；行为功能意味着言语交际可以有被用来实施某种行为的功能。话语施动者可以通过言语交际影响话语接受者的行为、态度等；人际功能代表着言语交际可以被用来保持或建立人与人之间的人际关系；调剂功能则意味着人们可以通过言语交际来调节身心。话语施动者可以通过讲笑话、诉苦等方式缓解压力和调剂心理状态等。值得一提的是，建立在传递信息这一基本功能基础上的四大功能往往不是以单一的功能形式出现的，实际的言语交际功能可能同时发挥两种以上。沟通和合作是言语交际产生和发展的外部原动力。经过漫长的演变过程，人类的言语交际已逐步走向成熟。跨文化环境下的言语交际已经能够较好地完成最初的交际动机——传递信息，进而达到合作的目的。

## 7. 跨文化交际中的非言语交际
Intercultural Non-verbal Communication

非言语交际（nonverbal communication）指的是在一定交际环境中语言因素以外的，对输出者或接受者含有价值信息的那些因素。这些因素既可以人为地生成，也可以由环境造就。广义的非言语交际包括除言语交际以外的所有交际行为。狭义的非言语交际包括那些个人发出的有可能在他人头脑中产生意义的非语言暗示的加工过程，它是一种体现非语言行为的过程。它可能在特定的场合或情境下单独出现，也可能与语言行为同时发生。

萨默瓦尔（1981）曾对其下过定义，并受到广泛认可。他认为，非言语交际是指"在交际的环境中人为的和环境产生的对于传播者或者受传者含有潜在信息的所有刺激，这些刺激包括表情、手势、身势、触摸、副语言、空间等等"。胡文仲（1999）则认为，非言语交际就是通过使用不属于言语范畴的方法来传递信息的过程。因此，他认为，跨文化交际中的非言语交际指的是所有语言之外的交际行为。这些行为包括了头部动作、面部表情、手势、眼神接触、姿势、体触、体距、穿着和声音暗示等等。非言语交际行为的发生过程是一个内容丰富、形式多变的过程,它涵盖了身体、心理、社会、文化等多方面的互动。在跨文化交际过程中,当人们不能清晰准确地用语言来表达自身的思想或避免言语理解导致的歧义时,会用行为举止、面部表情甚至是借助外部的环境,比如时间概念、空间取向和沉默等来传递信息、帮助交流和沟通,这些都属于跨文化交际中的非言语交际范畴。

## 二、跨文化交际学研究方法
Research Methods for Intercultural Communication Studies

跨文化交际研究作为人文社会科学研究的一个分支学科,一般的人文社会科学研究方法也同样适用于跨文化交际的研究,如文献调查法、观察法、思辨法、行为研究法、历史研究法、概念分析法、比较研究法、案例分析法等等。然而,作为一门特定的学科,跨文化交际学有其自身的特殊性,以下几种研究方法在跨文化交际研究中更为普遍,现简略介绍如下。

### 1. 历史研究法
Historical Method

**1) 具体研究方法**

历史研究法主要有考据法和比较史学法。考据法,即搜集和考订已有相关材料的方法;比较史学法,即通过两种或两种以上的历史文化现象的比较对其加深认识、扩大影响和充分验证一种方法。这两种方法在跨文化交际研究中常被借鉴和使用。研究者可以对跨文化现象进行共时的考据剖析,也可以对其进行历时动态研究。这就意味着跨文化交际的研究可以追根溯源,透过表面的文化现象,追踪和挖掘其背后的历史成因及其在不同历史发展阶段的表现样式和特点。

**2) 主要研究视角**

因民族、国别和地域的不同,各自的文化在社会历史发展过程中所形成的表现形式也各不相同。一般来说,采用历史研究法研究跨文化交际可以从以下几个角度入手。第一、从不同的地理位置考察文化现象。同样一个民族处于不同的地理位置,所产生的文化现象可能大不相同,他们对待事物的思维方式和视角等也会出现明显的文化差异。第二、从一个国家的历史发展背景考察其文化现象。一个国家的历史进程或悠久或短暂,或封建社会,或农奴社会,它们都会对后来的文化产生这样或那样的影响。尤其是各个国家在长期历史发展进程中所遗留下来的传统文化,对其现代文明与文化有着潜移默化的深远影响。研究跨文化现象,也可以对传统文化追根溯源,将之与现代文化进行比对分析,从而科学客观地探源现代文化的发展之本,更好地解释现代跨文化交际语境下的诸多历史和现实问题。第三、从宗教的视角考察文化现象。宗教发展史是人类社会文化发展史中的重要组成部分,文化的研究离不开宗教的研究。跨文化交际研究者可以从中西宗教思想的演变和发展进程中，探究人类跨文化交际的互动规律。

跨文化交际研究者运用历史学分析法做相关研究，通常会面对海量的历史数据、典型个案或材料，不仅需要研究者对不同国家的地理、人文、宗教和历史等各个领域有着深度的认知，还需要他们能够从大量信息中抽丝剥茧，敏锐地发现问题，并对其概括、提炼，最终形成学术性的理论成果。因此，研究者需要具备宏大的视野、渊博的多国别的历史和社会文化知识、敏锐的学术判断力和高超的理论素养。

## 2. 对比分析法
Comparative Study

对比分析是美国语言学家沃尔夫（B. Whorf）在 1941 年首先提出的一种语言学研究方法，在 20 世纪 50 年代、60 年代得到迅速发展，主要是将两种或两种以上的语言进行共时对比，确定其相同点和差异点。毕继万（2009）认为，对比分析的方法是跨文化交际研究的根本方法。跨文化交际中的文化差异对比离不开对比分析法。"跨文化交际"的性质决定了学习和研究跨文化交际学必须注重研究文化差异对跨文化交际的干扰，而要了解文化差异就需要利用对比分析的方法进行差异分析。

对比分析方法在跨文化交际中的运用，主要是在不同的文化之间进行交际行为、思维方式和价值观念的对比，在比较中找出文化间的相同点和不同点，重点讨论文化差异及其造成的文化误解甚至文化冲突，进一步对文化进行溯源，寻找有效的排除文化差异和障碍的方法，最终达到促进双方相互理解和彼此适应的效果，保证跨文化交际在双方共同交流理解的基础上健康进行。

就跨文化交际而言，对比研究法的主要特点是对不同文化背景群体的观点或行为特征进行比较和对比，从中发现其各自交际的规律或模式，其中研究者更重视文化和交际的相互影响和作用。当交际发生在不同的文化语境时，交际的行为或态度等势必会受到不同文化的深层次影响。研究者们把跨文化交际过程看成是一个受不同文化的心理、情感和行为等在多维度上受影响的全程化进程。该研究方法的重点是通过比较不同文化背景下各群体的跨文化交际规则，揭示不同群体的文化差异。

对比分析的心理学理论基础是迁移理论。行为主义心理学认为，在学习过程中，原有习惯会影响新习惯的形成，当两种习惯有相同之处时，影响是积极的，成为"正迁移"；当两种习惯有差异之处时，原有习惯也可能产生消极影响，即"负迁移"。文化与文化之间有共通之处，同时也必然存在着差异，需要运用对比分析的方法厘清差异中的重要区分点。如在中美价值观的差异中，上下级的观念差别很大。中国文化属于高权力差距型文化，即人与人之间由于阅历、职位、文化水平等方面的不同形成了上下级式的纵向关系，人们比较看重地位的差别以及自己在上下级关系中所处的位置。这种纵向的上下级关系时刻影响着人们在日常交际中的言行举止；而美国受"人生而平等"历史观念的影响，人际关系一般呈横向状态，即交流双方不存在较大的权力距离。因此，这种深层次文化观念的差异会影响交流中的思维方式和言语表达，对交流双方的沟通产生重要影响。如在中美商务洽谈上，美国人得到中方诸如"我们要考虑、研究一下"之类的回答，会认为这可能意味着洽谈的失败，而实际上中国人往往通过这样的方式避免回答超出自己权限范围的问题。

此外，对比分析对语言和文化的学习也发挥着极其重要的作用。弗莱斯（C. Fries）曾指出，最好的教材，它的一个根本的立足点就是，一方面需要对所学外语及其文化进行科学、客观的描写；另一方面又需要对学生的本族语及其背后的文化进行相应的描写，并加以认真、彻底地比较。

## 3. 问卷调查法
Questionnaire

问卷调查法是社会科学研究中较为常见的研究方法。问卷即为调查和统计之用、以提问的方式表述问题的表格。问卷调查法是研究者利用可控制的测量变量方式对所研究的问题进行度量，从而搜集到可靠的第一手资料的方法。问卷中的问题一般设有背景性、客观性、主观性和检验性问题，其中检验性问题是为了检验问卷调查的受试回答是否真实和准确而设计的。在设计问卷的过程中，必须考虑到问卷问题设计的客观性、必要性、可能性和自愿性等原则。对于具体的问题表述，则必须具备以下几个原则，即具体性原则、单一性原则、通俗性原则、简明性原则、客观性原则和非否定性原则等。在跨文化交际的研究中，问卷调查研究法也经常被广泛使用。研究者们通常对具体的跨文化研究对象首先进行理论上的范畴探讨，对其概念进行准确界定。如本书中研究的跨文化交际能力的概念，经过十多年的国内外学界的探讨，近些年来逐渐被广泛认为是包括跨文化敏感、跨文化效力和跨文化意识在内的集合概念。学界对跨文化交际能力的问卷调查，正如本书中所采纳的，分别对跨文化敏感度、跨文化效力和跨文化意识设立研究问卷。以跨文化敏感度的测量为例，陈国明和斯达罗斯特（2000）设计出被学界广泛应用的"跨文化敏感度问卷"量表，包含 24 项问题，分别对应着测量跨文化敏感度的五个子维度：差异认同感、交际参与度、交际愉悦感、交际专注度和交际信心。

## 4. 访谈法
Interview

一般情况下，问卷调查通常与访谈相结合，在问卷数据统计基础上，借助访谈，点面结合，最终得出可靠结论。

访谈法是指通过访员和受访人相互交流来了解受访人的思想、观点和行为等的研究方法。因研究问题的性质、目的或对象的不同，访谈法具有不同的形式。根据访谈进程的标准化程度，可分为结构型访谈和非结构型访谈，非结构性访谈又可分为重点访谈和深度访谈；

根据访谈的正式程度,可分为正规访谈与非正规访谈;按接触方式,正规访谈又分为直接访谈和间接访谈;按受访者人数,又分为个别访谈和集体访谈。

访谈法的一般步骤:

① 设计访谈提纲;

② 经受访者同意做好录音或录像准备;

③ 恰当进行提问,并适当作出回应;

④ 认真倾听,准确捕捉信息,及时做好访谈记录;

⑤ 及时撰写访谈报告,并反馈受访者确认内容是否属实。

访谈法有很多优点。第一是灵活性高。访者可以根据自己的研究目的对访谈全过程进行灵活应对;第二是有效性高。访者可以始终围绕研究命题展开,保证数据的有效性;第三是信息量丰富。访谈过程中还可观察受访者的非言语行为,如服饰、表情、目光、姿态、语气等等,获得更多的信息;第四是控制性强。访谈过程中可以有效控制访谈环境,避免其他因素的影响;第五是可以获取深层次信息。访谈可以对研究问题展开深入探讨,有利于激发出受访者的深度认知思想积淀。

访谈法运用面广,特别是随着互联网技术的普及和发展,线上线下相结合的访谈能够简单而迅速地收集多方面的工作分析资料,因而深受人们的青睐。但必须指出的是,访谈法本身有其局限性。其一,由于访谈的人数通常都十分有限,导致产生样本量小的弊端;其二,调查者的主观影响难以控制。表现在:① 访者带有主观意向的提问可能使访谈出现偏差;② 访者自身的语气、语调、动作甚至性别、着装、外貌等等都可能对访谈带来影响;③ 如果受访者拒绝录音录像,那么由于访谈现场时间紧,容易产生笔误、漏记、错记等现象。所以,为了提升访谈的有效性,很多访谈性研究都有一个将访谈结果反馈给被访者的过程,对访谈结果的真实性做进一步确认。其三,访谈结果的统计分析比较困难。因一般访谈涉及的因素很多,情境、措辞和问题都不易标准化,所以对于其结果的统计分析就提出了更高要求。

## 5. 田野调查

Field Study

田野调查研究法又称实地调查或现场研究。"田野调查"最早由人类学和民族学方法发展而来,被用于研究非本民族文化和相对原始的部落群体,后来被社会学家们拓展用于研究本民族文化、都市社区、亚文化群体甚至是现代生活等方面。

该研究方法也属于跨文化交际的主要研究方法之一,其最主要的研究手段就是参与现场观察。通常,研究者们会与被调查或研究的对象长时间共同生活一段时间,从中观察、了解和认识他们在研究者研究领域或层面的活动特征。对于跨文化交际而言,田野调查的目的在于深入研究对象的实地,以观察、访谈和口述史等方法收集资料,并通过分析理解、解释和归纳不同文化背景的研究对象在跨文化交际过程中的交际规则。田野调查的核心与灵魂是调查的主题,因此,田野调查成功与否或调查的质量与价值高低在很大程度上取决于调查主题的确立是否科学合理。另外,调查的对象也许得到适当的关照,比如调查对象所处的地点以及人群等。调查的地点应具有典型性;调查对象所处人群涉及他们的身份、年龄、文化水平、生活状况等。田野调查是一种定性的研究方式。田野调查固然对取得第一手的研究资料有着非常大的帮助,然而其缺陷同样较为显著:① 真正的传统田野调查费时费力,费效比不高;② 田野调查法对研究者的驾驭水准要求较高,稍有不慎,其信度和效度会大打折扣。

## 6. 案例分析法

Case Study

案例分析法,又称个案研究法,1880年代由哈佛大学开发完成,后被哈佛商学院用于培养高级经理和管理精英的教育实践,逐渐发展为今天的"案例分析法"。案例分析法是指结合文献资料对单一对象进行分析,得出事物一般性、普遍性规律的方法。

案例分析在跨文化交际研究中十分广泛。廖华英(2010)基于英语学习者在具体实践中不能融会贯通、跨文化交际失误频发的实际,专门编写了《跨文化交际案例分析》教材。该教材以跨文化交际知识认知途径为突破口,遵从事物发展从特殊性到普遍性的哲学规律,引导学生根据案例来分析跨文化交际的理论体系和中西方文化的基本差异,从而达到能提高其基本交际能力的目的。该教材帮助学生通过阅读案例,明确问题;通过分析案例,找出原因;通过制定方案,解决问题。

近年来,随着现代信息技术的迅猛发展,案例库建设成为社会各个行业高质量、内涵式发展的重要支撑。汉语国际教育领域的跨文化交际案例资源丰富,可能出现在汉语教学和文化传播的各个环节,如课堂管理、课程教学、文化实践等等(详见第七章),案例库建设对于推进汉语国际教育领域的跨文化交际案例分析和学科深入发展具有十分重要的意义。

## 7. 综合法

Comprehensive Approach

以上只是介绍了一些跨文化交际研究中常用的研究方法,其实,真正的跨文化交际研究可能采取的并非单一的研究方法,很可能是多种研究方法的结合。以2017汉语国际教育专业硕士培养研究课题"汉语国际教育专业硕士跨文化交际能力培养体系研究"为例,课题组综合运用理论分析、文献调查、问卷访谈以及比较分析等多种研究方法。通过考证确定采用陈国明和斯达罗斯特开发的跨文化交际能力量表,包含跨文化交际敏感度、跨文化交际意识/理解力和跨文化交际效力三个子量表,并分别增加了信息采集条目,对中国19

所开设汉语国际教育专业的大学的硕士研究生展开问卷调查,采集第一手数据;并对部分调查对象进行访谈。在数据统计的基础上,进一步对不同年级、不同地区汉语国际教育研究生跨文化交际能力指标进行对比分析,找出其中的差异,分析问题背后的原因,进而提出解决问题的方案(详见第五章)。

## 三、汉语国际传播研究的新视野和新方法
New Perspectives and Methods for Chinese Globalization Studies

2017年12月4日,汉语国际教育领域著名专家吴应辉教授应邀在江苏大学文学院作了题为《汉语国际传播研究的新视野与新方法》的学术讲座,归纳出新时期汉语国际传播研究的十大重要领域(见表2.1),并提出汉语国际传播研究的三种主要方法:宏观系统分析法、全球视野比较法和后方法。

表2.1 汉语国际传播研究的10大领域

| | |
|---|---|
| 汉语国际传播方略研究 | 汉语国际传播的有关标准研究 |
| 汉语国际传播国别问题研究 | 汉语国际传播的项目评估体系研究 |
| 汉语国际传播体制、机制与科学发展研究 | 现代教育技术与汉语国际传播研究 |
| 汉语教学的本土化问题研究 | 汉语国际传播史的研究 |
| 汉语国际传播与国家软实力建设研究 | 汉语国际传播典型个案研究 |

### 1. 宏观系统分析法
Systematic Analysis with Macro Vision

该方法是以系统论及系统分析法为基础、主要从宏观层面研究问题的总体特征和解决办法、在全面系统研究基础上力求从整体上把握问题本质和规律的研究方法。宏观系统分析法有四个基本特征:一是着眼宏观把握,二是进行系统分析,三是提出解决方案,四是力求理论发现,并指出,汉语国际传播研究亟须宏观系统分析。汉语国际传播研究相对于纯语言学研究来说,研究课题往往较为宏观,涉及内容往往纷繁复杂,研究目标往往比较明确,通常是为了解决某一方面问题或为了完成某一任务。研究中需要从全球汉语国际传播或某一国别、地区汉语传播的宏观层面把握大局,要站得高,看得远,善于鉴别筛选有价值的材料,并进行综合分析处理,最后得出整体性、系统性和综合性的研究成果。因而,这种方法较适合于汉语国际传播方略、对策、专项调研、综合论证等综合性较强的课题的研究。

## 2. 全球视野比较法
Comparative Study with Global Vision

全球视野比较法是与汉语国际传播实践高度契合的一种研究方法。该研究方法强调全球视野下洲际之间、国家之间、区域之间、不同文化背景之下、不同语言背景之下汉语国际传播问题的定量和定性的比较研究。通过这种对比，发现汉语传播有关专题在上述比较单位之间的差异、不同特征及其规律。如：马来西亚华文教学与新加坡华文教学的对比研究；泰国孔子学院与韩国孔子学院课程开设情况的比较研究；各大洲孔子学院之间某方面的比较研究或整体比较研究；东南亚地区与中亚地区汉语传播的比较研究；伊斯兰与基督教两种文化背景下汉语教材内容的比较研究；英语为母语的学生与西班牙语为母语的学生汉语教材编写中语言文化问题的比较研究等等。

## 3. 后方法
Post-method

"后方法"(post-method)是关于外语教学法的一套极具批判性的理论体系，由美国圣荷西州立大学(San Jose State University)的应用语言学教授库玛拉法代维鲁(Kumaravadivelu)主要提出并进行系统化和理论化。该理论体系对于人们破除对传统教学法的迷信，并鼓励教师结合自己的教学实践建立自己的教学法理论，对于第二语言教学教师具有解放思想的重要意义。他提倡基于全球化的宏观社会文化背景，以教师与学习者为主体，专注于特定教学环境与需求，鼓励教师从丰富的教学环境和师生互动中实现"教学实践理论化"和"教学理论实践化"。我们认为这里的后方法与教育学研究领域的"行动研究"、社会学研究领域的"扎根理论"具有很强的相似性，都强调实践者从实践一线入手，发现问题，分析问题，解决问题，实现学科发展的实践—理论—实践的螺旋式上升和进步。

# 参考文献

毕继万,2009.跨文化交际与第二语言教学[M].北京:北京语言大学出版社.
胡文仲,1999.跨文化交际学概论[M].北京:外语教学与研究出版社.
吴应辉,2013.汉语国际传播研究理论与方法[M].北京:中央民族大学出版社.
Adler P S, 1987. Culture Shock and the Cross-cultural Learning Experience[A]. In Luce L F & Smith E C (eds.), Toward Internationalism[M]. Cambridge, MA: Newbury.
Chen G M, Starosta W J, 1996. Intercultural Communication Competence: A Synthesis[J]. Annals of the International Communication Association: 19(1): 353-384.

Bennett M J, 1993. Toward Enthno Relativism: A Developmental Model of Intercultural Sensitivity[A]. In R. M. Paige (Ed.)[M]. Yarmouth: Intercultural Press.

Chamberlin-Quinlisk C R, 2005. Across Continents or across the Street: Using Local Resources to Cultivate intercultural awareness [J]. Intercultural Education: 16 (5): 469 – 479.

Boulding E, 1988. Building a Global Civic Culture [M]. New York: Teachers College Press.

Brislin R W, Landis D & Brandt M E, 1983. Conceptualizations of Intercultural Behavior and Training. In Landis D and Brislin R W (Eds.), Handbook of Intercultural Training[C]. New York: Pergamon.

Byram M, 1997. Teaching and Assessing Intercultural Communicative Competence [M]. Clevedon, UK: Multilingual Matters.

Deardorff D K, 2009. Synthesizing Conceptualizations of Intercultural Competence: A Summary and Emerging Themes[J]. The Sage Handbook of Intercultural Competence: 264 – 270.

Deardorff D K, 2004. The Identification and Assessment of Intercultural Competence as a Student of International Education at Institutions of Higher Education in the United States [D]. University of North Carolina, Raleigh, NC, USA.

Fantini A E, 2000. A Central Concern: Developing Intercultural Competence[J]. SIT Occasional Paper Series (1): 25 – 42.

Fantini A E, 2007. Exploring and Assessing Intercultural Competence[R]. Washingtong: Center for Social Development, Global Service Institute.

Gudykunst W B, & Hammer M R, 1983. Basic Training Design: Approaches to Intercultural Training[A]. In Landis D and Brislin R W (Eds.), Handbook of Intercultural Training [M]. New York:Pergamon.

Gudykunst W B, 1993. Toward a Theory of Effective Interpersonal and Intergroup Communication: An Anxiety/Uncertainty Management (AUM) Perspective. [C]. In Wiseman R L & Koester J (Eds.). Intercultural Communication Theory[M]. California: Sage.

Hammer M R, Gudykunst W B & Wiseman R L, 1978. Dimensions of Intercultural effectiveness: An Exploratory Study[J]. International Journal of Intercultural Relations: 2(4): 382 – 393.

Hanvey R G, 1987. Cros+s-culture awareness. In Luce L F & Smith E C (eds.), Toward internationalism[M]. Cambridge, MA: Newbury.

Hymes D, 1972. On Communicative Competence[J]. Sociolinguistics, 269293: 269-293.

Kohls L R & Knight J M, 1994. Developing Intercultural Awareness: A Cross-Cultural Training Handbook (2$^{nd}$ ed.) [M]. London: Nicholas Brealey Publishing.

Kohls L R, 1988. Models for Comparing and Contrasting Cultures. In Reid J M (ed.), Building the Professional Dimension of Educational Exchange[M]. Yarmouth, ME: Intercultural Press.

Landis D & Bhagat R S, 1996. A Model of Intercultural Behavior and Training. In Landis D & Bhagat S (Eds.), Handbook of Intercultural Training[M]. California: Sage.

Lustig M & Koester J, 1993. Intercultural Competence-interpersonal Communication across Cultures[M]. New York: HarperCollins.

Ruben B D, 1976. Assessing Communication Competency for Intercultural Adaptation [J]. Group & Organization Studies, 1(3): 334-354.

Samovar L. et al, 1981. Understanding Intercultural Communication [M]. Los Angeles: Wadsworth, 1980.

Simkhovych D, 2009. The Relationship between Intercultural Effectiveness and Perceived Project Team Performance in the Context of International Development[J]. International Journal of Intercultural Relations: 33(5): 383-390.

Deardorff D K, 2006. Identification and Assessment of Intercultural Competence as a Student Outcome of Internationalization[J]. Journal of Studies in International Education: 10(3): 241-266.

Triandis H C, 1977. Theoretical Framework for Evaluation of Cross-cultural Training Effectiveness. [J]. International Journal of Intercultural Relations: (1): 195-213.

Van Oudenhoven J P & Van der Zee K I, 2002. Predicting Multicultural Effectiveness of International Students: The Multicultural Personality Questionnaire[J]. International Journal of Intercultural Relations: 26(6): 679-694.

Wiseman R L, 2003. Intercultural Communication Competence. In W. B. Gudykunst (Ed.), Cross-cultural and Intercultural Communication. California: Sage.

Yum J O, 1989. Communication Sensitivity and Emphathy in Culturally Diverse Organization. Paper Presented at the 75th Annual Conference of Speech Communication Association, San Francisco.

# 第三章 跨文化交际与汉语第二语言教学[①]

Chapter Three  Intercultural Communication and Second Language Teaching of Chinese

## 一、第二语言教学

Second Language Teaching

### 1. 第二语言教学目标

Goal for Second Language Teaching

教学目标是指学生通过学习所应达到的知识水平和具备的语言能力。教学类型不同，所要达到的教学目标也各不相同，不同的教学类型又与不同的学习目的相适应。学习目的是确定教学目标的依据。汉语作为第二语言教学的主要目标是培养学生具备运用汉语交际的能力，它们包括：

① 汉语言知识和相关的汉文化知识。

② 言语技能，包括听、说、读、写、译的反应速度、准确度、交际活动的范围等。

③ 具备运用汉语从事相关工作能力。如通过教学可培养汉语教师、翻译、研究人员、导游、公职人员等。

由于学生学习第二语言的目的不同，培养目标也应有所区别。第二语言教学的课程总目标为："使学习者在学习汉语语言知识与技能的同时，进一步强化学习目的，培养自主学习与合作学习的能力，形成有效的学习策略，最终具备语言综合运用能力。"第二语言教学的目标设计着眼于语文素养的整体提高，具体可分为：

① 听说读写综合能力的培养。"听说领先，读写跟上"原则说明第二语言教学一直把培养学生的语言综合能力作为教学的中心任务，四项技能包括口语与书面语，它们相互促进、

---

[①] 本章中的第二语言教学均特指汉语作为第二语言的教学。

相互制约，都是语言交际中不可或缺的，因此主张全面要求、协调发展，主张学习语言从功能到形式，从特定的交际需要和目标出发，规定所要表达的思想内容，表达方式为表现功能服务。

② 学生须掌握语言本身的规则系统，更须学会如何使用语言规则，如何恰当得体地交际。课堂情境设计应尽可能贴近真实场景，确保语言规则适用性、内容丰富性和趣味性相结合。

③ 确保学生在教学中获得有效提升。学生不仅要掌握汉语教师课堂内的教学内容，而且要做到将教学内容转化为自己的知识和技能，进而提高综合语言交际能力。

## 2. 第二语言教学原则

Principles for Second Language Teaching

第二语言教学原则是人们从一定的教育和教学目的出发，在第二语言教学实践基础上，根据对语言规律、语言学习规律和语言教学规律的认识而制定的指导整个教学过程和全部教学活动的原则。教学原则来自教学目的、教学要求，第二语言教学的原则是在综合考虑第二语言的规律、第二语言学习及教学规律的基础上，根据教学经验、教学类型、教学对象的特点、教学目标和教学内容确定的。它反映着教学实践的客观规律，同时对教学实践有着指导作用；它受不同教学目标、教学内容、教学类型、教学对象等的制约，与教学法的其他组成部分存在着错综复杂的关系。尽管第二语言教学有着不同的教学类型，针对不同类教学类型的总体设计也不尽相同，但其基本原则是相同的。它们是从宏观上指导不同教学类型总体设计的总原则，归纳如下：

**1）实践性原则**

第二语言教学是以培养运用汉语进行交际能力为目的的教学，这一本质特点决定了必须以实践性的原则为总则。因此，第二语言教学的总体设计必须把汉语作为交际工具进行教和学考虑进来。课堂教学和课外活动为学生提供语言环境，使学生在教学实践中掌握语言运用的各种表达技巧，把学到的知识转化为语言能力，能做到有信心地进行言语交际。实践性的原则应当体现在教学过程的各个环节，贯穿于整个教学过程中。实践性原则是进行第二语言教学总体设计的基本原则。

**2）因材施教原则**

所谓"因材施教"就是根据学生的要求和程度来开展教学活动。每一个群体都具有该群体的共同特征，因而应根据群体特征有针对性地安排教学。例如，在课程设置方面可给欧美籍学生和藏、蒙、维吾尔、哈萨克等民族学生加设汉字课，而不必给日、韩籍学生及朝鲜族学生单独开设汉字课。再如，在教学活动中，教师若针对日、韩籍学生，维吾尔、哈萨克以及朝鲜等民族的学生表现出的群体性的语用偏误现象适当加以对比分析，就可以取得事半功倍的效果。语言学习效率高低的决定因素是学习者本人。即使是处在同一群体中，每个学生的个体因素也各不相同。学生的学习目的、学习方法、文化水平、年龄、性格、民族文化、母语等个体因素对教学目标和教学途径的确定、教材的编写或选择,对教学法及教学设施的采用等外部条件都有制约作用。只有符合学生的特点和需求时,外部条件才能发挥其应有的作用。我们常常会感到困惑:为什么在民族或国家相同、程度相当的两个班,选用相同的教材和方法,设计同样的语境,会出现完全不同的教学效果?其主要的原因在于教师所作的安排是否适合学生的程度、学生是否感兴趣、是否主动配合、是否自愿接受。因此从这个意义上来说,重视学生的个体因素在语言学习中所起的作用,把握学生的特点和需要是贯彻因材施教的教学原则,是发挥外部条件作用的前提。

3)科学性原则

第二语言教学的总体设计应整体性考虑语言规律、语言学习规律和语言教学规律。第二语言教学是一门工具课、技能课,同时它还是一门汉语语言课。教学活动应符合汉语言的规律,包括语音、词汇、语法、汉字等要素的表达习惯和特点,以及语言与文化之间的内在关联等;听、说、读、写等语言技能诸要素要有机结合,将言语训练标准转化为符合语言学习规律的每个具体环节的教学活动;课程总体设计、教材编写或选择、课堂教学和成绩测试四大教学环节的设置等应符合语言教学规律。

4)可操作性原则

总体设计是进行第二语言教学的依据,也是实施各项教学环节的蓝图。如上所述,总体设计就是要设计出一个"能够把教和学统一起来,把语言规律、语言学习规律和语言教学规律统一起来,把教学需要和客观条件统一起来的最佳教学方案"。方案必须具备可操作性,否则就是纸上谈兵,没有任何意义。因此,总体设计必须从实际出发,结合主客观条件整体设计。例如在确定培养目标时,就要考虑学生的学习目的。以往高校将非汉语专业的少数民族学生的汉语教学看成是一门文化课来进行,很少考虑学生的需求。对将来从事汉语教学、翻译或学术研究的学生没有区别对待,未能满足他们的不同需求。现在,许多高校已逐步开始区分不同的专业设计汉语教学,总体设计明显更具可操作性。另外,教学经费、教学设施和设备、语言环境等客观条件也应纳入综合考虑之列,只有不断优化后的总体教学设计方能成为最佳的教学方案。

# 二、第二语言教学中的跨文化交际能力

Intercultural Communicative Competence in Second Language Teaching

## 1. 二语教学与跨文化交际能力

Second Language Teaching and Intercultural Communicative Competence

跨文化交际能力指与来自异域文化的成员交际时,能有效恰当地运用目的语进行交流的能力。日新月异的社会发展和二语教学改革对学生的综合素质提出了更高的要求,学生具备跨文化交际的能力是当代大学生应具备的素质。《二语教学课程教学要求》提出"二语教学是以外语教学理论为指导,以第二语言知识与应用技能、跨文化交际和学习策略为主要内容,并集多种教学模式和教学手段为一体的教学体系。"(教育部高等教育司,2007)。《义务教育第二语言课程标准》提出跨文化交际能力培养"这一课程体系以培养学生的综合语言运用能力为目标,根据语言学习的规律和义务教育阶段学生的发展需求,从语言技能、语言知识、情感态度、学习策略和文化意识等五个方面设计课程总目标和分级目标"。

跨文化意识、跨文化知识和实践能力是构成跨文化交际能力的要素。跨文化意识包括文化相对性的意识、对现实进行关注的意识等。意识的培养可以增进学生对文化差异的敏感性,而文化相对性的意识使大学生可以摈弃民族中心主义和消除文化偏见。学生同时还应关注文化现实,体验真实的文化生活,这样有助于提升他们对于跨文化学习重要性的认识。跨文化知识包括跨语言知识、跨文化意识和跨社会知识,这里的跨语言和跨文化意识指目的语和母语的文化知识。学生只有充分理解两种语言和相关的文化知识,才能避免在跨文化交际中倾向于某一种文化而鄙视另一种文化。教师则应在课堂上避免将汉语言文化边缘化。通过理解母语和目的语的语言和文化,学生可以缩短国际交往中的心理距离,克服交际障碍,丰富跨文化的语言、文化和社会知识,实现有效的跨文化交际。

跨文化交际中的实践能力是指文化感知能力、文化调适能力、文化比较能力和非语言交际能力。文化感知能力需要感知主体提升自我意识,在交际中突破自身局限,主动监控和调节自己的感知行为和习惯,发展灵活有效的感知技能来适应交际的需要。文化调适能力指交际者调节自己的文化行为来适应特定的跨文化交际情境。文化比较能力指交际者通过比较母语文化和目的语文化的异同,理解文化差异,并求同存异。系统的文化比较使学生充分理解两种不同文化中存在的截然不同的思维方式、价值观和社会习俗,理解两种文化的精髓,并增强自身的跨文化交际效率。非语言交际能力指交际者理解和使用非语言的能力。他们可以通过改进自身的非语言能力来调整交际风格,提高跨文化交际的成功率。

## 2. 二语教学现代化与跨文化交际能力培养模式
Modernization of Second Language Teaching and Intercultural Communicative Competence Training Mode

教育部曾提出"以教育信息化带动教育现代化",积极推进信息技术与教育教学深度融合,并认为教育信息化和现代化对于提高教育质量、促进教育公平、构建学习型社会和人力资源强国具有重大意义。如何将互联网与传统语言教学结合,积极利用网络平台、信息技术、微课、慕课、翻转课堂等创新模式,提高跨文化交际能力培养的效果,使学生能真正成为具有国际视野的人才是二语教学的重要课题。

### 1) 翻转课堂与跨文化交际能力的培养

简单地说,"翻转课堂"(flipped classroom 或 inverted classroom)就是调整利用课堂内

外的时间,将知识传授(信息传递)与知识内化(吸收内化)两个阶段颠倒过来。在此教学模式下,教师创建视频,学生在课前观看视频中的讲解,完成"信息传递",而课堂变成了师生、生生之间的互动场所,包括讨论、答疑解惑等,从而更好达到对知识的"吸收内化"。祝智庭(2015)认为翻转课堂教学流程变革的本质是要帮助学生实现深度学习,即从被动学习转变为主动学习;由关注知识点转向问题解决;在学习过程中逐步加深理解,不断反思自己的学习目的和策略,通过参与活动和完成任务达到知识内化。应该说第二语言翻转课堂在强化学生自主学习能力、深化知识掌握的程度的同时,在一定程度上有助于缓解第二语言教学课时不断缩减所造成的矛盾,以及一定程度上解决了大班教学不利于针对不同学生的个性化指导的问题。

跨文化微视频中对知识点的选择离不开对文化的理解。文化有广义和狭义之分,前者包括文学、艺术、音乐、建筑、科技成就和哲学等集中反映人类文明的各个方面;后者指人们的生活方式和习俗,包括人们的风俗习惯、生活方式、社会组织、相互关系等一系列的特征(杨盈、庄恩平,2007)。张占一(1990)认为,"交际文化指的是两个来自不同文化背景的人进行交际时,直接影响信息准确传递(即引起偏差或误解)的语言和非语言的文化因素。"因此,学习者有必要充分掌握更接近狭义文化的交际文化,避免交际偏差或误解。

学习一种语言实际上就是学习一种文化,特别是对狭义文化和交际文化的学习。到目前为止,对于文化知识的传授,外语教学界关注较多的仍然是文化知识点的输入。很多学者认为,跨文化交际能力培养不能仅靠文化知识点的导入来实现,更应解决如何将文化知识转化为"能力"、如何通过文化知识和语言技能的有机结合提高跨文化交际能力。翻转课堂上通过教师与学生、学生相互之间的讨论、深入的练习能更好促进对跨文化知识的理解和跨文化交际能力的培养。

**2) 微课与跨文化交际能力的培养**

微课又称微课程(micro-lecture),是一种内容简短的课程模式,通常由不超过10分钟的视频及配套资源组成,视频只讲授某个知识点或某个教学问题,具有目标明确、针对性强和教学时间短的特点。其实,微课的教学应用模式除了支持翻转课堂教学外,还可应用于课内教学、课外的辅导答疑。

微课应用于跨文化教学中有着比较突出的优势:微课所采用的微视频可使文化知识点更加突出,更加形象、生动、直观,并且方便学生反复观看、思考、交流。如果学生利用课余时间自主学习就会延展有限的课堂学习时间,同时方便增加课堂文化教学中的互动,让学生自主掌控学习,提高了学生对跨文化知识学习的兴趣和自信心。微课这种教学模式同时优化了教学资源,跨文化交际教学中的微课应包括微视频和微资源两部分,即重要文化知识点的精练讲解和与之对应的课件、教案、练习、测试等教学资源。

微课视频作为"翻转课堂"的重要组成部分,很大程度上影响和决定了教学效果。目前的微课视频主要还是靠任课教师自主完成,靠校本资源。但高质量视频的制作需要教师投入大量的精力和时间,在设计课程内容的同时还需掌握制作技术和各种软件的应用。所以,搭建丰富全面的微课资源平台,方便教师共建共享优质资源就显得很有必要。据了解,目前"外语教学网"已经启动了微课资源库建设,不仅现有资源库中包含了跨文化的内容,而且还专门创建了"资源共享计划",鼓励和邀请全国各高校教师积极参与微课、示范课、交互式网络课程等教学资源的共建和共享。

### 3) 慕课与跨文化交际能力的培养

"慕课"是一种大规模开放的在线课程(Massive Open Online Courses,简称 MOOCs),是近年来出现并在国内日益受到关注和欢迎的一种在线课程开发模式,是为了增强知识传播而由具有分享和协作精神的组织发布、散布于互联网上的开放课程。作为一种课程模式,慕课是现代信息技术与课程教学高度结合的产物。慕课与传统课程在"授课人数、课堂时空、学习动机、学习主体、交互方式、课程设计及评价等环节都有本质的区别,实现了'平台、教师、学习者和学习资源的深度互动'"(陈冰冰,2014)。

慕课是一种借助网络视频载体的完整课程,而且在跨文化教学中有着传统课堂不可替代的优势:

教学资源更加丰富和优秀,慕课资源可以是教师合作共建的校本资源,更可以是引入的国外优质教学资源;其开放性、共享精神使得名校名师讲授的课程可向任何学习者开放,而且相当一部分的课程是免费的;网上学习不受地点和空间的限制,方便学习者随时随地注册和参加世界诸多大学的一流课程。

基于慕课的翻转课堂教学模式非常适用于大学里的第二语言和跨文化教学。在教学中教师需要精心选择适合本校学生的跨文化慕课资源并设计能促进学生自主学习的活动形式,而且课后教师和学生可通过在线学习平台讨论学习经验、总结学习中存在的问题、反馈分享优秀学习成果。

虽然慕课和微课都借助视频和网络平台,方便自主学习,但微课不是一个完整的课堂,只是课堂某个环节或知识点的精炼讲解;而慕课是完整的课堂,而且有具体的教学目标、要求和内容的安排和考核方式。慕课的受众是大规模的,而微课可能是小规模的;慕课是开放的,而微课可能是校本资源。慕课多为世界知名大学的优秀教师的课堂呈现,方便教师直接拿来推荐给学生,而微课基本上都是利用授课教师自主完成的视频内容,也有网络上共享的微视频。两者在网络上都有较丰富的可借鉴的跨文化视频资源。

## 3. 二语教学中跨文化交际能力培养的途径
Access to Intercultural Communicative Competence in Second Language Teaching

### 1) 教师培养与教材改革创新

二语教学教师是跨文化交际教学的组织者和协调者,因此他们应具备全面的跨文化交际知识和能力。提升教师跨文化交际能力和教学能力是实施跨文化交际能力培训的必要环节,也是成功实施跨文化交际教学的关键。对国内二语教学教师进行评估的主要标准依旧是语言能力,而忽视了对跨文化交际能力的考核。二语教学教学大纲需要明确界定跨文化交际能力,从宏观上指导教师全面提升跨文化交际能力。大学也应为教师创建更多的跨文化交际机会,使教师在跨文化交际环境中不断提高自身的第二语言教学水平,掌握跨文化课程教材的编撰方法,并有效实施跨文化交际教学。传统二语教学教材在反映社会话题方面常有一定的时滞性,将第二语言新闻话语纳入二语教学可以在一定程度上弥补这一不足。新闻具有时效性、趣味性、广泛性等特点,可以跨越传统视野,建立已知知识与新知识之间的联系。将教科书与新闻相结合,可使第二语言学习不再枯燥乏味,使学生在掌握教科书基本知识的同时开阔视野,获取课外知识,了解时事热点,第二语言学习从而会变得更生动活泼、趣味横生。教师可以根据学生的水平程度选择适合的新闻作为教科书的补充;同时,教师应鼓励和引导学生通过新闻来深入社会生活,了解异域文化,缩短学习与应用的过程,使第二语言学习从以考试为导向的教学模式真正转变为以应用为导向的教学模式。

**2) 平衡教学与文化输入,中西文化并举**

教师不仅传授第二语言知识,同时,还需传授第二语言国家的社会文化知识。关于第二语言国家的文化规则和社会习俗的教学有助于学生对第二语言的深度掌握。教师在教学过程中将语言和跨文化知识结合起来,在提高学生语音、词汇和语法知识的同时,促进学生跨文化交际知识和能力的发展。目前阶段的二语教学趋于过度强调英美文化,而忽略了中国文化的讲授,最终导致二语教学阶段中国文化和比较文化的缺失。在跨文化交际中阻碍交际者的常常并非对目的语文化的误解,而是由于对本族文化与目的语文化比较性差异缺乏深刻认识。比如:汉语是意合的语言,注重"天人合一"的和谐观,中式思维是螺旋式思维。第二语言如英语是形合的语言,西方文化强调"天人分离",西方思维是直线式思维模式。因此,在二语教学教育中应中西文化并举,注重文化比较意识的培养,引导学生在学习中寻找差异性,求同存异,从而获得对目的语文化更深层面的理解和认知。

**3) 进行文化测评和评估,完善跨文化评价体系**

对教学结果进行测评和评估是教学的必要环节,因此教师需对跨文化教学成果进行文化和交际能力的测试。跨文化知识的测试可以通过填空、多项选择等客观题形式来完成。跨文化交际能力的测试主观性相对较强,可以将学习者放置于模拟或真实的跨文化交际任务中进行,或通过直接观察学习者在跨文化情景中的行为来进行评估。跨文化知识为第二语言学习者营造了丰富多彩的第二语言学习情境,增强了学生学习第二语言的主动性和积极性。教师还可以充分利用课外活动、互联网、校园网和其他自主学习平台等资源来开展跨文化交际教学,打破教师与学生沟通的障碍,拓宽语言学习的空间。通过提升教师的跨文化意识,培养学生对跨文化交际的敏感度,对不同文化的包容性和处理文化差异的灵活性,我们可以借此提高学生的跨文化交际能力,以及提升二语教学的文化影响力。跨文化交际教学中的创新型教学理念有利于推进和完善二语教学改革,促进人才的全面发展。

## 三、汉语作为第二语言教学与跨文化交际能力培养
Teaching Chinese as Second Language and Intercultural Communicative Competence

### 1. 总论
Pandect

教学对象为外国学习者的汉语教学本身涉及诸多议题，众多研究者仍在孜孜不倦进行探索，相关成果不断涌现。就汉语教学与跨文化交际之间的关系来说，正如刘珣（2000）所言，外国学习者在学习汉语的同时，一般都要求了解中国社会和文化。对外汉语教学离不开中国文化教学，对外汉语教学必须以一定的文化学理论作为理论基础之一。特别是研究语言与文化的关系、诠释语言文化内涵的文化语言学和研究不同文化背景交际活动中文化问题的跨文化交际学，更有直接的指导意义。其中的道理并不复杂，因为语言与文化有着十分密切的关系：语言是文化的重要组成部分，二者不可分割；语言是用于记录文化的符号体系，是文化的主要载体；语言和文化相互依附、促进和制约。赵金铭（2014）同样指出，学习一种语言就是掌握一种文化。外国人在学习汉语的过程中，自始至终伴随着目的语文化的学习，汉语学习过程是不断体验与认识中国文化的过程，自然也是跨文化交际过程。而在学习汉语的过程中，不断接触到的汉语词汇、语法结构及表达中所隐含的文化内容，以及体现在汉语运用过程中的民族思维模式、独特的文化视角，乃至人们的文化心理和价值观念，这些都为学习者打开一扇窗口，接触并了解到不同于自己母语的另一种文化，从而扩大视野，包容差异，接受文化多元性。

从语言描写的整体角度来看，除了语言的共性之外，文化信息几乎渗透于其各个层面，包括语音、词汇、短语、小句、复句和篇章等，涉及词汇系统、语法系统和语用系统等。由于难以实现各个层面上的一一对应关系，文化信息上的特殊性在跨文化交际中制约着语言的理解和使用，甚至会造成一定的交际误解和障碍。就此而论，如同语音、词汇、语法和汉字等因素一样，文化因素也是语言中不可或缺的组成部分，应作为语言系统内部与其他分支系统具有同等地位的又一分支的知识系统而存在。调查目前的汉语国际教育现状，文化因素教学已得到充分的重视，除了传统的精读课程中相关内容之外，很多教学单位都设立了中国文化课教学课程等。从科研和教学实践的角度来看，本领域仍然有大量的工作亟须继续向前推进。就教学本身而论，目前通行的方法主要有如下几种：① 通过注释直接阐述文化知识；② 文化内容直接融会到课文中去；③ 通过语言实践培养交际能力等。对照传统对外汉语教学实践，就汉语国际教育整体状况而言，我们认为，学习者由知识学习到跨文化交际能力的养成需要一个相当长的过程。对渗透于现代汉语各个层面的特定文化知识有了大致了解，必然有利于跨文化交际能力的养成。另一方面，对未来的汉语教师来说，系统了解渗透于现

代汉语各个层面的文化知识,知晓如何基于跨文化交际的视角,进行相关教学实践活动,实乃必备之职业素养。基于上述认识,本节尝试系统探讨基于跨文化交际视角的汉语教学。限于篇幅,仅涉及跨文化交际领域部分基本议题。

## 2. 字词层面
### Word Level

字词层面涉及的特定文化信息众多,我们首先从汉字教学谈起。作为一种书写符号,汉字当然拥有所有书写符号的共性,其必然为音、形、义三者的结合体等。不过,与拼音文字不同,汉字是世界上唯一未曾中断使用而延续至今的表意文字系统。拼音文字可以以语音为中介达到拼读、辨识和拼写的目的,其口语与书面形式是一致的。汉字却不同,以笔画和部件为基础构建起来的方块字几乎完全不能直接拼读,更难以仅凭语音辨认。绝大多数人在学习汉字的最初阶段既要借助于汉语拼音的帮助,又不能只停留在拼音阶段。阅读时要通过字形来实现书面语与口语的沟通,从而达到理解,故汉字构形因素体现汉语书写系统的特色,但同时也成了外国学习者学习的难点之一。就此而论,从汉字构形的角度探讨汉字教学,实为基于跨文化交际视角汉语教学的核心内容。

有学者早就指出,汉字是发展的,现行汉字与"隶变"前的汉字有很大的变化,简化汉字进一步破坏了"六书"的体系。不过,整体而言,汉字一直没有脱离形意文字的体系,由古汉字到现行汉字,都有显著的继承性。另一方面,字形反映造字之初的语义,随着社会的发展与变化,语言的音、义会发生变化,但语义的变化不直接影响字形。在汉语学习中,不了解字形,就无法掌握汉语的读写技能。故汉字的性质决定了汉字教学的特殊性。它决定了汉字的教与学必须建立在对字形结构的分析上,以字形分析为基础,沟通字音与字义,从而帮助汉语学习者突破书面语与口语之间的障碍。汉字构形学说探讨汉字的形体依一定的理据构成和演变的规律,包括个体字符的构形方式和汉字构形的总体系统中所包含的规律。汉字在造字之初是根据词义构形的,汉字字形总是携带着可供分析的意义信息,这种情况从汉字使用以来并没有发生太大变化,这是汉字之所以能超越时空局限,超越不同的历史阶段和各个方言区的主要原因。相关研究指出,虽然在漫长的历史演变中,大多数汉字构形所表现的最初造义与汉字所负载的语言中的语义有了一定的距离,但它们之间的联系往往可以通过对构形理据的分析来辨别。如"初"字,在《说文解字》"刀"部中是这样解释的:"始也,从刀从衣,裁衣之始也。""从刀从衣"是"初"字的构形,"裁衣之始"是"初"字的构意,"始也"则是许慎对"初"字所负载语义的诠释。通过《说文解字》对"初"字构形的说解,我们就可以知道在"起初""当初"等词中的"初"字为什么是由"衣"旁和"刀"组成的。在这个字里,"刀"是独体字,"衣"是部首,二者都可以通过类推与学习者的生活经验联系起来。如果把这样的构形关系引入对外汉字教学课堂,学生就有可能避免把"初"字中的"衣"旁写成"示"旁或把"刀"写成"力"。当字形与其所携带的意义信息同汉字所记录的语言中的词义之间建立起某种联系时,一个字的辨识、理解与记忆就会由难变易。

整体上看,研究者总结出现代汉字拥有如下六种构字法(即六种构形理据):① 独体表意字(由一个意符或一个意符与指事笔画构成,如"白、本"等);② 会意字(由两个或两个以上意符构成,如"安、包"等);③ 形声字(由一个意符与一个音符构成,如"啊、搬"等);④ 半意符半记号字(有一个意符与一个记号构成,如"把、爸"等);⑤ 半音符半记号字(由一个音符与一个记号构成,如"帮、辅"等);⑥ 记号字(由一个或一个以上的记号构成,如"爱、八"等)。对照《汉语水平词汇与汉字等级大纲》中的800个甲级字,研究者测算出现代汉字的理据度约为44%左右,即44%左右的汉字构成具备理据性。在汉字教学中,目前较为普遍的教学方法是从结构入手,循序渐进地教学笔画(单笔、复笔)、笔画之间的关系(隔离、接触和交叉)、笔顺、部件和部首等。这种方法对于认识汉字的字形结构面貌是一种行之有效的方法,但这种教学方法只是阶段性的,对成年人来说,它只适合于初级阶段,而且它偏重于汉字的形体结构和书写规律,学生实际上学到的只是汉字这个符号的形式。汉字的部件太多,相似的笔画、字形也多,记忆汉字成为学习者的最大困难。但由于偏重于符号形式的学习,缺乏与符号内容的有机联系,因此,基本上只能是一种机械、重复的记忆,效率不高,好不容易记住的汉字在运用中也经常出现错误。就此而论,要提高汉字教学的效率,减轻记忆的难度,必须注重汉字的"形—义"、"形—音"联系,即利用汉字构形的理据性来进行教学。这方面的探讨应大有可为。

其次,在词语层面,特定文化信息也可能构成交际的障碍。例如,赵金铭(2014)在《国际汉语教育中的跨文化思考》中所引的"和谐""自力更生"这两个词可以在相当程度上说明问题。前者近年来广为使用,源自自古有之的"和为贵""和而不同""和气生财""君子和而不同,小人同而不和"等诸多观念。这也是我们对外使用极广的一个词,我们倡导"和谐社会、和谐世界"。但当一位中国教师在美国课堂上让学生评论、分析中国的相关话语时,美国学生对 harmony(和谐)一词的理解,首先就认为这是个音乐名词,但用在政治上却有点儿看不懂。对"自力更生"(self-reliance),中国人的理解是"我完全可以自己搞定"(I can do it.),美国人的理解是"我对我的团体不构成负担"(I am not a burden of my group.)。那么,如何才能跨越文化的屏障,达到沟通与交际的目的呢?解决的首要之举当然是讲解蕴含于词语中的特定文化信息。从整体上看,根据本领域的相关文献,教学过程当中,下述几类词语应是讲解的重点内容(见表3.1)

表 3.1 跨文化交际中易导致误解的词汇

| 类别 | 例证 |
| --- | --- |
| 中外语言中互无对应词语现象 | 阴阳、客气、干部 |
| 中外语言中"貌合神离"的词语现象 | 爱人、籍贯 |
| 基本概念相同但联想意义不同的词语现象 | 红色、白色、龙 |
| 基本概念相同但并非都有联想意义的词语现象 | 松、竹、梅 |
| 基本概念相同但联想义部分相同的词语现象 | 猫头鹰、狗 |

下面分别举例说明,在需要对比的地方,外文主要使用英文中的例证。就第1类情形而言,"阴阳、客气、干部"等汉语词包含特定的中国文化信息,难以直接翻译。就第2类情形而言,汉语词"爱人"(指配偶)与英文中的 lover(指情人)、汉语词"籍贯"(多种含义)与英文中的 birth place(专指出生地)等属于此类情形。就第3类情形而言,汉语中的"白色(象征恐怖、死亡等)、红色(象征革命等)"与英语中的 white(象征纯洁等)和 red(象征愤怒等)等属于这方面的例证。就第4类情形而言,中国传统寓意指松、竹、梅经冬不衰,因此有"岁寒三友"之称。松、竹、梅傲骨迎风,挺霜而立,精神可嘉!"松、竹、梅岁寒三友"是象征常青不老的松、象征君子之道的竹、象征冰清玉洁的梅三种植物在寒冬腊月仍能常青。作为对照,英文中的 pine,bamboo,plum blossom 并无此类联想义。就第5类情形而言,汉语中的"猫头鹰"和英文中的 owl 应属于此类例证。中西方人都认为,"猫头鹰"和 owl 是不吉利的,但在英文中,owl 又被认为是智慧的象征。就上述词语教学而论,我们认为,教师自身的语言文化素养至关重要。另一方面,就讲解本身而论,我们赞同赵金铭先生的观点,即必须适当调整我们的话语表达方式,用学习者所熟悉的话语体系,按照学习者喜欢并乐于接受的话语方式,讲解学习者听得懂的中国故事。故事要吸引人,要有魅力,要给人以有益的启示。要尽可能把握住学习者的诉求,激发学生对所学汉语和中国文化的兴趣。如果完全从自我文化话语体系出发,用一种自白式的表达方式,会让人感到有一种宣传的意味,则难以调动学习者学习汉语和中国文化的积极性。在跨文化交际过程中,以感性方式表达比理性方式表达效果更好。这方面还有很多工作需要推进。

## 3. 短语层面
### Phrase Level

短语层面可探讨的话题较多,限于篇幅和全书的写作宗旨,本节集中探讨基于跨文化交际视角的成语教学问题。分析学界的相关研究,汉语成语的范围存在一定的灵活性。狭义地讲,汉语成语指源自古代典籍中的四字典故,如"刻舟求剑""望梅止渴"等。广义地讲,汉语成语既包括狭义上的成语,也包括诸如"一气呵成""刚直不阿"等四字固定搭配。基于汉语国际教育的教学现状,本节与教学界的所指相一致,文中所指的汉语成语为后者。

关于成语教学中的文化因素,学界早有涉及。例如,胡明扬(1997)指出,不少成语有附加色彩,如"十年寒窗"不是说就读了十年书,而是说刻苦学习,说话人的态度是肯定的。与此对比,不分"青红皂白"不是仅说不加区分,而说该区分而不加区分,说话人的态度是否定的。故在短语教学中对这一类词语应该随时指出有关的附加色彩和文化内涵,不能简单化。就汉语教学的现状而言,根据相关调查,成语教学在初、中级阶段的对外汉语词汇教学中所占的比例不大。国家汉办汉语水平考试部编写的《汉语水平词汇与汉字等级大纲》共收词语8 822个,成语仅148条,且多属于丁级词(甲:0;乙:1;丙:20;丁:127)。《新汉语水平考试大纲》笔试的6个等级中,收录词语5 000个,其中成语116个,数量与《汉语水平词汇与汉字等级大纲》相当。考虑到海外汉语学习者的实际情况,1—4级难度较低,成语不在测试范围之内;5级收录两个成语"名胜古迹""一路平安";6级成语数量明显增多,共收录114个。调查数据表明,高级阶段外国学生接触、运用成语的机会更多,因此,高级阶段才是成语教学的最佳扩充期。整体而言,大纲中成语所占的比例较低,其中的道理不难理解,成语不属于基本词汇,不是人们日常交际,特别是口语交际所必需的,其产生本身即是为了满足修辞上的需要,使语言表达更加凝练、生动、形象。成语作为词的等价物,在语言中总是有意义相当的同义词语可以替代。不过,这并非意味着成语在汉语教学中无足轻重。成语由于其所独具的历史、文化价值及其公认的作为一个民族语言精华的特殊地位,应成为汉语词汇教学一个得天独厚的领域。当然,不可否认的是,除了通常意义上的教学难点之外(如搭配、使用范围等),成语教学还存在下述两个难题:① 特定民族文化因素的干扰。特定民族性是各种语言成语的共性,成语都是社会约定俗成的产物,都经历了由其产生到定型定义的不同过程,而这个过程始终与各个民族的历史、习俗、心理乃至价值观念紧密相关。不了解该民族的历史、文化,仅把成语看作一个普通的语言单位来对待,必然无法把握其真切含义。汉语成语植根于广袤而深厚的华夏文化沃土,经过千百年来世代培育,生生不息,不仅成为汉民族语言使用的结晶,而且是展示中华传统文化的一扇奇妙而深邃的窗口。但鲜明而强烈的民族特色也是横亘在学习者面前的一道文化屏障。② 传统知识文化的欠缺。大量的汉语成语是在文言的基础之上形成的,千百年来,汉语经历由文言而白话的巨变。然而,成语由于其极强的历史继承性与定形性特征,从而使它处变不惊,固守一方,保存了原形原义,故后代人所不熟悉或不常用的古代词语、结构以及特殊用法也随之流传下来。对外汉语教学的内容主要是现代汉语,学生日浸其中的也是现代语言。所以,这便构成了一对矛盾,给我们的成语教学带来了相当难度。从实际教学实践的角度来看,简单的方法是只需把成语作为一个有固定含义的词语,告诉学生现在的整体含义即可。但如前文所述,成语不同于一般的词语,面对如此丰富的语言文化矿藏而弃之不顾,实在是极大的浪费。如何解决教学的简便与深厚文化信息之间的矛盾呢?部分经验丰富的教师采取的做法是从成语的字面意义入手,偏重于字面分析,抓住形式做文章,"说文解字",由表及里,由形式而内容,步步推进。具体而言,从语义理解的角度来看,成语从实际意义与字面意义之间的关系角度可分为三种:相同、引申、比喻。

表3.2 高级汉语成语语义分布频率

| 《汉语水平词汇与汉字等级大纲》<br>(144个成语) | 实际意义与字面意义相同的60个 |
| --- | --- |
| | 实际意义为字面意义引申义的52个 |
| | 实际意义为字面意义比喻义的32个 |
| 《新汉语水平考试大纲》<br>(116个成语) | 实际意义与字面意义相同的53个 |
| | 实际意义为字面意义引申义的39个 |
| | 实际意义为字面意义比喻义的24个 |

按照数量由多到少排列,表3.2中两部《大纲》收录的成语都呈现出相同的顺序:实际意义为字面意义＞实际意义为字面意义引申义＞实际意义为字面意义比喻义。从跨文化交际的视角来看,后两者应为重点内容。同时,根据部分调查,多数外国学习者对意思容易理解、含有中国文化信息的成语感兴趣。因此,在教学中应该选择富有中国文化色彩的、现代常用的成语,以便在最大程度上激发学习兴趣,提高教学效率,在此基础上逐渐增加富有书面语色彩的成语,以提高其书面语言表达水平,深化对文化的理解。这方面的探索对高级阶段的汉语教学实践应大有裨益。

## 4. 句子层面

Sentence Level

在句法层面(包括小句和复句),汉语学习涉及语法体系的方方面面,主要以各种句式(如"被"字句、"把"字句等)和各种语法范畴(如时、体范畴等)为主。鉴于本书的跨文化交际视角,与上文类似,本节不涉及此类汉语本体方面的议题,仍着眼于本领域与文化差异相关的汉语教学探讨。尽管范围已大幅度缩小,但相关议题仍然众多,须作进一步的取舍。根据我们对学科的理解,关于汉语语用能力的系统探讨可能代表了本领域今后的努力方向。基于上述思考,本小节对照汉语语用能力,探讨句法(以及部分衔接语篇)层面的教学问题。

就本领域而论,传统教学主要讲授相关语言知识,同时也涉及使用环境等相关知识。不容否认,此类知识是培养相关语言能力的基础。一般而言,语言能力应该包括两个方面的内容:语言知识和语言技能。语言知识关乎语言的语音、词汇、语法、语义等各方面,一个人只有掌握某种语言这些方面的单位及规则,才有可能使用该语言开展言语交际。但是,光有这些知识是远远不够的,人们在言语交际中还要求理解准确,言语得体,这就牵涉到了语言使用技能,也就是语用能力。一个人的语用能力决定着其言语交际的成效。从语言的功能主要是用于交际这一角度来说,语用能力对于一个已经具备基本语言知识的人来说,无疑具有更为实际的意义。对语用能力的具体含义,学界早有探讨。有学者认为,语用能力包括语用语言能力和社交语用能力。语用语言能力建立在语法能力之上。只有语言使用者掌握了一定数量的语言资源之后,他们才能得体地使用语法规则来造句,并使其在特定的语境中被听话人理解,从而实现特定的交际目标。也有学者认为,语用能力包括下述内容:说话人运用语言以达到不同目的的能力;听话人透过言语本身来理解说话人真实交际意图(如间接言语行为;双关、讽刺、挖苦等)的能力;掌握了一些将语句连接成语篇的规则等。就母语者本身和汉语教学实践而言,一个人的汉语语言能力应该包括拥有的汉语知识,即掌握了汉语的离散单位和语音、语法规则;同时还包括运用汉语进行交际的技能,即具备了正确理解和使用汉语的技术和能力,这种能力也就是所谓的汉语语用能力。所以汉语语用能力应该包括:① 得体运用汉语、传达出自我交际信息和交际意图的能力;② 恰当理解别人交际信息和交际意图的能力;③ 在正常交际的情况下,保证言语交际顺利进行下去的能力。这三个方面的能力互为依靠,形成一个既相互独立又有机联系的汉语语用能力网络。

具体而言,汉语语用能力应由下述五个方面构成:① 识别和选用不同句式、语调、语体的能力。在不同的交际场合,同样的意思表达往往宜采用不同的句式、语调、语体。说话人知道在什么场合适用什么语体是一种较为高级的语用能力。语体不仅仅与词语相关,还与句式、语调等相关。对于汉语母语者来说,汉语语体的识别与选择也许并不太难,但对非汉语母语者来说,口语语体的汉语和书面语语体的汉语的区分则较为困难。② 理解和掌握以言行事的能力。最早的语用学理论就是言语行为理论。言语行为理论主要探讨人们如何以言行事。以言行事其实就是说话人借助言语来达成某种意愿。以言行事的主要特点虽然是言语可以转化为行动的力量,但从本质上看也是传达言外之意的一种表现。③ 领会和恰当表达言外之意的能力。这是语用能力一个非常重要的方面。人们在言语交际中,很多交际信息或交际意图都不是直接表达出来的,而是采取曲折隐晦的表达方式。从说话人的角度来说,在具体的语境中采用何种语言形式(包括词语、句式、语调及言语策略)表达自己的言外之意是一个较难把握但却非常重要的问题;从听话人的角度来说,则需要结合语境准确领会说话人的真实交际信息和交际意图。言外之意是语用学研究的核心问题,所以准确领会和恰当表达也就成了语用能力的核心内容。对汉语这种形态变化不太丰富的语义型语言来说,言外之意的理解与表达尤为重要。④ 辨识和得体表现礼貌的能力。礼貌是影响言语交际效果的一个重要因素,语言表达需要礼貌。在语用学研究中,礼貌表达是一个重要的研究课题。辨识一种语言表达是否有礼貌,以及如何得体地表达礼貌,是语用能力的一个重要方面。⑤ 修辞的理解和表达能力。修辞,就是修饰文辞,是在使用语言的过程中,利用多种语言手段以达到尽可能好表达效果的一种语言表达手段。使用修辞的目的在于把话语说得更为传神和得体,故广义的修辞并不仅仅指使用修辞格,还牵涉到熟语的使用、文化所指的理解与使用、指示中心的确定与选择等等。根据我们的理解,上述五个方面可涵盖对外汉语教学中常用的基本的语用文化:① 称呼;② 问候和道别;③ 道谢和道歉;④ 敬语和谦词;⑤ 褒奖和辞让;⑥ 宴请和送礼;⑦ 隐私和禁忌等等。故上述五个方面应和传统句法教学相辅相成,融为一体。国内学界在这方面的探索才刚刚起步,其前景值得期待。

## 5. 小结

Conclusion

语言是文化的载体,文化是语言的内涵。学习一种语言就是掌握一种文化。外国人在学习汉语的过程中,自始至终伴随着目的语文化的学习,汉语学习过程是不断体验与认识中国文化的过程,自然也是跨文化交际过程。语言的文化因素主要隐含在词汇系统、语法系统和语用系统之中,在跨文化交际中制约着语言的理解和使用,甚至可能造成一定的交际误解和障碍。缺少语言文化因素的教学就不能达到语言教学的目的,因此就像语音、词汇、语法和汉字等因素一样,文化因素也是语言中不可或缺的组成部分,应作为语言系统内部与语音、词汇、语法、汉字等分支系统具有同等地位的又一分支的知识系统而存在。有研究者进一步指出，第二语言教学的相关目标也应作相应的改变，即从培养"语言能力"到培养"交际能力"，直到现在大家都公认的目标——"跨文化交际能力"。培养"跨文化交际能力"是第二语言教学从"就语言教语言"的传统窠臼中走出来的理论和实践基础。另外，需要指出是，如赵金铭（2014）所言，领悟和体味中国文化有一个过程，汉语水平有初、中、高之分，文化也有不同的层级。以"长城"一词为例。初学者一开始了解到这是古代中国修建的军事防御工程。后来听我们的国歌，"把我们的血肉，筑成我们新的长城"，此中"长城"又有了新的文化含义；等学到"人民军队是保卫祖国的钢铁长城"时，"钢铁长城"已具有特殊的民族文化比喻意义。故对文化的理解是随着汉语水平的提高而不断深入的。就汉语教学现状而论，基于跨文化交际视角的实践探索仍有大量工作需要做。

基于英语仍是国际社会普遍使用的一门国际语言，为了帮助学生更好地理解中外语言文化差异，有效开展跨文化交际和汉语教学，下文特增加英汉语比较学界经常讨论的10对概念进行进一步探讨。

## 四、英汉对比研究中的 10 对概念
Ten Pairs of Concepts in the English and Chinese Comparative Study

由于地理位置、社会环境、政治制度等因素的影响，在漫长的岁月长河中形成了中西方各具特色的思维方式。它们平分秋色、各有千秋，展示了人类思维的成果和智慧的结晶。然而，中西方之间巨大的差异也给人们在了解文化、学习语言的过程中带来了巨大的挑战。因此，厘清二者间的差异，可以提升语言学习效率，也能有效提升跨文化意识，进而提高跨文化交际能力。近年来，我国诸多专家学者对此现象做出翔实的说明和阐释，进行系统深入的研究，为我们提供了坚实的理论基础和研究框架。潘文国（2010）不仅介绍了汉英对比的理论和方法，还分析汉英在词汇、语法、语言文化等方面的异同。连淑能在《英汉对比研究（增订本）》（2010）中，采用十对带有普遍性意义的相对概念，结合语体风格和翻译技巧进行比较分析，给学界带来重要影响。本节将参考学界最新动态，围绕这"十对概念"，以汉语和英语两种语言作为比较对象，结合例证加以阐述，希望为对外汉语教学带来启示和思考。

### 1. 形合与意合
Hypotaxis vs Parataxis

#### 1）定义及成因

说起形合和意合，有人会简单地认为形合是指形式上的吻合，意合则是指意义上的契合，这种想法不完全准确。形合法和意合法的概念最早是由我国著名语言学家王力先生在

《中国语法理论》一书中提出来的,但当时他并没有对这两者进行明确的定义。直到1992年,翻译理论家刘宓庆先生才对形合和意合的概念做出较为明确的界定:"形合(hypotaxis)指借助语言形式手段(包括词汇手段和形态手段)实现词汇或句子的连接。所谓意合(parataxis)指不借助语言形式手段而借助词语或句子的意义或逻辑联系实现他们之间的连接。前者注重语句形式上的接应(cohesion),后者注重行文意义上的连贯(coherence)。"此后,关于形合与意合的讨论与研究在国内由此开展并日趋白热化。然而无论是哪种意义上的理解,总的来说,英语重形合,汉语重意合,这已成为国内外都默认的论断。

从历史背景上看,中西方思想不同的发展方向导致了其在语言上不同的表达方式。西方语言的哲学思考可以追溯到古希腊,亚里士多德开启了西方形态语言本体研究的先河,总结了主谓结构为句子核心的语法规则,准确概括了西方语言的特征。此后,西方语言的研究者就着眼于形态并展开了语言的形合探索。直到今天,形合研究在西方也没有间断过。而中国儒家的"正名"思想、墨家的"取实予名"、道家的"常名"说,这些思想从某种意义上都透露出汉语从一开始就注重意义的讯号,影响着我国语言的形成、发展和变化。此外,不同的生活环境和社会风俗习惯等也造成了汉语重意义、英语重形式的现象。

**2) 案例**

以爱尔兰著名诗人叶芝的诗歌《当你老了》为例,诗的第一节这样写道:

> When you are old and grey and full of sleep,
> And nodding by the fire, take down this book,
> And slowly read, and dream of the soft look
> Your eyes had once, and of their shadows deep…

在这短短四行中,诗人连续用了6个"and"、4个代词,还有其他连词、介词等,把一幅美人迟暮、炉边读书的画面呈现了出来,结构紧凑,且读起来朗朗上口。可是,如若我们把它翻译成中文,就不能把"and"和"their"这些连词、代词全部直译出来。著名翻译家傅浩的译本如下:

> 当你年老,鬓斑,睡意昏沉,
> 在炉旁打盹之时,取下这本书,
> 慢慢诵读,梦忆从前你双眸
> 神色柔和,眼波中倒影深深……

傅浩把"年老""鬓斑""睡意昏沉"等词汇并置,巧妙地避开了关系词的直译,通过意象的编织,自然顺畅地把诗歌翻译出来,兼具形式美和节奏感。

从上面的例子不难看出,即使是在英文诗歌中,诗人也会广泛的使用连词、介词、关系词等连接手段命词遣意,而翻译为汉语时,则尽量避免使用这些方法,而应充分发挥汉语的意象功能,化英语的形合为汉语的意合。

再以元代诗人马致远的《天净沙•秋思》为例,这首诗中"枯藤""老树""昏鸦"每一个词都是一个意象,每一行诗组成一个意象群,是传递汉语意合神韵的典型诗:

> 枯藤老树昏鸦，
> 小桥流水人家，
> 古道西风瘦马。
> 夕阳西下，
> 断肠人在天涯。

著名翻译家许渊冲先生的英译如下：

> Over old trees wreathed with rotten vines fly evening crows;
> Under a small bridge near a cottage a stream flows;
> On ancient road in the west wind a lean horse goes.
> Westward declines the sun;
> Far, far from home is the heartbroken one.

许先生利用 over、under、on 等介词把这些意象先全部描述出来，这符合英语形合的表述方式，再通过 wreathed with、west wind、far、far from 等押韵的手段，再现了原诗中的韵律美，实现从意合到形合的转化。

### 3）教学启示

汉语意合的特点意味着很多时候汉语表达的某些意思被隐藏或者省略，这就会给学习中文的外国人带来困扰，因为他们不能理解其中的含义。因此，在对外汉语教学中，对意合汉语的解释说明对外国人学习中文来说至关重要。陈荣岚老师曾指出我们应从汉语合成词的结构和意义、汉语词组的结构和意义以及汉语句子的结构和意义看汉语的意合性，这为我们的教学带来了启发。

第一，从汉语合成词来看，例如庆祝、立正、离别，这些词也像英语合成词一样，由两个独立意义的词组成形成新的含义，且较容易理解。但是其中，有一类词叫离合词，它由一个动词性成分加上其支配的名词性成分，其用法很特殊。在教学过程中，教师应该先通过例子向学生总结这些词的用法，然后再让学生造句练习。

以"见面"一词为例，我们可以说"我去电影院和同学见面"或者"我去电影院和同学见了面"，但不能说"我去电影院见面同学"，这类离合词中间可以插入其他的成分，但是后面不能接宾语。因此，教师应通过日常的生活例句给学生示范，再通过讲解规则和错误用法，让学生留下深刻印象，最后再用新的词汇要求学生重新造句，加深理解。

第二，从汉语词组的结构和意义来看，当词与词组合成词组时，也表现出汉语意合性的特征。像"看演出""听音乐"这类词很容易理解，但是像"吃官司""晒太阳"这类词，虽然中国人都能听懂并使用，但是在外国人看来却是难以理解的，尤其是汉语初学者。这类词汇需要教师去解释其表达的真正含义，有些如果包含文化背景知识的，教师还需特别说明，希望学生能做到举一反三。这类词汇有点像英文中的固定搭配，学生如果一开始觉得很难搞懂，不妨把它先背下来，熟能生巧，以后运用多了自然而然就可以理解了。

最后，从汉语句子的结构和意义来看，汉语的语法和语义主要是通过语序和虚词的手段来实现的。以最特殊的语序为例："你能今天晚上来吗"侧重点在于来的时间；而"你今天晚上能来吗"强调的是能不能来。这类句子对于汉语学习者来说很难把握。因此，教师要在一开始就清楚阐明二者的区别。

因此，在对外汉语教学中应注意揭示句法、语义、语用之间的联系，深入了解和正确认识汉语语言结构，把握语义关系的不同类型，才能正确理解语言的意义，从而帮助汉语第二语言学习者更好地理解和使用汉语。

## 2. 综合与分析
Synthesis vs Analysis

### 1）定义及成因

综合思维的特点是从整体上把握事物，中国文化侧重综合思维。因此中国文化强调整体，弱化个体，强调集体的义务责任，而弱化个体权利。西方的思维方式是把事物分解为各个组成部分，并进行细致入微的分析。分析思维将个体与部分置于首位，以主客体的对立为出发点，对世界的认识形成一系列相对的概念与范畴，对物质的反映不是依赖直觉感性的认识，而是依靠抽象理性的认识，是一种分析性逻辑思维模式（汪德华，2001）。正是这种分析性的思维模式，使西方文化产生了个体主义与自由主义。被许多西方语言学家所诟病的是，汉语没有形态变化，不重视语法结构的解释和使用，他们认为汉语没有一套成系统的语法，这个观点是片面的。中国人所习惯的综合性思维恰巧印证了西方语言学家所诟病的，就是汉语的意合性。汉语语言单位间的组合注重的是语义之间整体的、综合的关系，但不一定在结构上作明显的标记。受到综合思维的影响，汉语偏向的是由大及小、从整体到部分的表达方式（叶诗雨，2018）。

### 2）案例

中国的书画艺术就是不同艺术形式的综合体：书法、绘画、诗歌与篆刻组成了一个整体，而西方的艺术作品则是绘画就是绘画，诗歌就是诗歌。在欣赏中国的画作时，欣赏者的目光应该是在画作上流转，而西方的画作则只有一个中心点。

图 1

图 2

## 3. 抽象与具体
Concretion vs Abstraction

### 1）定义及成因

抽象思维是指人在认识活动中运用判断、推理等思维形式反映客观世界的心理过程。具体思维又称"具体形象思维"。韩卓指出，形象思维是指人对记忆表象在头脑里进行分析综合、加工改造，进而形成新的表象的心理过程。随着时间的推移，逐渐形成了英语重抽象、汉语重具体的思维模式，但这绝非偶然。

究其历史渊源，早在希腊公元前5世纪，西方人就开始研究语言特征，探讨词类的划分、变形，通过研究抽象理论，他们更加擅长抽象表达，亚里士多德则创立了逻辑科学。早在16世纪，威廉·布洛卡（William Bullokar）编写的 Pamphlet for Grammar 就系统阐明了英语语法。而一直到1898年，马建忠出版的《马氏文通》才成为我国第一部有关汉语语法的系统性著作。此外，我国战国时期哲学著作《易传》就提出了"观物取象"的观点，指的是通过模仿自然界和社会生活中具体事物的形象来确立卦象，这种意向性和具体性逐渐成为东方的传统心理和思维模式，书法就是典型的代表。

从语言表达上来看，英语有大量的抽象名词和丰富的词义虚化手段，因此其语义和抽象化程度较高。汉语是意象性语言，文字符号具有象形、会意和形声的特点，以实替虚，生动具体。具体地说，英语通过词缀、词话手段以及介词等方法使词义虚化；而汉语倾向于使用动词取代抽象名词，或借助范畴词等使抽象概念具体化。

此外，我们之前说过，汉语重意合，英语重形合，这就导致汉语常常会以实的意象表达虚的概念，以具体的形象表达抽象的内容。因此，汉语用词倾向于具体。而英语用形态丰富、形式完备的形合语法来表达或概括复杂的概念，用抽象概念表达具体的事物，英语因而惯于抽象表达，其最突出的一个特点就是被动语态的大量使用。

### 2）案例

在《小王子》第八章里，在描写一朵从其他星球上飘来的花时有句简短的描述："She was a coquettish creature! And her mysterious adornment lasted for days and days."。

李继宏是这样翻译的："她就是这么臭美！她神秘地把自己装扮了很多天。"原文里的 adornment 就是抽象名词，且是静态名词，它的本意为装饰或者装饰品，但在翻译过程中并没有被直译，而是采用"装扮"这一动词让表达变得更加流畅、贴切。再如第十章里描写一位光杆国王："He had a magnificent air of authority."。李继宏翻译为"他摆出高高在上的气派。"用高高在上这样形象的说法代替原文中的 authority（权威），使表达更加容易理解。因此，不难看出，即便是在英语儿童读物里，也会有很多抽象名词。

### 3）教学启示

抽象与具体的思维差异其实对我们汉语教学提出了新的要求。作为一名以汉语为母语的教师,对于所传授的语言知识点必须深入、透彻地把握,在规律性上多下功夫,这时应运用抽象思维。而在教学过程中,应尽量以形象思维为主导,帮助学生理解,降低学习难度。通过抽象思维与具体思维的灵活有机结合,达到更好的教学效果。

## 4. 直接与间接
Directness vs Indirectness

### 1) 定义及成因

通过对英语文章和汉语文章的比较不难看到,中国人习惯从侧面说明、阐述外围的环境,最后点出话语的主要信息。所以汉语表达方式一般不直接切入主题,而是在主题外围"兜圈子""旁敲侧击",最后进入主题。这可能与中国人几千年传承下来的为人谦虚,喜欢含蓄这一民族特性有关。英语文章通常直截了当地陈述主题,进行论述,习惯首先把要点表达出来,然后再把各种修饰语和其他次要成分一一补充进来。这种情况在英语里具体表现为句式结构多主从句,主句从句相互交错,主句中有从句,从句中可能还有主句,从句套从句,盘根错节,非常复杂(徐丹霞,2017)。

西方人性格外露,因此英语经常表态在前,叙事在后;观点在前,事实在后。而中国人往往含蓄地表达自己的主张或情感,相对应的是汉语句子的信息重心经常放在句末,所以汉语的表达方式就常常和英语相反。

### 2) 案例

西方语言的拼音文字不易勾起人们对现实世界里事物形象的想象或联想,西方人在长期使用线型连接和排列抽象化的文字符号的过程中,具有明显的直接性,而汉字很容易勾起人们对现实世界里事物形象的想象或联想,中国人在长期使用这种意向化的语言过程中,具有明显的间接性。

因此留学生学习中文不仅仅是学习语言,更是要逐渐理解和学习中国人的表达方式,中国人的思维有明显的间接性,思考问题、提问题时一般喜欢拐弯抹角。中国人与他人打交道时,经常采取曲折的表达方式。中文文章中,作者的见解一般情况下是不会直接表达出来的,如果需要表达则也会选择轻描淡写地表达。如果留学生未能理解中国人的表达方式,则会产生交际中的障碍甚至误解。

## 5. 被动与主动
Passiveness vs Activeness

### 1) 定义及成因

被动句和主动句区别是主语与谓语之间的关系是被动关系还是主动关系,但是它们并不等同于被动和主动。

英语重形合,汉语重意合。因此,英语在组句时就很重视句子之间的内在逻辑关系,句法严谨。相反,汉语在造句时就不是非常注重句字的形式,而是注重句意的黏合。再加上汉语的特殊性(无主句),就决定了汉语多主动,英文多被动。

具体来说,英语由于常以"物称"而非"人称"做主语,常用被动,但多为结构被动,即:结构上是被动语态,但意义上不一定是"主语被……"英文类似的表达方式还有:It is believed that…(人们相信……) It is reported that…(据报道……)

而汉语中很多词汇既包含了主动意义,也包含了被动含义。因此,在很多情况下,我们不是不表示被动含义,而是不刻意利用被动句去阐述表达,这样反而更加符合中文的表达习惯。此外,汉语的被动常常是"意义被动",即从结构上看不出是被动,并且没有明显、固定的标志词,但是实际上却有隐含的被动含义。比如:"房屋让龙卷风吹跑了。""这些庄稼都给虫子吃光了。"在这两个例子中,"让"和"给"都是表示主动含义的词,但在这两句话里都是表示被动的含义,这也是为什么很多留学生就算学会了汉语的词汇,但有时还是难以理解汉语。此外,"无主句"是汉语的一个主要特点。无论是口语还是书面语,无主句在中文里都被广泛使用,比如"作业做完了""问题解决了",如果想要翻译这些句子,有时需要增加主语,就要变主动为被动。

简单地说,英语的结构被动句要比意义被动句多,而汉语则常用意义被动式,少用结构被动式。

**2) 案例**

以《傲慢与偏见》的第一句为例:It is a truth universally acknowledged, that a single man is in possession of a good fortune, must be in want of a wife.

凡是有钱的单身汉,总想娶位太太,这已经成了一条举世公认的真理。(王科一译)

在这句话里,虽然原文中用了被动,但是在翻译的时候我们不能僵硬地把"被"字翻译出来,否则读起来也会十分的别扭拗口。此外,译者还根据中文的习惯调整了语序,使文章更加流利畅达。

再以2019年政府工作报告为例,在2018年工作回顾出现了以下几句总结:

① 经济运行保持在合理区间。

(The main economic indicators were kept within an appropriate range.)

② 经济结构不断优化。

(Economic structure was further improved.)

③ 改革开放取得新突破。

(New breakthroughs were made in reform and opening-up.)

从翻译中我们很容易看出中英文之间明显的句式差异,以上三个汉语句子虽然都是主动的句式,但实际都包含了被动的含义,只是很多时候我们不把被动显示出来,但在翻译过程中,由于英语注重语法,就必须把句中隐含的被动关系指出来。

**3) 教学启示**

对汉语教学来说,由于中西差异,意义被动句就成为难点所在。因为意义被动句没有形态标志,要厘清其中的关系才可以理解,因而外国学生掌握起来难度相对较大。要展示意义被动句,最好的方法是选择日常生活中学生们熟悉的事物来做例子,如:

① 饭做好了。
② 衣服都洗了。
③ 作业写完了。
④ 我到教室时,门已经开了。

通过解释这些句子内在的意义关系,帮助学生理解正确的句意,然后通过例子向学生总结这类句子的基本结构:① 这类句子的主语通常是无生命的某事物;② 意义被动句的动作发出者一般不必或无法指出来;③ "被"字句大多用于不愉快或受损害的事情;而意义被动句则没有这种限制,用于叙述日常生活中的事情。比如我们会说:"他被老板解雇了。"这是不好的事情,再如"自行车修好了",但我们不能说"那个电影被我们看了"。

此外,对于一些"意义被动"的汉语,比如"叫""挨"用等等,老师应督促学生经常用它们练习造句,熟悉并记忆背诵这类表达方式,了解其中的内在逻辑关系,熟能生巧,这样自然而然地就容易理解了。

王力先生曾经说过:"就句子的结构而论,西洋语言是法治的,中国语言是人治的。汉语注重主体性叙述,英语则倾向于客体性描述。因此,英语多被动,汉语多主动。"

## 6. 静态与动态

Stasis vs Dynamism

### 1) 定义及成因

被动内向求静还是主动外向求动是中西思维的另一差异。古希腊哲学家赫拉克利特提出"一切皆流""万物在变"的观点,而孔子、孟子都提倡"宁静致远";西方文化追求运动、竞争、战争和主动出击;中国传统文化以求静止、和谐对称与中庸为特点。西方人认为要想维护民族内部的健康活力必须运动乃至向外扩张进行战争。体现在日常生活中,他们乐于标新立异,爱出风头(汪德华,2002)。

西方人的个人主义倾向使他们具有善于抓住机会、大胆冒险的特点,凡事总是"我来试试"(I'll try.),"如果我这次不能成功,我将再试一试"(If I can't succeed this time, I'll try again.)是他们的口头禅。中国人长期以来形成了一套"君子喻于义,小人喻于利""不为祸始,不为福先""命中无有,不可强求""安分守己""知足常乐""明哲保身"等处世哲学。

### 2) 案例

在课堂上,中国学生上课爱坐后排座位,美国学生爱坐前排位置;中国学生到老师点他的名字时才会发言,美国学生则争先恐后主动发言。因此,在留学生课堂上,教师应根据学生的特点,及时调整自己的课堂安排,激励学生在课堂上的积极性。

## 7. 替代与重复
Substitution vs Repetition

**1) 定义及成因**

语言文字是思维的载体,由于中西方不同的思维方式,其表达习惯也有很大的差异。在英语里,为了避免重复冗余,使语言简明、有力,常采用替代的表达方式。而汉语为了追求和谐和美感,讲究平衡和对称,中国人自古以来的语言习惯就有重复的倾向,这也与语音文字的特点有关系。

**2) 案例**

英语追求简洁,使用替代,符合西方民族的心理习惯,其中替代的表达方法包括替代、省略和变换。

① 替代

The new clothes are much more beautiful than the old ones.

这里是比较常见的名词性替代,用 ones 指代前面的 clothes,表示:新的衣服比旧的衣服漂亮多了。

② 省略

I don't know when (pick him up) and where to pick him up.

例句中 when 后面省略了 pick him up,后面直接用 and 连接 where 从句,句式紧凑简明,表示:我不知道什么时候接他、去哪儿接他。

③ 变换

After he bought a new Chevrolet, Bill almost lived in the car everyday. 例句中用 the car 代替 a new Chevrolet,避免把复杂的名词再描述一遍,表示:比尔买了一辆新雪佛兰,他几乎天天就住在车里。

与此同时,汉语擅长重复。但重复不单指对一个字、一个音节的反复,它包括重叠、重复和对偶。

① 重叠

叠词是汉语常见的重叠形式,比如,日日、月月、欢欢喜喜、休息休息等。

以李清照的《声声慢》为例,叠音的使用使整首词极富韵律美和节奏感;叠词的出现使得这首词形式整齐,带来不同的意义和感情色彩。著名翻译家许渊冲是这样翻译的:

寻寻觅觅,

冷冷清清,

凄凄惨惨戚戚。

I look for what I miss; I know not what it is.

I feel so sad, so drear; So lonely, without cheer.

在译本中,我们发现,许渊冲先生并没有把这些形容词不断度的重复,而是通过增添主语"I",连用"so"形成排比,再使用 drear, cheer 押尾韵,再现了原诗的音美、意美和形美。

② 重复

重复可分为词语的重复(比如想吃就吃)和意义的重复(比如五颜六色)。有意重复使用某一词、短语、句或者段,可以用来强调作者的意思,加强语气和情感,以取得更好的表达效果。

③ 对偶和排比

对偶:风声雨声读书声声声入耳　家事国事天下事事事关心

排比:东市买骏马,西市买鞍鞯,南市买辔头,北市买长鞭。

以上两个例子属于典型的对偶和排比,运用这类手法同样可以增强气势,加强语气,使语言生动又有感染力,达到语音、语法和修辞上的需要。

3) 教学启示

虽然英语的叠词远不如汉语丰富,汉语叠词很难准确地翻译成英语,但陈望道先生在《修辞学发凡》中指出:"汉语叠词音节比较自然和谐,组织比较单纯清楚,理解比较容易。"相对于汉语主动句,重复句更加容易理解。在汉语教学中,老师可以重点讲解意义重复的部分,如果有对比或者内在逻辑关系的指出来,或者用简明朴实的语言翻译出来。

## 8. 硬性与柔性

Hardness vs Flexibility

### 1) 定义及成因

中国的思维具有柔性(feminine)偏向,含有艺术家的素质,力求图善,重伦理道德、安邦治国,是"大一统"思想,热衷于对天地人作比附,以解释政治、社会、伦理、人生的种种问题,思维带有模糊性。西方的思维具有阳刚(masculine)偏向,含有科学家的素质,力求图真,重自然探索、重求和、重理性,借助逻辑分析和证实的手段获得对认知对象的精确认识,采用演绎和归纳的方法,不断推出新的科学体系。

语言是一面镜子,它反映着一个民族的文化,揭示民族的文化特性。语言是文化的重要组成部分,同时语言与文化又相互影响,相互制约。英语重形合,造句注重形式接应(formal cohesion),要求结构完整,句子以形驭意,以法摄神,因而严密规范,采用的是焦点句法。汉语重意合,造句注重意念连贯(semantic coherence),不求结构完整,句子以意役形,以神统法,因而流泄铺排,采用的是散点句法。

英语有综合语的特征,受形态的约束,因而"语法是硬的,没有弹性";汉语是分析语,不受形态的约束,因而"语法是软的,富于弹性"。

西方是法治社会,英语句式受到严格的语法制约,结构严谨,因此句式呈刚性;而中国重人治,因此句型不受形式的约束,结构灵活多变,重意会,因此句式呈柔性。

**2）案例**

英语的主语凸显结构是指主语和谓语这两个语法成分是句子的基本结构。英语句子主语一般不会缺少，谓语动词是句子的中心，两者强调协调一致。因此，英语句子主次分明，层次清楚，严密规范；汉语的话题凸显结构指句子的基本结构是信息单位话题和评说的语言，因此主语的词性比较广泛。

而汉语的主语则具有"隐蔽性"特点，即"零位主语"的表达方式，给读者和听者更多的解读空间，有一种"尽在不言中"的意味。

如《红楼梦》中的《葬花吟》中的一句：

质本洁来还洁去，强于污淖陷渠沟。

Pure they come and pure shall go.（许渊冲译）

For pure you come and pure shall you go.（杨宪益译）

许渊冲和杨宪益夫妇的英译版，都添加了明确的主语。

## 9. 物化与人化

Materialization vs Personification

**1）定义及成因**

连淑能（2010）指出，英语较常用物称表达法而中文多用人称表达法，这与我们之前说的英语常用被动、多以"物称"为主语是一样的道理。而在实际生活中，东方会倾向把抽象的事物"意向"化，正所谓汉语多具体，而西方擅长"静物动化"，以更生动形象的表达。结合跨文化交际以及对外汉语教学的实际需求，本小节采用"物化"与"人化"的概念进行分析阐述。

物化，是指战国时期庄子首创的一种泯除事物差别、彼我同化的精神境界，也是中国古典文艺学、美学关于审美创造的独特范畴。《周易》早有记载："书不尽言，言不尽意。"孔子也曾说过："圣人立象以尽意。"这些都是指把自己想要表达的思想意象转化为具体的事物形象，通过"物象"细致地、透彻地表现出来。这跟前面说的汉语偏用意合以及具体的表述方式相关联。

人化，在这儿指的是拟人化。在英语表达中，为了使描写的事物栩栩如生，富有感染力，很多时候故意把无生命的事物或抽象概念人格化，达到良好的修辞效果。

**2）案例**

物化的最高境界是物我互化，这是一种忘我的精神境界。物化显现了中国古代审美创造理论的巨大价值，具有重要的理论意义。"庄周梦蝶"就是一个最典型的例子，在庄子的思想意识中，人就是物，物就是人。既然如此，蝶就是周，周就是蝶。它是中国古典文艺学、美学关于审美创造的独特范畴。

人化的手法使语言变得更加形象、深刻，普遍存在于各类英语文体中，且拟人的方式可以通过动词、名词、形容词、代词等多种词性实现。比如：

① India has witnessed many political changes in recent years.
② The heart of the story lies in this chapter.
③ Look at the smiling sun.

#### 3）教学启示

汉语的物化现象对于很多中国人来说可能都过于抽象，难以理解，因此在对外汉语教学时，如果出现类似内容，老师只需简单讲解其表达内容即可。另一方面，汉语教师在上课过程中应多采用拟人的表达方式，帮助学生理解，增加课堂的趣味性、活泼性。

### 10. 复合与简约
Compound vs Simplicity

#### 1）定义及成因

汉语常用散句、松句、省略句、紧缩句、流水句或并列形式的复句（composite sentences），以中短句居多，最佳长度为7至12字。汉语书面语虽也用长句，结构也较为复杂，但常用标点把句子分隔开，与英语相比，仍属短句。类似英语中没有标点符号且层层叠加的长句在汉语里是不正常的。与英语相比，汉语句子多数结构相对简单，无拖沓、错综之感，甚至有些西洋人看见了中国作品的译文，觉得简短可爱。

英语书面语中的句子则显得长而复杂，其原因是多方面的。英语词语之间的语法关系，除了通过词序来表达外，还常采用多种表示关系和连接的手段，如介词、连词、关系代词、关系副词、连接代词、连接副词、非谓语动词、词的形态变化（如词尾变化、格的变化）等（熊莉芸，2010）。英语利用连接词、连接短语这些句子构成的方法，相比于汉语来说，种类多样且灵活得多。另一方面，能充当英语句子成分的，包括长短几乎无限制的短语和从句（从句中还可套用从句），再加上各种并列成分，附加成分（如同位语、插入语、独立成分等），甚至形形色色的修饰成分，这样一来，这些各种各样、长长短短的成分，通过多样而灵活的连接手段，最终连接成枝叶横生的"参天大树"。

#### 2）案例

英译汉时常常要破句重组，化繁为简。

In the doorway lay at least 12 umbrellas of all sizes and colors.

英译汉：门口放着一堆雨伞，少说也有十二把，五颜六色，大小不一。

汉语的分句或流水句，译成英语时，常常要化简为繁，组合成复合句或长句。

因为距离远，又缺乏交通工具，农村社会是与外界隔绝的。这种隔绝状态，由于通信工具不足，就变得更加严重了。

汉译英：The isolation of the rural world because of distance and the lack of transport facilities is compounded of the paucity of the information media.

结语：为了使处于不同文化中的人们能够进行有效的交流，除了要掌握对应的语言外，更需理解不同的文化,并以尊重的态度对待文化差异。作为汉语国际教育者与文化传播者,教授外国学生学习中国语言知识是基础,同时也应注重传播中华文化知识与文化交际知识,增强学生对自身本土文化与中华民族文化差异的敏感度、容忍度和处理文化差异的灵活性,并有意识地引导外国学生学习并理解异文化。在认可自身文化优点的同时,增进学生对不同文化的理解和尊重。君子和而不同,教师应注重引导学生在求同存异中,消除其对异文化的成见甚至敌意,才能避免文化冲突,更促进文化的融合、碰撞与跨文化交际的顺利进行。

# 参考文献

[德]安东尼·德·圣-埃克苏佩里,2013.小王子[M].李继宏,译.天津:天津人民出版社.

[英]简·奥斯丁,1980.傲慢与偏见[M].王科一,译.上海:上海译文出版社.

鲍丽娟,1999.对外汉语教学主体的思维定势[J].长春大学学报(9):5.

毕继万,1998.跨文化交际研究与第二语言教学[J].语言教学与研究(01):10-24.

卜彩丽,孔素真,2016.现状与反思:国内翻转课堂研究评述[J].中国远程教育(2):26-33.

曹雪芹,1980. A Dream of Red Mansions[M].杨宪益,戴乃迭,译.北京:外文出版社.

陈冰冰,2014.MOOCS课程模式:贡献和困境[J].外语电化教学(3):39-40.

陈荣岚,2007.论汉语的意合性与对外汉语教学[J].海外华文教育(4):17-25.

陈望道,1979.修辞学发凡[M].上海:上海教育出版社.

陈欣,2012.从跨文化交际能力视角探索国际化外语人才培养课程设置[J].外语界(5):73-78.

陈亚川,1982.六书说、简体字与汉字教学[J].语言教学与研究(01):85-104,160.

成燕燕,1999.第二语言(汉语)教学的总体设计[J].民族教育研究(01):40-47.

傅浩,1994.叶芝抒情诗全集[M].北京:中国工人出版社.

郭富强.2006.意合形合的汉英对比研究[D].上海:华东师范大学硕士论文:41-46.

韩卓,2019.大学英语跨文化交际(中西文化比较研究)[M].长春:吉林大学出版社.

郝利群,2016.跨文化交际能力培养模式的创新研究[J].教育现代化(16):35.

胡明扬.1997.对外汉语教学中语汇教学的若干问题[J].语言文字应用(01):14-19.

黄育才,2013.跨文化交际实用英语教程(修订版)[M].上海:复旦大学出版社.

李鸿春,2017.英汉语言文化差异与英汉互译探究[M].北京:九州出版社.

李梦硕,2016.具体与抽象的中西思维差异及其在翻译中的转换[J].英语广场(3):29.

连淑能,2010英汉对比研究(增订本)[M].北京:高等教育出版社.

刘宓庆,1992.新编英汉对比与翻译[M].江西:江西教育出版社.
刘珣,2000.对外汉语教育学引论[M].北京:北京语言文化大学出版社.
刘艳平,2013.中、高级对外汉语成语教学的调查与反思[J].汉语学习(05):88-96.
马建忠,1923.马氏文通[M].北京:商务印书馆.
毛佩琦,徐昌强,2015.庄子全集[M].北京:煤炭工业出版社.
潘文国,2010.汉英语言对比概论[M].北京:商务印书馆.
任晓霏,2002.从形合和意合看汉英翻译中的形式对应[J].中国翻译03):35-37.
陶健敏,2007.汉英语作为第二语言的教学法体系对比研究[D].上海:华东师范大学硕士论文:83-92.
田玉琼,2014.被动句的对外汉语教学方法初探[J].时代文学(12):76.
汪德华,2002.英汉文化差异及思维方式[J].西安外国语大学学报(3):42-44.
王力,2015.中国语法理论[M].北京:中华书局.
威廉·巴特勒·叶芝,2003.叶芝诗集[M].傅浩,译.石家庄:河北教育出版社.
吴进业,王超明,2005.跨文化交际与外语教学[M].开封:河南大学出版社.
熊莉芸,2010.从文学作品论英、汉书面语句的比较[J].时代文学(下半月)(8):182-283.
徐丹霞,2017.中西思维方式差异在英汉互译中的体现[J].教育教学论坛(11):154-155.
许渊冲,1991.唐宋词一百首[M].北京:中国对外翻译出版公司.
许渊冲,2003.文学与翻译[M].北京:北京大学出版社.
许渊冲,2004.中国古诗精品三百首[M].北京:北京大学出版社.
杨晓黎,1996.由表及里,形具神生——对外汉语成语教学探论[J].安徽大学学报(1):89-92.
杨盈,庄恩平,2007.构建外语教学跨文化交际能力框架[J].外语界(4):14-21.
叶诗雨,2018.从汉语与英语的语言特性角度管窥跨文化交际中的中西思维差异[J].文教资料(2):29-30.
余光武,2014.论汉语语用能力的构成与评估[J].语言科学:13(01):49-54.
张英,2006.对外汉语文化因素与文化知识教学研究[J].汉语学习(06):59-65.
张占一,1990.试议交际文化和知识文化[J].语言教学与研究(3):15-32.
章必功,李健,2007.中国古代审美创造"物化"论[J].时代评论(1):23-27.
赵金铭,2014.国际汉语教育中的跨文化思考[J].语言教学与研究(06):1-10.
赵泽式,2018.英汉对比中的抽象与具体[J].长江丛刊(12):185-186.
郑继娥,1998.汉字的理据性与汉字教学[J].华东师范大学学报(哲学社会科学版)(6):89-92.

郑家钦,2009.从形合意合谈英语被动句的翻译[J].成都大学学报(社科版)(2):102-103.

周延松,徐琴,2015.汉语作为母语与第二语言课程目标的比较研究[J].现代语文(学术综合版)(1):117-120.

朱志平,2002.汉字构形学说与对外汉字教学[J].语言教学与研究(4):35-41.

祝智庭,2015.翻转课堂国内应用实践与反思[J].电化教育研究(6):66-67.

Austen J, 1983. Pride and Prejudice [M]. New York: Bantam Classics.

http://language.chinadaily.com.cn/a/201903/05/WS5c7e3a1fa3106c65c34ecea1_2.html(2020-03-04)2019年《政府工作报告》双语要点.

Woods K, 1968. The Little Prince[M]. New York: Harcourt.

Wikipedia, 2011. William Bullokar[EB/OL]. https://en.wikipedia.org/w/index.php?title=William_Bullokar&oldid=749600801, (11-15).

Yeats W B, 1990. The Collected Works of W. B. Yeats (Vol. Ⅵ) [M]. New York: Macmillan Publishing Company.

# 第四章　跨文化交际与中华文化传播

Chapter Four　Intercultural Communication and Dissemination of Chinese Culture

## 一、几个重要概念
Terms

### 1. 文化圈
Cultural Circle

文化圈（cultural circle）是由文化人类学家弗洛贝尼乌斯（L. Frobenius）首先提出的，后来格拉布纳（R. Graebner）在《民族学方法论》一书中使用文化圈概念作为研究民族学的方法论。他认为，文化圈是一个空间范围，在这个空间内分布着一些彼此相关的文化丛或文化群。奥地利学者施密特（W. Schmidt）主张，文化圈不仅限于一个地理空间范围，它在地理上不一定是连成一片的。世界各地可以同属一个文化圈，一个文化圈可以包括许多部族和民族，是一个民族群。在一个文化丛相关的不同地带，只要有一部分文化元素是相符的，它们就同属一个文化圈，如东亚文化圈、北美文化圈等。季羡林把世界文化分为四大文化圈：① 始于古希腊、古罗马一直延续至今的欧美文化圈；② 始于古希伯来延续至今的闪-伊斯兰文化圈；③ 印度文化圈；④ 中国文化圈。其中①属于西方文化系统，②③④合起来为东方文化系统。季氏的中国文化圈包括了朝鲜、日本以及东南亚的一些国家，相当于汉字文化圈。

### 2. "一带一路"
The Belt and Road

陆上丝绸古道大致形成于两汉时期，东起西安和洛阳两座古都，西抵罗马，横贯欧亚大陆。穿越过无数河流、雪岭和大漠，成为古代中外文化交流的大动脉。陆上丝路有些地方

"不能得过",海上总可"自达",遂应运而生。其中,中国、罗马从中西两端开辟,沿途东南亚、南亚、阿拉伯、埃及等各地人民世代聚力加盟,终于在公元166年使红海、印度洋到中国南海的海上丝路开通,为中西文化交流奠定了必要的物质基础。

## 3. 东学西传
### East to West

古代东学西传曾出现过两次比较大的高潮。第一次发生在12、13世纪,之后西方发生了"文艺复兴"和航海大成功;第二次发生在第15、16世纪,西方出现了"启蒙运动。"(徐晋,2014)特别是清朝的康(熙)雍(正)乾(隆)三朝(1662—1795)时代,是中国和世界历史上少见的太平盛世,与当时欧洲动荡的政局形成天壤之别。当时,中国成为世界的理想国度,孔子也成为欧洲思想界的偶像。西方各国大批传教士涌入中国,西传的内容是中国各经典著作被译成西方文字。《明心宝鉴》是中国历史上译介到西方的第一本古籍。据考证,早在1590年左右,天主教教士高母羡(Juan Cobo)为研读汉语及了解中国文化,将明朝初年开始刊行的通俗读物《明心宝鉴》译成了西班牙文。《四书》由意大利传教士利玛窦(Matteo Ricci)于明万历年间(1593—1594)翻译成拉丁文;《周易》等五经在1609年由法国传教士金尼阁(Nicolas Trigault)翻译成拉丁文。到清朝鼎盛时期,中国诸经典著作都已被翻译成西方各种语言,并且有多种版本。《孙子兵法》的第一个西方语言的译本是法国耶稣会传教士阿米欧(Joseph Amio)用法文翻译的;《老子》的第一个西方语言译本是斯坦尼斯拉斯·朱理安(Stanislas Julian)于1842年在巴黎出版的法文译本。东学西传,使中国文化对欧洲,特别是对德、法两国的哲学家都产生了重大影响。

## 4. 西学东渐
### West to East

西学东渐这一名称出自晚清维新人物容闳(1828—1912)一本回忆录的书名,通常是指在明末清初以及晚清民初两个时期之中西方学术思想向中国传播的历史过程。这段时期,以西方传教士、外交家和官员等来华以及中国旅行家、商人和外交官的出洋为媒介,以西方书籍的大量翻译以及报刊的兴办和新式教育为载体,以香港、通商口岸以及日本等作为重要窗口,西方的哲学、天文、物理、化学、医学、生物学、地理、政治学、社会学、经济学、法学、应用科技、史学、文学、艺术等大量传入中国,对中国的学术、思想、政治和社会经济都产生了重大影响。

# 二、中外文化交流互鉴中的重要事件
Important Events in the History of Cultural Exchange between China and Foreign Countries

## 1. 张骞出使西域与陆上丝绸之路的开辟
Zhang Qian's Mission to the Western Regions and the Opening of the Land Silk Road

张骞被誉为伟大的外交家、探险家,是"丝绸之路的开拓者""第一个睁开眼睛看世界的中国人""东方的哥伦布"。他将中原文明传播至西域,又从西域诸国引进了汗血马、葡萄、苜蓿、石榴、胡麻等物种,促进了东西方文明的交流。

西汉建元二年(前139年),奉汉武帝之命,由甘父做向导,张骞率领一百多人出使西域。第一次出使西域虽然以失败告终,但是张骞掌握了西域大量的自然风貌资料。

公元前119年,张骞再率300多勇士,带了1万多头牛羊、黄金、丝绸等礼物再次出使西域,先后结交了乌孙、大宛、大月氏、于阗等今天新疆一带的国家,最终到过36个国家。

张骞两次出使西域,本来的目的是为了联合西北各民族一起对抗匈奴,客观上却沟通了东西方文化的往来,建立起了中原地区与西北边疆地区各少数民族的友好联系,开辟了中国与西亚各国直接交流的新纪元,标志着中西交流史上一个新时代的开始。从此,汉朝与西域各国建立了良好的交往关系,互访使节和商人络绎不绝。中国与西亚及欧洲的商业往来迅速增加,中国的丝制品源源不断地向外输出,中国也享誉海外,中国人被称为"赛里斯人"(Seres)。

从西汉敦煌出玉门关到今天的新疆,连接中亚、西亚一条贯穿东西的通道从此畅通无阻,这就是后世所称"丝绸之路"。"丝绸之路"把汉朝与西域各国联系在一起,加强了它们之间政治、经济、文化的交流。丝绸之路在世界史上具有重要意义,它是亚欧大陆的交通动脉,是中国、印度、希腊人类三大古代文明交流融合的连接点。

## 2. 玄奘西行取经与鉴真东渡日本
Xuan Zang Travels West for Buddhist Scriptures and Jian Zhen Travels Japan

唐代著名高僧玄奘(602年—664年)为探究佛教各派学说分歧,求取佛经原文,从贞观三年(629年)八月离开长安,万里跋涉,一人西行五万里,历经艰辛到达印度佛教中心那烂陀寺取真经,前后17年,遍学了当时大小乘各种学说。公元645年玄奘归来,从印度及中亚地区带回国的梵文佛典非常丰富,共520箧、657部,对于中国佛教原典文献的研究具有重大意义。之后20年,玄奘致力于佛经翻译,玄奘及其弟子翻译出佛经75部(1 335卷),代表著作有《大般若经》《心经》《解深密经》《瑜伽师地论》《成唯识论》等,提出"五不翻"佛教翻译思想,与鸠摩罗什、真谛并称为中国三大佛教翻译家。他撰写《大唐西域记》十二卷,记述其西游路过的国家及其山川、地邑、物产、习俗等。

玄奘被誉为中外文化交流的杰出使者,其爱国及护持佛法的精神和巨大贡献被鲁迅誉为"中华民族的脊梁"。他影响远至日本、韩国乃至全世界。玄奘的思想与精神如今已是中国、亚洲乃至世界人民的共同财富。

公元742年,日本留学僧荣睿、普照到达扬州,恳请鉴真东渡日本传授"真正的"佛教,为日本信徒授戒。当时,大明寺众僧"默然无应",唯有鉴真表示"是为法事也,何惜身命",遂决意东渡。鉴真六次东渡才成功到达日本弘扬佛法,还因此失明。鉴真带去很多佛经和医书到日本。他主持重要佛教仪式,系统讲授佛经,成为日本佛学界的一代宗师。他指导日本医生鉴定药物,传播唐朝的建筑技术和雕塑艺术,设计和主持修建了招提寺。这座以唐代结构佛殿为蓝本建造的寺庙是世界佛教界的一颗明珠,保存至今。鉴真死后,其弟子为他制作的坐像至今仍供奉在寺中,被定为"国宝"。

鉴真东渡促进了中日文化的交流与发展,佛教更为广泛地传播到东亚地区,对日本的宗教和文化事业发展产生了积极深远的影响,也增进了中日两国人民的友谊。

## 3. 中国古代四大发明的西传
The Western Dissemination of the Four Great Inventions of Ancient China

2007年,英国《独立报》评出了改变世界的101个发明,中国的四大发明:造纸术、印刷术、指南针、火药及另一发明算盘赫然在列。在中外文化交流的历史长河中,尤以造纸术、印刷术、火药和指南针"四大发明"的西传为世界所瞩目。中国作为文明古国,在相当长的历史时期处于世界文明的高峰,曾是世界经济文化交流的中心之一。在经济文化交流之中,四大发明及其推广推动了世界文明的进步,对人类社会的发展产生了不可估量的巨大作用。意大利数学家杰罗姆·卡丹(Jerome Cardin)早在1550年就第一个指出,中国对世界所具有影响的"三大发明"是司南(指南针)、印刷术和火药,并认为它们是"整个古代没有能与之相匹敌的发明"。1621年,英国哲学家培根也曾在《新工具》一书中提到"印刷术、火药、指南针这三种发明已经在世界范围内把事物的全部面貌和情况都改变了。"

**1) 造纸术的影响**

东汉时,蔡伦在总结前人经验的基础上,改进了造纸术,蔡伦曾被封为"龙亭侯",所以人们把他创造的纸叫做"蔡侯纸"。从6世纪开始,造纸术逐渐传往朝鲜、日本,以后又经阿拉伯、埃及、西班牙传到欧洲的希腊、意大利等地。1150年,西班牙开始造纸,建立了欧洲第一家造纸厂。此后,法国(1189)、意大利(1276)、德国(1391)、英国(1494)、荷兰(1586)、美国(1690)都先后建厂造纸。到16世纪,纸张已流行欧洲。中世纪的欧洲,据说抄一本《圣经》要用300多张羊皮,文化信息的传播因材料的限制,范围极其狭小,纸的发明为当时欧洲蓬勃发展的教育、政治、商业等方面的活动提供了极为有利的条件。

**2) 印刷术的影响**

唐朝时期,人们把刻制印章和从刻石上拓印文字两种方法结合起来,发明了雕版印刷术。唐代留下的《金刚经》精美清晰,是世界上最早的标有确切日期的雕版印刷品(868年)。11世纪中期的宋代,毕昇发明了活字印刷术,使印刷术得到普遍推广。中国的雕版印刷术大约在11世纪以后由阿拉伯传到欧洲,12世纪左右传到埃及,随着造纸术的传播,纸张先后取代了埃及的纸草、印度的树叶以及欧洲的羊皮等,引发了世界书写材料的巨大变革,14至15世纪欧洲开始流行印刷术。

欧洲现存最早的有确切日期的雕版印刷品是德国南部的《圣克利斯托菲尔》画像(1423年),晚于中国约600年。1450年前后,德国人受中国活字印刷术的影响,创制了欧洲拼音文字的活字,用来印刷书籍,比毕昇晚了400年。印刷术传到欧洲后,改变了原来只有修道士才能读书和接受较高教育的状况,为欧洲的科学从中世纪漫长黑夜之后突飞猛进发展以及文艺复兴运动的出现提供了一个重要的物质条件。

1584年西班牙历史学家,传教士冈萨雷斯·德·门多萨(Gonsales de Mendoza)在所著《中华大帝国史》中提出,古腾堡受到中国印刷技术影响;中国的印刷术,通过两条途径传入德国,一条途径是经俄罗斯传入德国,一条途径是通过阿拉伯商人携带书籍传入德国。中世纪欧洲书写都用羊皮纸卷,并无"书籍"和"印刷"的概念。古腾堡以这些中国书籍作为他的印刷的蓝本。门多萨的书很快被翻译成法文、英文、意大利文,在欧洲产生很大影响。法国历史学家路易·勒·罗伊(Louis Le Roy),文学家米歇尔·德·蒙田(Michel de Montaigne)等都同意门多萨的论点。法国汉学家安田朴曾以《欧洲中心论欺骗行为的代表作:所谓古登堡可能是印刷术的发明人》为题,论证欧洲的活字印刷术来源于中国。

**3) 火药的影响**

中国在唐朝时期就已发明了火药,并最早用于军事。10世纪初的唐末,出现了火炮、火箭,宋时火器已普遍用于战争。蒙古人从与宋、金作战中学会了制造火药、火器的方法,阿拉伯人从与蒙古人作战中学会了制造火器。欧洲人大约于13世纪后期,又从阿拉伯人的书籍中获得了火药知识,到14世纪前期,又从对回教国家战争中学到了制造火药、使用火器的方法。火器在欧洲城市市民反对君主专制中发挥了巨大作用。火药的发明大大推进了历史发展的进程,是欧洲文艺复兴的重要支柱之一。

恩格斯指出:"火器一开始就是城市和以城市为依靠的新兴君主政体反对封建贵族的武器。以前一直攻不破的贵族城堡的石墙抵不住市民的大炮;市民的枪弹射穿了骑士的盔甲,贵族的统治跟身披铠甲的贵族骑兵队同归于尽了。"

**4) 指南针的影响**

早在战国时代,中国道家人士就已经根据磁石指示南北的特性制成了"司南",这是世界上最早的指南仪器。北宋时期,人们发明了用人工磁化铁针的方法,制成指南针,并开始应用于航海。南宋时,指南针普遍应用于航海,同时传到阿拉伯。13世纪初指南针传入欧洲。

指南针在航海上的应用导致了以后哥伦布（Christopher Columbus）发现美洲新大陆的航行和麦哲伦的环球航行。这大大加速了世界经济发展的进程。

中国的四大发明在欧洲近代文明产生之前陆续传入西方，对西方科技发展产生重要影响。马克思在《机械、自然力和科学的运用》中写道："火药、指南针、印刷术——这是预告资产阶级社会到来的三大发明。火药把骑士阶层炸得粉碎，指南针打开了世界市场并建立了殖民地，而印刷术则变成了新教的工具，总的来说变成了科学复兴的手段，变成对精神发展创造必要前提的最强大的杠杆。"

## 4. 郑和下西洋与大航海时代
Zheng He Travels Western Ocean and the Great Maritime Navigation

15世纪是世界进入大航海时代的海洋世纪，东西方海上交通发展迅速，先后出现了三大航海活动。一是公元1405—1433年我国伟大航海家郑和七下西洋的远航，二是公元1492年哥伦布发现美洲新大陆；三是公元1498年达·伽马（Vasco de Gama）开辟了东方新航路。在时间上，郑和的远航几乎要比西方的同行早将近一个世纪。

永乐三年（1405年）六月十五日，明成祖派遣郑和出使西洋，揭开了郑和七下西洋的序幕。至宣德八年（1433年），郑和率领当时世界上最大的船队，满载丝绸、瓷器、金银、铜铁、布匹等物，先后七下西洋，访问了东南亚、南亚、阿拉伯和东非等地区的近40个国家和地区。最远到达索马里和肯尼亚，航程10万余里，历时28年。最南到爪哇，最北到麦加，最西到非洲东岸。郑和这位伟大的航海家以自己的努力和智慧成就了一段传奇，在东南亚的一些国家，如印度尼西亚的爪哇有地名叫三宝垄、三宝庙；泰国有三宝庙和三宝塔，都是因郑和叫三宝太监而得名。

郑和下西洋促进了明朝和东南亚、印度、非洲等地区和国家的和平交流，对当时亚非世界的政治、经济和社会发展均产生了重大影响，并向他们展示了一个强大、开明的国家的真实风貌。郑和下西洋成为世界文明交流史上的重大事件，也是中国古代航海史的巅峰，在一定程度上可以涵盖中国古代海上交通的全部空间。

## 5.《马可·波罗游记》——西方人感知东方的第一部著作
The Travels of Marco Polo—the First Book for Westerners to Perceive the East

《马可·波罗游记》是公元13世纪意大利商人马可·波罗记述他行经地中海、欧亚大陆和游历中国的长篇游记。

马可·波罗是第一个游历中国及亚洲各国的意大利旅行家。他依据在中国17年的见闻，讲述了令西方世界震惊的一个美丽的神话。这部游记有"世界一大奇书"之称，是人类史上西方人感知东方的第一部著作，它向整个欧洲打开了神秘的东方之门。

1271年，马可·波罗17岁时，父亲和叔叔拿着教皇的复信和礼品，带领马可·波罗与十几位旅伴一起向东方进发了。他们从威尼斯进入地中海,然后横渡黑海,经过两河流域来到中东古城巴格达,改走陆路。这是一条充满艰难险阻的路,是让最有雄心的旅行家也望而却步的路。他们从霍尔木兹向东,越过荒凉恐怖的伊朗沙漠,跨过险峻寒冷的帕米尔高原,一路上跋山涉水,克服了疾病、饥渴的困扰,躲开了强盗、猛兽的侵袭,终于来到了今天的中国新疆。

一到这里,马可·波罗的眼睛便被吸引住了。美丽繁华的喀什、盛产美玉的和田,还有处处花香扑鼻的果园,他们继续向东,穿过塔克拉玛干沙漠,来到古城敦煌,瞻仰了举世闻名的佛像雕刻和壁画。接着,他们经玉门关见到了万里长城。最后穿过河西走廊,终于到达了上都——元朝的北部都城。这时已是 1275 年的夏天,距他们离开祖国已经过了四个寒暑了!

马可·波罗的父亲和叔叔向忽必烈大汗呈上了教皇的信件和礼物,并向大汗介绍了马可·波罗。大汗留他们在元朝当官任职。聪明的马可·波罗很快就学会了蒙古语和汉语。他借奉大汗之命巡视各地的机会,走遍了中国的山山水水,中国的辽阔与富有让他惊呆了。他先后到过新疆、甘肃、内蒙古、山西、陕西、四川、云南、山东、江苏、浙江、福建以及北京等地,还出使过越南、缅甸、苏门答腊。他每到一处,总要详细地考察当地的风俗、地理、人情。在回到大都后,又详细地向忽必烈大汗进行了汇报。在《马可·波罗游记》中,他盛赞了中国的繁盛昌明:发达的工商业、繁华热闹的市集、华美廉价的丝绸锦缎、宏伟壮观的都城、完善方便的驿道交通、普遍流通的纸币等等。书中的内容,使每一个读过这本书的人都无限神往。

1292 年春天,马可·波罗和父亲、叔叔受忽必烈大汗委托,护送一位蒙古公主到波斯成婚。大汗答应他们,在完成使命后,可以转道回国。1295 年末,他们三人终于回到了阔别 24 载的亲人身边。他们从中国回来的消息迅速传遍了整个威尼斯,他们的见闻引起了人们的极大兴趣。他们从东方带回的无数奇珍异宝,一夜之间使他们成了威尼斯的巨富。

1298 年,马可·波罗参加了威尼斯与热那亚的战争,9 月 7 日不幸被俘。在狱中他遇到了作家鲁思蒂谦(Rustichello),于是便有了马可·波罗口述、鲁思蒂谦记录的《马可·波罗游记》。

## 6. 传教士的西学传播与西方汉学的兴起
The Spread of Western Studies by Missionaries and the Rise of Western Sinology

### 1) 传教士的西学传播

15 世纪后期,随着地理大发现及西、葡的对外扩张,欧洲传教士纷纷前往世界各地传教。明万历年间,耶稣会士率先入华,掀开了明清时期中西方科学与文化交流的序幕。

1583 年,耶稣会士罗明坚、利玛窦等始以"番僧"的身份到达肇庆,开启了耶稣会在中国内地传教的历史。当时,来华传教的西方教士有数百人之多,其中对后世影响较大的有沙勿略、罗明坚、利玛窦、龙华民、罗如望、庞迪我、熊三拔、艾儒略、邓玉函、汤若望、罗雅各等。

传教士们一面编译出版西方著作,一面与中国学者合作,直接用中文进行著述,向中国传播西方的自然科学知识。据统计,当时,传教士们译著成书达 300 余种,其中有关自然科学的占 120 种左右,这其中,利玛窦、汤若望(Adam Schall)、罗雅各(Giacomo Rho)和南怀仁(Ferdnanel Verbiest)四人的译著就达 75 部之多,涉及领域主要有天文学、数学、物理学、医学、语言学、经院哲学以及教育学等。

(1) 天文学和数学

由于通行历法的不足,明朝末年,修改历法刻不容缓。耶稣会士为了获取中国人的信任,抓住时机,参与修改历法,先后在李之藻、徐光启、李天经的主持下,由传教士龙华民(Niccolo Longobardi)、邓玉函、汤若望、罗雅各等人参与,编译出《崇祯历书》。全书一共 130 余卷,分为六大部分,这是当时比较完备的一部历书。后来,汤若望又根据此书改编成《西洋新法历书》。

在数学领域,古希腊数学家欧几里得(Euclid,公元前 330—公元前 275 年)的巨著《几何原本》集希腊数学之大成,是用公理化方法建立起来的数学演绎体系的最早的典范之作,在西方被称为"数学的圣经"。徐光启求得利玛窦的帮助,根据 16 世纪欧洲数学家克拉维斯(1537—1612)注释的拉丁文本翻译成就了《几何原本》。

(2) 物理学和机械工程学

《泰西水法》和《奇器图说》是该领域的两部代表作。《泰西水法》主要是关于兴修水利的。该书由熊三拔(Sabbathinus de Arsis,1575—1620,意大利人,1606 年来华)和徐光启合译。《奇器图说》主要讲述起重、引重、转重、取水以及用水力代人力的诸器械和其用法,由邓玉函口述、王微笔录而成。

(3) 采矿和冶金

采矿冶金的译本目前发现的只有《坤舆格致》,此书的口述者是汤若望,笔录是杨之华、黄洪宪等人。据考证,此书原本是亚格利科拉(Agricola)的《金属论》。

(4) 军事技术

明朝末年饱受倭寇和满洲贵族的欺凌,军事技术的发展得到重视。西方的先进火器技术就是在这样的背景下开始传入中国。汤若望和焦助译《火攻契要》三卷,又名《则克录》。该书分为卷上、卷中、卷下三部分,分别阐述制造火器之法、制药及试放之法和火攻秘要。

(5) 生理学和医学

汤若望撰写的《主制群症》传递了当时西方人体解剖的最新知识。该书介绍了心、肝、脾、胆的作用以及血液的生成和功能。罗雅各所编《人身图说》和邓玉函的《泰西人身说概》是两部最早向中国介绍西方人身体解剖生理学的专著。康熙年间,南怀仁与利类思(Ludovic Bugli)等编有《西方要纪》,曾述西药制法;石铎滩编有《草木补》,是西药最早传入中国的专书。

(6) 舆地学

西班牙人庞迪我(Diego de Pantojol)奉命翻译《万国全图》,开阔了中国人关于世界地理的眼界。艾儒略根据庞迪我的译稿加工整理成《职方外纪》,是中国历史上用汉文书写的第一部世界地理著作。

(7) 语言学和文学

来华传教士大都是当时西方的饱学之士,在科学上有着较高的造诣,以宣传西方的科学文明作为传教的重要手段。其中规模最大的一次是法国传教士金尼阁于1620年携入的7 000部书,这些书籍中,"除吾人图书馆所习有之人文类、哲学类、神学类、教义类及其他名著外,余所搜医学、法学、音乐类书,亦复甚多,而今日所发明之数学书,则可谓应有尽有。"(朱谦之,1985)特别地,金尼阁完成了《西儒耳目资》一书,该书用罗马字分析汉语的音素,开启汉字运用罗马字母注音的先河。

(8) 经院哲学、神学及其他宗教文献

傅泛际(F. Furtado)、李之藻合译的《名理探》和南怀仁的《穷理学》将亚里士多德的逻辑学输入中国。艾儒略(Giulio Aleni)的《天主降生言行记略》(又名《出像经解》)被译为中文,此书资料多取自《新约》,为《圣经》最早的汉文节译本。

(9) 高等教育

传教士也将西方高等教育的理念和制度传入中国,并在中国先后建立天主教辅仁大学、天津工商学院\震旦大学、复旦大学、燕京大学、齐鲁大学、东吴大学、圣约翰大学、之江大学、华西协和大学、华中大学、金陵大学、福建协和大学、华南女子文理学院、金陵女子文理学院、沪江大学、岭南大学等二十余所大学。

2) 严复的翻译

明代万历年间直至清朝"新学"时期,我国出现了以徐光启、林纾(琴南)、严复(又陵)等为代表的介绍西欧各国科学、文学、哲学的翻译家。

表4.1 严复翻译著作列表

| 翻译的著作 | 原文作者 | 发表时间 |
| --- | --- | --- |
| 《天演论》 | 赫胥黎 | 1896年—1898年 |
| 《原富》(即《国富论》) | 亚当·斯密 | 1901年 |
| 《群学肄言》 | 斯宾塞 | 1903年 |
| 《群己权界论》 | 约翰·穆勒 | 1903年 |
| 《穆勒名学》 | 约翰·穆勒 | 1903年 |
| 《社会通诠》 | 甄克斯 | 1903年 |
| 《法意》(即《论法的精神》) | 孟德斯鸠 | 1904年—1909年 |
| 《名学浅说》 | 耶方斯 | 1909年 |

(百度百科,2019-8-20)

严复(1854年1月8日—1921年10月27日),原名宗光,字又陵,后改名复,字几道,汉族,福建侯官县人,近代极具影响力的资产阶级启蒙思想家,著名的翻译家、教育家,新法家代表人物。先后毕业于福建船政学堂和英国皇家海军学院,曾担任过京师大学堂译局总办、上海复旦公学校长、安庆高等师范学堂校长、清朝学部名辞馆总编辑。在李鸿章创办的北洋水师学堂任教期间,培养了中国近代第一批海军人才,并翻译了《天演论》、创办了《国闻报》,系统地介绍西方民主和科学,宣传维新变法思想,将西方的社会学、政治学、政治经济学、哲学和自然科学介绍到中国。

严复所提出的"信、达、雅"的翻译标准,对后世的翻译工作产生了深远影响,是清末极具影响的资产阶级启蒙思想家,是中国近代史上向西方国家寻找真理的"先进的中国人"之一。

### 3) 西方汉学之兴起

汉学,英文为 sinology,著名汉学家傅海波(Erich Haenisch)认为它是希腊文词根"sin"与拉丁文词缀"ology"的组合。"sin"是秦的北京音的流变,"ology"则是学科的意思,合起来便是西方学术界对中国语言、文明、历史的研究。

古代西方囿于交通条件之简陋与物质之匮乏,还未出现专门研究中国文化历史等问题的倾向,而仅仅停留在商人们对在东方的见闻的记述与传闻,有些传闻又因为人们思考时缺乏考量,也没有接受过正规的教育,故而不很正确。这些记录不很正确、详细的游记,给了西方人最初的东方印象。

西方汉学最早体现在游记当中,古老、简陋的交通设施使西方人对中国的畅想仅仅停留在仰慕其幅员辽阔与物产的丰富。古希腊历史学之父希罗多德(Herodotus)在其书《历史》中记载了中国的大致方位,一个多世纪之后,另一位希腊历史学家包萨尼雅斯(Pausanias)称中国人为塞里斯(Seres),对他们的外貌、身形、性格作了魔幻色彩的想象。当希腊被亚历山大的铁蹄所征服,罗马人对中国的地理位置和两条丝绸之路有了更为清晰的描述,尤其是泰奥菲拉克特(Theophylacte)所著的《桃花石国记》所记载的事件与历史基本吻合,基本记载了北魏时期的部分历史,这是西方关于中国历史知识第一次正确的记载,具有不可磨灭的重要意义。西方汉学就这样慢慢褪去浪漫主义色彩,但仍然怀着一颗好奇探索之心,从现实主义角度对中国开始了摸索。

中世纪西方死寂般黑暗的教会统治在蒙古铁骑的践踏下也心生恐惧,教会不得不派出教士来与蒙古族和好,约翰·柏郎嘉宾(Jean de Plan Carpin)在其见闻的基础上撰写了欧洲第一部关于蒙古人的著作《蒙古史》,介绍当时东方的中国。他在书中对于契丹人(即金人)的记述首次向西方介绍了中国语言、中国文献以及宗教,表达了契丹人是异于蒙古族的异教徒的观点,事实上因为契丹人信萨满教,而蒙古族有一部分基督徒,激化了二者的冲突,促使金人更加迅速地走向灭亡。

东方游记中最负盛名的是《马可·波罗游记》,该书不仅对中国的城市、宗教信仰、科学技术和人文风俗做了具体而微的介绍,也对蒙元帝国的体制、生活进行了细致描述。《马可·波罗游记》给生活在压抑沉闷的中世纪的苦难大众送来了曙光,他们意识到罗马并不是世界的中心,自由欢乐与奢华享受的世俗欲望在他们的心中萌芽,文艺复兴的前夜,《马可·波罗游记》是激活大众内心的一针兴奋剂。对中国的痴迷与狂热,对学习了解中国文化的渴望和急切,《马可·波罗游记》如同一颗种子,深深地埋在了西方人的心中。一批批传教士与商人乘着和哥伦布一样的三桅帆船,涌向令人心驰神往的东方仙境。

16世纪之后,随着耶稣会等传教士和西班牙、葡萄牙商人进入中国传教与游历,西方汉学得到了长足的发展,真正立足于中国境况的汉学研究开始了。

按照张西平(2001)的研究,西方汉学经历了游记汉学、传教士汉学,最后发展为专业汉学。

## 三、中国古代典籍的海外传播及其影响
The Overseas Dissemination and Influence of Chinese Excellent Cultural Classics

### 1. 中国古代蒙学典籍的海外传播及其影响
The Overseas Dissemination and Influence of Chinese Ancient Enlightenment Classics

著名汉学家白乐桑(Jool Bellassen,1950—)认为,蒙学典籍的海外传播与海外汉语教学与西方汉学的发展具有密切的关联。

**1) 中国古代蒙学及其世界文明意义**

(1) 蒙学的界定

学界对蒙学的研究有广义、狭义之分。广义上讲,蒙学是对我国传统幼儿启蒙教育的统称;狭义上讲,专指启蒙教材,即童蒙读本;也指启蒙的学塾,即蒙馆,相当于现在的幼儿园或小学。

在世界最早的几个文明古国中,中国是唯一保存古代文明的国度,学界认为其中一个重要的原因就是历代蒙学塑造了整个民族优良的文化素质和道德修养,世世代代传承着中华文明的火种。

(2) 蒙学的发展历程及其世界意义

古代"蒙学"的形成有一个漫长的过程,其中有两个人物功不可没,一是孔子。春秋之前,贵族子弟入"公学",与平民无缘。自孔子提出"有教无类",开办"私学",打破了贵族垄断教育的局面,平民子弟得以入学;其"背诵"的教学方法后被运用到儿童启蒙教育中。二是朱熹。在总结前人教育经验和自己教育实践的基础上,基于对人的生理和心理特征的认识,把教育分成"小学"和"大学"两个既有区别又有联系的阶段。古代儿童"开蒙"一般在四岁左右,恰好是儿童学习汉字的最佳年龄段。

中国古代蒙学最惊人之处是其系列蒙学教材,常简称为蒙学"三百千千弟子规"(《三字经》《百家姓》《千字文》《千家诗》《弟子规》)等。这些蒙学典籍完全是民间在上千年漫长的蒙学教育历程中,历经朝代更迭,逐渐形成并完善的。综合各种教育内容,是古代蒙学教材一贯的编撰思路。小小的蒙学教材蕴含了十分丰富的教育信息,具备多种教育功能,如培养儿童优秀的道德品质、广博的文化知识、扎实的诗文功底。其使用时间之长、范围之广,空前绝后,在中华文明的传承传播过程中建立了重要的历史功勋。同时,大量蒙学典籍也被译介到朝鲜半岛、日本、泰国、越南、马来西亚、印度尼西亚等区域,对周边国家的语言文化产生了深远影响,推进形成了"汉字文化圈"。常用的蒙学教材见表4.2:

表 4.2 中国古代蒙学系列教材

| 《三字经》 | 《百家姓》 | 《千字文》 | 《千家诗》 |
| --- | --- | --- | --- |
| 《小儿语》 | 《弟子规》 | 《五字鉴》 | 《增广贤文》 |
| 《小学诗》 | 《龙文鞭影》 | 《蒙求》 | 《笠翁对韵》 |
| 《名贤集》 | 《幼学琼林》 | 《朱子家训》 | 《唐诗三百首》 |
| 《格言联璧》 | 《声律启蒙》 | 《二十四孝》 | 《训蒙骈句》 |

**2) 蒙学典籍的海外传播与影响**

宁博、李海军(2016)报道了《中国丛报》对中国蒙学典籍的译介。《中国丛报》(1832—1851)是清末西方传教士在中国创办发行的最重要的英文期刊之一,曾向英语读者系统译介了包括《三字经》《百家姓考略》《千字文》《孝经》和《小学》等在内的蒙学经典,为它们在英语世界的传播起了重要作用。但他们发现由于译者中国语言文化水平有限,以及受其意识形态的影响,译介中存在一些偏颇不当之处。赵长江(2014)在对19世纪中国文化典籍英译研究中发现,当时中国文化典籍英译有两条主线:新教传教士和外交官,其翻译与汉学研究并重;当时期刊上刊登的翻译以蒙学典籍和文学典籍为主,目的是想通过这两类译著介绍中国的教育和社会现状,进而为传教和汉学研究服务。他们的翻译和观点影响了英美读者对中国的看法,以及英美对华政策,在中西交往中发挥了巨大作用。

(1)《三字经》的海外传播与影响

独具特色的集中识字,富有诗教趣味的诵读韵文,以人为本的教育理念,及超越时空的传播与传承,使《三字经》堪称中国传统启蒙教育的典范教材。有资料表明,外国人十分欣赏《三字经》。鹤岛俊一郎、董明(2004)和谭建川(2010)研究了《三字经》在日本的流播与衍变,认为《三字经》作为中国传统文化的重要组成部分,是代表中日两国文化交流状况的重要典籍。《三字经》大约于14—15世纪东传日本,成为日本人的汉学启蒙读物。随着时代以及自身文化的发展,日本人在使用此书的同时,也创编了不少对《三字经》进行改编、注释以及翻译的作品。另外,日本人也模仿《三字经》,创作出不少具有日本文化特色的新作品,如《本朝三字经》。

根据记载,世界上最早的《三字经》翻译本是拉丁文。1579年,历史上第一位研究汉学的欧洲人罗明坚(Michele Ruggieri,1543—1607)到澳门学习中文,从1581年就开始着手翻译《三字经》,并将译文寄回意大利。

1727年,沙俄政府派遣一批人士到中国学习儒家文化,首先研读的就是《三字经》。其中一位学生罗索兴将它翻译为俄文,后入选培训教材,成为俄国文化界的流行读物。1779年,彼得堡帝俄科学院又公开出版了列昂节夫(1716—1786年)翻译的《三字经及名贤集合刊本》,因其内容与当时女皇叶卡捷琳娜二世推行的讲求秩序的"开明专制"等政治策略不谋而合,政府遂正式"推荐给俄国公众"并走向民间。"俄国汉学之父"比丘林(Bicurin,1777—1853年)曾在北京生活14年,深谙经史,更明晓《三字经》的文化内涵和社会影响,他在1829年推出《汉俄对照三字经》,并称《三字经》是"十二世纪的百科全书"。当时俄国教育界在讨论儿童教育问题,于是《三字经》成为"俄国人阅读中文翻译本的指南",成为当时的社会流行读物。普希金细读后,在作序时称赞此书是"三字圣经"。普希金(Pushkin)研读过"四书""五经",但对《三字经》情有独钟,如今普希金故居还珍藏着他当年读过的《三字经》。喀山大学和彼得堡大学的东方学系都以《三字经》为初级教材,而大多数入华商团和驻华使者的培训多以《三字经》为首选教材,因而,《三字经》在俄国文化历史上留下了深深的印记。

英国马礼逊(Robert Morrison,1782—1834年)翻译的第一本中国传统经典就是《三字经》。1812年,他出版《中国春秋》英文版,包括《三字经》和《大学》。修订后,1917年又在伦敦再版。翟理思斯(Herbert Allen Giles,1845—1935)《三字经》译本着眼于如何学习汉语,所以,他的《三字经》译本更像是一本汉语学习教材。美国传教士裨治文(Elijah Coleman Bridgman,1801—1861)在他主办的《中国丛报》上刊载《三字经》《千字文》等启蒙读物。在法国,犹太籍汉学家儒莲(1797年—1873年)在1827年担任法兰西研究院图书馆副馆长后翻译出《孟子》《三字经》《西厢记》《白蛇传》《老子道德经》《天工开物》等中国典籍。1989年,新加坡出版潘世兹翻译的英文本《三字经》,被推荐参加"法兰克福国际书展",并成为新加坡的教科书。1990年,《三字经》被联合国教科组织选编入《儿童道德丛书》,向世界各地儿童推介学习,成为一本世界著名的启蒙读物。

(2)《千字文》的海外传播与影响

王晓平(2006)从朝鲜半岛和日本的流传谈起,探讨《千字文》对东亚文学的影响,发现在古代朝鲜的《乌山十二祭次》的"帝释"中有这样的内容:先学习《千字》《幼学》《童蒙》《通鉴》一帙,《小学》《大学》,读破《诗传》《书传》,两班之学,乃当大科及第之学;中人之学,乃为文臣及第之学。不仅在朝鲜,《千字文》在日本也同样重要,日本平安时代以来有4种书的版本,但是这4种书的说法不一,大体是指《各字文》、写的《和汉朗咏集》算上,还有3种注的版本,指的是《千字文注》《蒙求注》和《胡曾诗注》;3种注则指《千字文注》《蒙求注》和《胡曾诗注》。日本学者东野治之曾经通过《千字文》《论语》等分析了《万叶集》歌人的教养。他指出,奈良时代《千字文》曾在官人中广泛流传,《万叶集》卷十三长歌(3288)里的"玄黄之神祇二衣吾乞"正是根据《千字文》的"天地玄黄",用"玄黄"二字表示"天地"之意的。就是卷五863的吉田宜的书状中的"年矢不停",也是由《千字文》中的"年矢每催"一句演化来的。以上两点实际上江户时代学者契冲在《万叶代匠记》里早已指出。《千字文》在朝鲜半岛与日本的流传,自然离不开汉字在这些国家和地区文化中扮演的角色。历史上,《千字文》在汉字教育和文学素养教育中的作用是有共同点的,今天在汉字教育萎缩甚至消亡的情况下,历代书法家写的《千字文》作为书法教育的材料,仍在发挥作用。张颖昌(2013)从《千字文》在民间识字与书写教育中的巨大影响出发,追溯了《千字文》在满、蒙等少数民族以及隋代以来在韩国、日本和近代欧洲的传播,强调中国书法在世界的影响。王兴国(2015)则从儒学的海外传播历史入手,发现早在汉武帝时期儒学著作如"五经"、《论语》《千字文》以及《孝经》等内容就传播到了朝鲜,之后传入韩国、日本、越南等亚洲各国。大约到了11至13世纪,儒学开始传播到欧洲。刘海燕(2016)研究了《千字文》在日本汉语教学历史上的教材价值。在日本,从早期的皇室汉语学习一直到江户时代寺子屋的教学,《千字文》都是四书五经等儒学、汉学教育的缩略版本,是汉字和汉语教学实用版本。所以,刘海燕(2016)在论文中强调《千字文》不仅对于历史上的汉语传播发挥了重大作用,而且对当今汉语教学工作也有重大借鉴意义。张新朋(2015)对《千字文》与《开蒙要训》作为东亚蒙学读物进行比较研究,认为汉字启蒙教育是"汉字文化圈"存在的先决条件。《急就篇》《千字文》《开蒙要训》《太公家教》《兔园策府》《三字经》等我国传统启蒙读物走出国门,成了古代朝鲜、日本、越南等国童蒙的案头书,并进一步演变、生发,形成了"童蒙读物子文化圈"。然而它们最终的命运却不相同:在中土流传的有之;在域外流传的有之;中土、域外同时流传的有之;中土、域外均不流传的亦有之,其根本原因在于蒙学读本的内容和形式是否达到完美的融合。

## 2. 中国古代文学典籍的海外传播及其影响

The Overseas Dissemination and Influence of Ancient Chinese Literature

在中华文明的历史长河中,文学对赓续文化、传承文明起到了重大作用,也是中外文化交流的重要载体。本部分从历时的角度梳理中华优秀文学典籍的海外传播与影响。鉴于篇幅有限,每一个时期只选择一些典型案例,由近及远,汇集学界对中国典籍在汉字文化圈以及西方社会的传播和影响的相关研究发现。

**1)先秦文学典籍——《诗经》的海外传播与影响**

《诗经》作为我国古代最早的一部诗歌总集,不仅对中国文学和汉语语言的发展产生了深远的影响,而且随着中外文化交流的加深,在全球也得到广泛传播。

据《汉书》记载,西汉时西域各国贵族子弟多来长安学习汉文化。1959—1979年在新疆吐鲁番连续发掘出土的文书中有《毛诗郑笺·小雅》残卷,经考证是5世纪的遗物。《新唐书》《旧唐书》中也记载,通过丝绸之路当时的中原王朝与西亚、罗马进行经济文化交流,波斯人多有通汉学者。唐建中二年(781)所立大秦景教流行中国碑,其撰写者景净是叙利亚人,碑文中引用《诗经》多达二三十处,证明《诗经》从丝绸之路外传的历史十分悠久。

中国与印度支那半岛和印巴次大陆的交流也始于汉代。汉武帝曾征服南越,分置九郡,推行汉朝的教化,作为五经之首的《诗经》必然受到传播。在古代漫长的交往中,这些地区都有通晓汉学的人士。据越南史书记载:李朝十世以《诗经》为科试内容,黎朝十二世科试以《小雅·青蝇》句为题,士人无不熟诵《诗经》。从12世纪开始古越南文学中出现多种译本,越南诗文、文学故事中也广泛引用《诗经》诗句和典故。包括《诗经》在内的大量古代汉文化典籍影响了越南文学的发展,某些成语仍保存在现代越南语言中。

魏晋南北朝时期,中国五经传入朝鲜。当时朝鲜半岛百济、新罗、高丽三国分立,据《南史》记载,南朝梁大同七年(541年),百济王朝遣使请求梁朝派遣讲授《毛诗》的博士,梁武帝派学者陆诩前往。新罗王朝于765年规定《毛诗》为官吏必读书之一。高丽王朝于958年实行科举制,定《诗经》为士人考试科目。讲学《诗经》在朝鲜形成几个世纪的风气。到16世纪,朝鲜大学者许穆精研中国经学,编纂《诗说》,全面贯彻孔子的诗教思想。18世纪初编纂出版的朝鲜第一部时调集《青丘永言》,开拓了朝鲜近代诗歌创作的宽广道路,其序文直言,它的编纂是借鉴孔子编订《诗经》的思想和经验。据统计,韩国67所大学中文系讲授《诗经》,其中34所专门开设了《诗经研究》必修或选修课程。

唐代日本遣唐使来长安留学,以后也不断有中国学者去日本讲学,从而促进了日本文化的发展。《诗经》第一个日译本出现于9世纪,以后选译、全译和评介未曾中断,译注、讲解、汉文名著翻刻成为几个世纪的学术风气,使《诗经》在日本广泛流传。日本诗歌的发展与《诗经》有密切联系,和歌的诗体、内容和风格都深受《诗经》影响,作家纪贯之(?—946)的《古今和歌集》的序言几乎是《毛诗大序》的翻版,加田诚的译本被评价为信、达、雅兼备的译本,受到研究者和文学爱好者的欢迎。日本当代学者于20世纪70年代成立日本诗经学会,并出版会刊《诗经研究》,继续延续着日本对《诗经》的热爱。

《诗经》在欧洲的传播开始于16世纪。明清之际,西方传教士陆续来华。他们为了便于在中国传播基督教,穿汉服、习汉语,效法中国人的生活习俗,接触并学习儒学经典。为了使西方人更好地了解中国,并在中国经典中找寻"上帝"的痕迹,以此来证明西方基督教的正确性,传教士们开始大量翻译儒家经典,其中就包括《诗经》。1626年金尼阁(Nicol Trigult,1577—1629)首次将《诗经》译成拉丁文后,陆续出现了多种语言译本,并且引起了海内外研究者的重视。柏应理(Philippus Couplet,1624—1692)所编《西文四书解》(即《中国哲学家孔子》,巴黎,1687)中有《诗经》简介;该书在汉学发展史上地位重要,被认为是欧洲文学艺术领域"中华风"的开端,《诗经》在西方汉学中的重要地位可见一斑。

19世纪初叶起,以法国为中心,汉学在欧洲升温,《诗经》译介也呈现出繁荣景:欧洲的主要语种都有了全译本,而且趋向雅致和精确。法国著名的社会学家、汉学家葛兰言(M. Granet,1884—1940)代表作《中国古代的节庆与歌谣》对《诗经》中所反映的中国古代民间社会生活和宗教祭祀仪式之间的特殊规律进行了深入研究。关于《诗经》的散译和韵译,曾形成"韵律派"和"散译派"之争。英国著名汉学家阿瑟·韦利(A. Waley,1889—1966)的译本可谓西译追求"雅"的典型,他把原著译为优美的抒情诗。为了体现《诗经》的思想性和艺术性,韦利打破原作的体制和次序,重新按内容分类,并在附录中将《诗经》作为中国诗歌的代表与欧洲诗歌做了比较研究。瑞典最具影响力的汉学家高本汉(K. Karlgren,1889—1978)凭借其在汉语音韵学、方言学、词典学、文献学、考古学、文学、艺术等多方面的突出造诣,对《诗经》进行了详细诠释,并撰写了专著《诗经研究》,在西方产生重要影响。随着翻译与研究的不断深化,在西方,《诗经学》已然成为了一门独立的学科。

20世纪50年代之后,由于世界格局的变化,汉学中心从法国转移到美国,美国凭借其在经济、人才、资料等方面的实力,在《诗经》研究中取得了巨大的成就。美国国会图书馆可以说是除中国本土以外收藏中文文献最为丰富、最为齐全的图书馆,其中《诗经》的历代注释、翻译以及相关研究资料应有尽有。《诗经》重要译本有美国新诗运动领袖、意象派大师埃兹拉·庞德(E·Pound,1885—1972)的选译本《孔子颂诗集典》(1954年)、海陶玮(J. Hightower)的全译本和麦克诺顿(W. McNaughton)的全译本。包括耶鲁、哈佛在内的美国诸多名校都设置了中国语言文学系或中文课程,很多汉学家或华裔学者对包括《诗经》在内的中国古代典籍进行了专业化、理论化的研究,当代著名汉学家、哈佛大学教授宇文所安(S. Owen)所著的《〈诗经〉的繁殖与再生》是其中的代表作。

沙俄时期已有15种《诗经》译本(选译和全译),20世纪50年代以后,由于中苏(俄)两国关系的密切推进和文化交流的日益频繁,中俄文学典籍的互译出现高潮,从事《诗经》译介的多为中国古代文学专家和科学院院士,以瓦西里、什图金和费德林影响最大。

当前,《诗经》正以几十种译文在世界各地传播,在很多国家的《世界文学史》教科书中都有评介《诗经》的章节,诗经学是世界汉学的热点。

**2)秦汉文学典籍——《史记》的海外传播与影响**

《史记》作为中国历史上第一部纪传体通史,是中国历史上颇具影响力的史学巨著,在中国文学史上也有重要地位,被鲁迅誉为"史家之绝唱,无韵之《离骚》",具有很高的文学价值。《史记》在海外研究成果之丰富,对于汉语学习者了解中国历史文化帮助之大,在众多文化典籍中十分突出。

《史记》最早于三国时期经由高句丽传入朝鲜半岛,在新罗时代尤其受重视,到了朝鲜世宗年间(1425年),出现了铸字刊印的《史记》,并赐予大臣。此后《史记》的刊印和研究广泛展开,到18世纪末19世纪初发行《英选史记》,在朝鲜半岛的普及更加广泛。韩国历史学者李成珪(1987)对朝鲜时期士大夫理解《史记》的情况做过整理,通过对16世纪末以后朝鲜士大夫留下的大约1 200种文集进行研究,最终确认105种文集中包含有关于《史记》的论述,共500篇。由此可见,朝鲜半岛对《史记》的研究历史悠久且内容丰富。韩国的许多学者对《史记》在当代韩国的传播和影响情况也做了详细考察。诸海星(2011)总结了1971—2010年韩国学者研究《史记》的情况,对《史记》在韩国的翻译和研究情况做了详尽的阐述,指出韩文《史记》的大量翻译和介绍,不仅为韩国人民全面了解和认识司马迁及其不朽巨著《史记》提供了极为有利的条件,而且通过《史记》的传播为韩国人民更进一步地了解和认识中国古代历史文化的发展历程做出了巨大的贡献。

明清之际是《史记》东传日本的黄金时代。《史记》传入日本后,对日本的政治、文化等产生了重要影响。据《正斋书籍考》《三代实录》《日本纪略》以及《扶桑略记》等日本史书记载,上至天皇,下至幼童,包括僧徒,都阅读《史记》,诸王诸臣也讲《史记》,甚至学生入学还要测试《史记》,这种情况在全世界都是罕见的。

《史记》在欧洲的传播时间稍晚。柳若梅(2014)详细论述了《史记》在俄罗斯(苏联)的大量翻译成果。据资料记载,《史记》在18世纪传到俄国,俄罗斯汉学家19世纪起就节译过《史记》。十月革命后的《史记》译作据不完全统计有71种。苏联时期曾出版过帕纳秀克翻译的《司马迁〈史记〉选译》和越特金与塔斯金合译的《史记》两卷本。1955年12月22日,苏联学术界在莫斯科举行盛大晚会,纪念伟大的史学家和文学家司马迁诞生2 100周年。苏联科学院通讯院士古别尔在开幕词中称赞司马迁是"中国的第一个历史学家、最伟大的文学艺术家和古代中国的一位"中国的第一个历史学家、最伟大的文学艺术家",1955年12月27日《光明日报》发表了苏联学者雅·沃斯科波依尼科夫的相关报道。2010年俄罗斯推出了世界上唯一一种欧洲语言的《史记》全文注译本。《史记》在苏联(俄罗斯)被收藏、翻译的过程,也折射出中国文化在苏联(俄罗斯)传播的历史进程。

《史记》在欧美其他各国也有程度不同的传播。19世纪中期,奥地利汉学家先驱菲茨迈耶(A. Pfizmaier 1808—1887)把《史记》24卷翻译成德文,这是最早的德文译介。此后,德国慕尼黑大学海尼诗(E. Haenisch,1880—1966)、汉学家弗雷兹·杰格(F. Jaeger,1866—1957)等人对《史记》都曾进行部分翻译。在法国,汉学家沙畹(E. Chavanne,1865—1918)曾翻译《史记》。这是西方国家第一部《史记》译本,共5本,在法国是具有一定影响的《史记》读本。沙畹去世后,他的学生康德谟(M. kaltenmar,1910—2002)在1969年把沙畹留下的三卷世家和他自己翻译的两卷编成第六本。美国自19世纪40年代开始关注《史记》,美国传教士裨治文(E. Bridgman,1801—1861)创办的《中国丛报》开始发表介绍司马迁的文章。20世纪50年代以来,《史记》在美国有两次重要的译介,即华兹生(B. Watson,1925—)和倪豪士(W. Nienhuaser,1943—)译本。华兹生用40多年心血,将《史记》130卷中的80卷翻译成了英文,并撰写了《伟大的史学家——司马迁》,于1974由哥伦比亚大学出版社出版。华兹生是极受欢迎的亚洲语文翻译名家,他的文字平易而优雅。倪豪士计划翻译整部《史记》,拟出版9卷。在英国,也有学者翻译《史记》,较有代表性的是1994年雷蒙·道森(R. Dawson)翻译的《司马迁史记》,被作为"世界经典系列丛书"之一由牛津大学出版社出版。

值得注意的是,1956年司马迁被联合国教科文组织列为"世界文化名人",研究司马迁及《史记》的人也更多了(不通)。1979年,我国外文出版社出版英文版《史记选》,也为外国学者阅读《史记》提供了方便。

### 3）唐宋文学典籍——唐诗宋词的海外传播与影响

唐诗宋词代表着中国古典文学的高峰,成为中华民族优秀文化的重要代表。在上千年的传承历史中,唐诗宋词对汉字文化圈产生了不可估量的重要作用,而且给西方文学带来了新的革命。

邻近的地缘关系使汉诗在日本起源较早,《日本书纪》显宗天皇元年(485)三月条记录了天皇幸后苑开曲水诗宴的事件,这是日本天皇附庸王羲之等东晋名士开曲水宴赋诗吟咏的风雅韵事。唐诗宋词在朝鲜半岛的传播同样历史悠久。姚喜明(2018)在中国先秦史学会国学双语研究会第二届年会上做了题为《朝鲜半岛的汉诗传统》的主旨报告,指出高丽时期,由于效仿唐朝,实行以考试汉文经典为内容的科举制度,律诗和绝句更加盛行;高丽末期,欧阳修、苏轼之诗文得到处处传诵,给高丽的汉诗、汉文创作带来了新的刺激与影响。朝鲜半岛汉诗名家辈出,如崔志远、李齐贤、李奎报、李仁老、郑梦周等等。所以,朝鲜半岛的汉语诗歌是朝鲜半岛文学的重要组成之一,中国古诗在诗歌内容、创作风格乃至形式体裁上,都对朝鲜半岛汉诗产生了极其深远的影响。

唐诗向英语世界的传播是中西文化交流史上的盛事。19世纪中期到20世纪初,一批来华的英国传教士和外交官员首开此风,其中戴维斯(J. Davis)、庄延龄(E. Parke)、翟尔斯(H. Giles)等都是颇值得重视的唐诗译介先行者。至1910年代晚期,西方知识界对中国的兴趣与日俱增,出现了一些在欧美产生广泛影响的英译汉诗集。如英国著名汉学家阿瑟·韦利(A. Waley,1889—1966)于1918—1919连续出版的《一百七十首中国古诗选译》《中国古诗选译续集》。值得一提还有美国诗人和文学评论家、意象派诗歌运动的重要代表人物埃兹拉·庞德(Ezra Pound,1885—1972)。1915年,庞德发表了其根据东方学者芬诺洛萨(Fenollosa)的遗稿而译成的中国古诗英译本《中国》(Cathay)及两个日本戏剧集。后来,他从中国古典诗歌、日本俳句中生发出"诗歌意象"的理论,创立了欧美现代主义文学的"意象派"。他的意象派名作 In a Station of the Metro(The apparition of these faces in the crowd;Petals on a wet,black bough.)(《在地铁站内》:几张脸在人群中幻景般闪现;湿漉漉的黑树枝上花瓣点点。)成为现代主义文学的经典。

俄苏学界对唐诗宋词同样表现出足够的热情。单就翻译而言,20世纪50年代出版的四卷本《中国诗歌集》第二卷(1957年)和《中国古典诗歌集(唐代)》(1956年)均为唐诗专集,收入了李白、杜甫、白居易、元稹、王维、孟浩然和韩愈等众多诗人的作品;宋词同样得到大量译介,如《宋代诗歌》《辛弃疾诗词集》(巴斯玛诺夫译,1959年)《苏东坡诗词集》(戈鲁别夫译,1975年)和《梅花开(中国历代词选)》(多人合译,1979年)等。

### 4）元代文学典籍——杂剧《赵氏孤儿》的海外传播与影响

王国维在《宋元戏剧史》中,把《赵氏孤儿》与《窦娥冤》并列,称之为:"即列之于世界大悲剧中,亦无愧色也。"元代戏曲家纪君祥的《赵氏孤儿》是我国第一部传入西方的杂剧,在中外戏剧和文化交流中产生了重要作用。意大利、法国、德国的剧作家都有根据该剧改编的剧作上演。

《赵氏孤儿》的最早译者是法国来华传教士马若瑟(Joseph de Prémare,1666—1736)。1698年来华后,他在中国语言文学、哲学等方面付出了30多年的心血,直到去世。他在汉学方面造诣极深,他的拉丁文手稿《汉语札记》(Notitia Linguae Sinicae)堪称传世力作。他于1731年在广州完成了《赵氏孤儿》的翻译,译作名为《赵氏孤儿:中国悲剧》,并在前言中阐明自己的动机:希望欧洲人通过这部真正的中国悲剧,能够观察到中国文明的程度和道德观念。1735年,巴黎耶稣会的教士杜赫德(Du Halde,1674—1743)主编的《中华帝国全志》出版,全文收录了马若瑟的译本。这是中国戏剧首次译为外国文字并公开发表。第二年,该剧就被转译为多种语言,包括英、德、俄、意等。

18世纪法国资产阶级启蒙运动的泰斗,被誉为"法兰西思想之王""法兰西最优秀的诗人""欧洲的良心"的伏尔泰(Voltaire,1753—1755),正是受马约瑟《赵氏孤儿》译剧影响,于1753年至1755年将《赵氏孤儿》改编为《中国孤儿》,1755年8月20日开始在巴黎各剧院上演,盛况空前。评论家称,伏尔泰是靠《赵氏孤儿》推动法国的启蒙运动,这一点可以从伏尔泰在剧本题目下加的副标题——"根据孔子教导改编成的五幕剧"得到验证。伏尔泰崇尚以儒家思想为代表的中国传统文化,对儒家文化中"君为轻、民为重"的民本主义思想十分推崇;对孔子顶礼膜拜,据传,他把孔子画像挂在礼拜堂里,朝夕礼拜。伏尔泰希望通过改编《中国孤儿》匡正法国江河日下的道德风尚,推进启蒙运动的开展。在德国,《赵氏孤儿》引起大诗人兼剧作家歌德(Johann Wolfgang von Goethe,1749—1832)的浓厚兴趣。歌德对中国文化与小说诗文、戏曲文学很感兴趣,《好逑传》和《赵氏孤儿》尤为他案头常读的佳作。受《赵氏孤儿》的启发,歌德改编创作出中西合璧的大悲剧《埃尔彭诺》。此外,意大利著名诗人梅达斯塔苏(1729—1782)于1748年根据《赵氏孤儿》剧内容创作了一部歌剧,取名为《中国英雄》。4年后,该剧在奥地利维也纳皇宫上演,同样取得了巨大成功。时光进入21世纪,《赵氏孤儿》又成为美国百老汇的经典剧目。

**5) 明代文学典籍——《牡丹亭》在西方的传播与影响**

《牡丹亭》是明代剧作家汤显祖创作的传奇剧本,因高度的思想性和艺术性,使其成为中国戏剧文学发展史上的一个重要里程碑。明代戏曲理论批评家沈德符《顾曲杂言》评价:"《牡丹亭梦》一出,家传户诵,几令《西厢》减价。"自问世以来,《牡丹亭》被昆曲、京剧、黄梅戏、越剧、川剧等很多剧种搬上舞台;并在世界范围内不断产生重要影响。当代著名戏曲理论家郭汉成(1984)在《汤显祖研究论文集》序言中提出:"外国有莎士比亚学,中国已经有《红楼梦》学(即红学),也不妨有研究汤显祖的'汤学'。"2008年,美国文艺评论家丹尼尔·布尔特(Daniel S. Burst)编著的《100部剧本:世界最著名剧本排行榜》在纽约档案出版公司出版,《牡丹亭》名列第32位,是唯一入选的中国剧本。

西方关注《牡丹亭》始于1929年德国学者徐道灵(HSU DauLing)在《中国学》第四卷《中国爱情故事》一文中对《牡丹亭》的摘译和介绍。在英语世界里,《牡丹亭》的第一个译本是哈罗德·阿克顿(H. Acton)节译的《牡丹亭·春香闹学》,于1939年载于民国著名的中国文化推介杂志《天下月刊》。"二战"结束后,英国重新思考其与亚洲各国的关系,加大对汉学研究的支持力度。华裔汉学家张心沧在《中国文学:通俗小说与戏剧》中收录了《牡丹亭》的《闺塾》《劝农》《肃苑》《惊梦》四出戏,这是英国第一次将《牡丹亭》的文学文本收入文学选集中。

从20世纪50年代开始,汉学研究的中心逐渐从欧洲转向美国。基于杨宪益、戴乃迭夫妇的译本,华裔学者崔楚、翟文伯父子于1965年推出《中国文学瑰宝:散文新集》,其中收录了《标目》《惊梦》,将其擅长的歌剧和话剧元素与昆曲结合起来。1980年,在美国加州大学伯克利分校任教的英国汉学家白之(Cyril Birch)教授将汤显祖的《牡丹亭》全部翻译为英文。美国女权运动也在一定程度上推动了《牡丹亭》的传播,因为女权精神和《牡丹亭》中女性勇敢追求爱情的精神正相吻合。1996年,宇文所安将《牡丹亭》选译编入《诺顿中国文学选集》出版,之后长期被英语世界作为大学教材,得到广泛传播。

作为中国戏剧经典,《牡丹亭》也被艺术家改编并进入西方剧院。美国导演彼得·塞勒斯依据《牡丹亭》英文全译本,由谭盾作曲,华文漪、黄鹰等主演,执导了具有西方特色的歌剧版《牡丹亭》,全剧长达三个小时,于1998年5月在维也纳首演,而后又在巴黎、罗马、伦敦等地巡演,1999年在美国演出,反响强烈。

**6) 中国古代四大名著的海外传播与影响**

中国古典长篇小说四大名著,简称四大名著,是指《水浒传》《三国演义》《西游记》《红楼梦》这四部巨著,创作年代跨越明清,其中的语言、故事、人物、情节深刻地影响了中国人的日常生活、学习教育、思想观念和价值取向,可谓中国文学史上的四座伟大丰碑;特别是改革开放以来,随着现代影视技术的快速发展,根据四大名著改编的电视连续剧先后华丽问世,进入到千家万户,并进一步辐射周边,推动了"中国热"和"汉语热"。四大名著也是宝贵的世界文化遗产,在世界各国民众学习汉语、了解中国文化的过程中具有不可替代的重要作用。

(1)《水浒传》的海外传播与影响

《水浒传》是元末明初施耐庵创作的中国历史上第一部用古白话文写成的歌颂农民起义的长篇章回体小说,也是中国大众喜爱的古典长篇白话小说之一。全书以宋江领导的农民起义为主要题材,揭露了当时尖锐的社会矛盾,塑造了梁山好汉不畏强暴、英勇斗争的群体形象。其特殊的叙事方式、丰富生动的民间语言为后世小说创作和人物形象塑造树立了典范,很多故事在中国乃至周边国家如朝鲜半岛、越南、日本家喻户晓,甚至对东亚各国的小说艺术也产生了极深远的影响。

《水浒传》的日文译本最早在18世纪就已出现,之后《水浒传》译本众多,很多画家还给《水浒传》画了生动的插画。学界认为,朝鲜最早的小说之一、蛟山许筠(Heo Gyun,1569—1618)创作的《洪吉童传》和日本江户时代最出名的畅销小说家曲亭马琴(1767—1848)的著名史诗小说《南总里见八犬传》均是受《水浒传》影响而创作的。

《水浒传》于19世纪初开始传入欧美,以不同的有趣的书名出现在大众的视野,其最早的德文译名是《强盗与士兵》,法文译名是《中国的勇士们》,英文译本有多种,最早的70回译本定名为 Water Margin(《水边》)。美国女作家、诺贝尔文学奖获得者赛珍珠(Pearl S. Buck,1892—1973)1933年将它翻译成英文时,将书名定为 All Men Are Brothers(即《四海之内皆兄弟》)。1970年代末,中国籍美国翻译家沙博理(Sidney Shapiro,1915—2014)的百回本译本书名为 Outlaws of the Marsh(《水泊好汉》),有一个法语译本竟把书名戏称为《105个男人和3个女人在山上的故事》。

此外,四大名著还在欧洲多国产生了很多短小精悍、生动有趣的节译:如意大利学者把《水浒传》中花和尚鲁智深的故事译成《佛牙记》,德国人又把《佛牙记》译成《鲁达上山始末记》;德国有人还翻译了《水浒传》中的一些人物故事,如杨雄和潘巧云的故事,译名为《圣洁的寺院》;再如武大郎与潘金莲的故事被译成了《卖炊饼武大的不忠实妇人的故事》;晁盖、吴用等人智取生辰纲的故事译名有两个,即《黄泥冈的袭击》和《强盗们设置的圈套》。英译本中林冲的故事译名是《一个英雄的故事》。从这些故事译名中可以窥见西方人对《水浒传》小说题材十分亲民的接受态度。

(2)《三国演义》的海外传播与影响

《三国演义》是元末明初小说家罗贯中创作的长篇章回体历史演义小说,反映了汉朝末年各类社会斗争与矛盾的转化和历史巨变,塑造了一群叱咤风云的三国英雄人物,并以人物为载体形象地演绎了中国传统文化的基本精神,即仁、义、礼、智、信、勇等中国传统文化核心价值。《三国演义》名播四海,渐次在汉字文化圈和欧美文化圈等广泛传播,影响深远。

16世纪中叶,朝鲜宣祖年间,《李朝宣祖实录》第三卷记载:"奇大升进启曰:顷日张弼武引见时,传教内张飞一声走万军之语,未见正史,闻在《三国志衍义》云。此书出来未久,小臣未见之,而或因朋辈间闻之,则甚多妄诞。如天文地理之书,则或有前隐而后著,(如)《史记》,则初失其传后难臆度,而敷衍增益极其怪诞。臣后见其册,定是无赖者裒集杂言,如成古谈。非但杂驳无益,甚害义理。自上偶尔一见,甚为未安。就其中而言之,如董承衣带中诏及赤壁之战胜处,各以怪诞之事,衍成无稽之言。"(转引自赵维国,2011)由此可知,至少在宣祖年间,《三国演义》就已经传到了朝鲜半岛。《三国演义》在韩国无论从现存的版本数量、出版情况、翻译、改作和重新创作,还是古典文献的记录等方面,都是其他外来古典名著所不能相比的,很多韩国人甚至将三国故事当成自己民族的故事世代传播。

在日本,《三国演义》几乎也是无人不晓。有关三国最早的书籍要数那本以孔明为主人公的《太平记》,其作者和创作时期不详,有待考证。《三国演义》小说正本传入日本是在1689年,由日本学者湖南文山翻译了日文版的《通俗三国演义》,这是现存最早的《三国演义》外文译本。当前《三国演义》在日本的传播已大大突破了传统的文本传播范畴,除文本形式的阅读传播以外,戏剧传播、说唱传播、影视传播、网络传播等传播模式不断创新,有关三国的绘本、连环画、插图本、教科书、漫画、戏曲、歌曲、电影、电视剧、动画片、网游、网站以及邮票、绘画、明信片、玩具等实物传播形式精彩纷呈,蔚为大观。

在泰国，《三国演义》是最受泰国民众欢迎的中国小说之一。《三国演义》在泰国的传播最早是通过明朝早期华人移民以口口相传的形式传入的，直到 1802 年，泰文版的《三国演义》在曼谷王朝一世王的授意下才得以出版。这一事件标志着《三国演义》的传播开始从口口相传的传播方式扩展为文本传播。经过两百多年的传播，《三国演义》以各种再版或改编得到不断传播。当下，泰国教育部还把《草船借箭》《赵子龙单骑救主》《关云长过五关斩六将》等三国故事写进了中小学教材。1994 年版与 2010 年版的《三国演义》电视剧一传入泰国，立刻掀起了收视热潮。

在马来西亚，据史料记载，1840—1843 年源自福建泉州的高甲戏三合兴班到过现在的马来西亚、新加坡一带，并在当地演出了《三国演义》的知名曲目之《三气周瑜》。19 世纪 70 年代以后，英国殖民者大量引进来自中国华南地区（广东、福建等地）的劳工，以发展马来半岛的经济。《三国演义》就是在这个时期由这些下南洋的劳工传入马来亚的。此时的传播途径主要是口口相传与戏曲表演传播。直到 1892—1896 年，由马来语杰出翻译家 Chan Kim Boon 翻译的《三国》(Sam Kok) 是最早出现的《三国演义》刊刻书籍。他采用节译和意译的方式对罗贯中的《三国演义》小说进行翻译，并在译文中加入了很多生动的插图。此外，为了更好地吸引读者，他还在每卷译文的开头部分都附上一段英文诗。

在欧美，《三国演义》的最早译介者应该是来华传教士马礼逊。根据王燕（2011：206）的研究，在马礼逊相关的著作当中，至少有三次说到了《三国演义》这部小说。第一次记载于 1815 年出版的《华英字典》第一部；第二次记载于 1817 年出版的《中国一览》一书，"《三国志》是有关三国时期的事件的一部历史小说，因其文体和写作才华而备受推崇。"第三次记载于由英国传教士米怜（Willam Milne，1782—1822）撰写的《新教在华传教前十年回顾》一书之中，于 1820 年出版。此后《中国丛报》开始登载相关文章，《三国演义》逐渐在英语国家传播开来。近年来，《三国演义》也以戏曲、电影、网游等传播形式走进了欧美各国，反响热烈。2012 年，由国家大剧院打造的京剧《赤壁》在维也纳、布达佩斯和布拉格等文化重镇巡演大获成功，甚至引发了欧洲的"京剧热"。吴宇森导演的电影《赤壁》得到了欧美各国观众的认同与接受，三国网络游戏更是风靡于欧美年轻人之中。

（3）《西游记》的海外传播与影响

《西游记》是明代小说家吴承恩（约 1500—1583）所作。《美国大百科全书》认为它是"一部具有丰富内容和光辉思想的神话小说"。《法国大百科全书》评价它"全书故事的描写充满幽默和风趣，给读者以浓厚的兴味。"从 19 世纪开始，它被翻译为英、法、德、意、西、世（世界语）、斯（斯瓦希里语）、俄、捷、罗、日、朝、越等多种文字流行于世，在海外广为传播。

在大部分国家，《西游记》都经历了从片段节译、改译到全译的数个阶段。早在江户时代的日本，小说家西田维则就将《西游记》的前 26 回译成日文，这被普遍认定为《西游记》最早的外文译本。在此之后，西田维则继续致力于《通俗西游记》的翻译，该项工作历经前后三代人 74 年的努力，最终于天保二年间完成了全书的日译。2005 年，日本岩波书店出版了由北海道大学学者中野美代子翻译的十卷本《西游记》,该译本以明代《李卓吾批评本》为底本,将原著章回悉数译出,为日本文学界再添一部高质量的《西游记》全译本。在英语国家,《西游记》译本同样种类众多,其中阿瑟·韦利(Arthur Waley)的节译本 Monkey 尤具代表性,该译本与华裔学者余国藩的全译本 The Journey to the West 被公认为英语世界中翻译质量最高、接受度最广的两个译本,为《西游记》在英语世界的传播起到了重要的推动作用。早在1914年,德国汉学家卫礼贤(Richard Wilhelm)就在其编译的德文本《中国通俗小说》(Chinesische Volksmärchen)中收录了《杨二郎》(Yang Oerlang)、《哪吒》(Notscha)、《江流和尚》(Der Mönch am Yangtsekiang)和《心猿孙悟空》(Der Affe Sun Wu Kung)四篇译文,这是德语世界最早的《西游记》片段翻译。卫礼贤的节译本虽篇幅有限,但却尽可能忠实地传达了原著的主旨,并在译注中对主要人物的历史和宗教背景进行了细致的考究。时光荏苒,2017年4月,当代瑞士汉学家林小发凭借其翻译的《西游记》首个德文全译本,获得第十三届莱比锡书展奖翻译类大奖。

(4)《红楼梦》的海外传播与影响

《红楼梦》是举世公认的中国古典小说巅峰之作,20世纪以来,海内外学术界因其异常出色的艺术成就和丰富深刻的思想底蕴而产生了以《红楼梦》为研究对象的专门学问——红学。

从1715年开始的近200年时间里,俄国共向中国派遣了20届东正教传教使团,成为兼具宗教、商务、外交、文化等多重职能的机构,对于促进中俄人文交流发挥了重要作用。根据刘亚宁(2006)对于俄罗斯著名汉学家李福清(Boris Riftin,1932—2012)的访谈,1832年,俄国驻北京宗教使团学员帕维尔·库尔良德采夫将一部《石头记》手抄本带回俄国,现藏于俄罗斯科学院东方学研究所圣彼得堡分所,共35册。1843年,另一位使团成员柯万科翻译了《红楼梦》第一回的前半回,并用"德明"笔名刊载于《祖国纪事》,可谓世界上最早的《红楼梦》节译。据统计,俄国藏有旧版本《红楼梦》约60种。

在日本,乾隆五十八年(1793),《红楼梦》从浙江的乍浦港漂洋过海,流传到日本的长崎,同一艘船上载有67种中国图书,其中有《红楼梦》9部18套。曲亭马琴的代表作《南总里见八犬传》中,八犬士每人出生时身上都有一颗灵珠的构思,学者们推断很可能是从《红楼梦》中宝玉含玉降生得到的启示。1892年,日本明治时期著名汉学家及汉诗词作家森槐南(1862—1911)翻译了《红楼梦》第一回楔子,发表在《城南评论》第2号上。以此为肇始,各种形式的日译本层出不穷,这也使得更广泛的日本民众能够走近这部来自中国的名著。直至20世纪30年代,许多日本人到中国留学时,都还在用《红楼梦》学习标准的北京话。昭和时期的日本"红迷"也不少,对《红楼梦》研究起到极大推进作用的人物有两个,一是日本著名的红学家松枝茂夫,在1946—1951年间,翻译出版120回本《红楼梦》,成为《红楼梦》的第一个日文全译本;另一位便是红学家伊藤漱平,在1957年至1960年间,也对《红楼梦》进行了全译。伊藤教授在日本汉学界和红学领域投入大量精力和时间,一生几乎从未间断过对《红楼梦》的研究和翻译工作。总之,"日本红学"一直在国外红学中占有领先地位。

韩文《红楼梦》全译本翻译时间大约是在朝鲜高宗二十一年(清光绪十年),是一部中韩对译注音的《红楼梦》抄本,成为朝廷文官受命为王妃或宫女提供的消遣读物,生动反映了当时中韩文化交流的情景。由于深受《红楼梦》的影响,朝鲜半岛的文人们还创作了风格类似的作品,如《玉楼梦》《九云记》等。

从19世纪30年代开始,《红楼梦》在英、法、德、意等欧洲国家流传开来。《红楼梦》先后被译成几十种文字,拥有千万海外受众,成为在世界范围内受众最为广泛的中国古典小说。

在德国电视一台2013年2月24日发布的名为"永久排行榜"的榜单上,《红楼梦》荣登第4名。这个排行榜上既有德国文学,也包括外国文学,这足以证明《红楼梦》在德国的巨大魅力。每年在媒体和因特网上都会有专门的篇幅来介绍《红楼梦》。2015年,为纪念曹雪芹300周年诞辰,德国多特蒙德上演了《红楼梦》芭蕾舞剧,欧洲各地也举办了很多相应的纪念活动。

在法国,1981年11月,《红楼梦》法文版由伽里玛出版社列入法国最负盛名的文学丛书中出版,社会上顿时掀起一股"红楼热"。尽管这套3 400页、分上下两卷的法文《红楼梦》定价十分昂贵,但已经再版4次。2014年3月,习近平主席访问法国期间,特意看望了《红楼梦》法文版翻译者李治华。李治华和夫人雅歌历时27年翻译了120回《红楼梦》法文本,是向法国介绍《红楼梦》的第一人。

在英美,美国哥伦比亚大学的中文教授王际真英文节译本译文流畅、准确,导言部分被誉为英文翻译本之冠,受到西方读者的好评。英国牛津大学教授霍克思及其女婿闵福德完成的英文全译本(1973—1986年出版)灵活自然,充分考虑到文化差异,比如将"巧媳妇做不出没米的粥"译为"没有面粉做不了面包"等,深受英语读者的欢迎,有专家把霍译《红楼梦》译本与李约瑟的《中国科技史》相提并论,认为二者是中英文化交流史上的大事。2014年5月,英国《每日电讯报》评出"亚洲10部最佳小说",《红楼梦》名列第一。

### 3. 中国书画艺术的海外传播及其影响
The Overseas Spread and Influence of Chinese Painting and Calligraphy

中国书画是汉字文化的重要体现,是中国传统文化之精粹,也是世界文化之瑰宝。汉字书法作为世界上唯一的表意文字书写艺术,富有极其厚重的历史内涵、思想深度、哲学价值、人文艺术魅力。几千年来,通过书画艺术的文化传播,中国优秀的思想、文化、艺术和科学得以传播世界各地,使中华文明为世界文化的发展与繁荣做出令人瞩目的贡献。本节分国别梳理中国书画艺术的海外传播与影响。

#### 1) 在日本的交流与传播

中国古代艺术在海外传播过程中对汉字文化圈内的日本影响最深远;而在各种东传日本的艺术形式中,书法和绘画艺术的影响最甚。正是在中国书画艺术的熏陶下,日本的书画艺术由单调走向了丰富,由封闭走向了开放,产生了许多新的书画艺术形式,甚至于后来对中国艺术产生了反向影响,对东亚人民的精神世界产生了不可估量的重要影响。

(1) 书法

ⅰ. 发展历程

在中日两国双向互动的交流历程中,中国书法的对日传播是主流。在中国与日本的艺术交流中,书法始终是一项非常重要的内容。中国派去日本的使者常常携带一些书法名家的作品作为礼物馈赠,而日本派来中国的使节也会在回国前购买名家墨宝。

在中国书法的影响下,日本书法逐渐形成了汉字书法与假名书法并存的发展模式,其书风经历了从仿唐汉字到和风假名再到汉风复古的多次变化。另外,日本篆刻艺术也在中国艺术的传播浪潮中应运而生。中国古代书法艺术的对日传播大概经历了以下四个时期。

魏晋南北朝时期应该是中日书法交流史上的萌芽期。公元285年,王仁携汉文经典赴日也就开启了中国书法传播日本的序幕。

隋唐及五代时期是中日交流的活跃期,同时也是中国书法对日传播的鼎盛期。美国汉学家费正清(1992)曾评价,唐代的中国处在当时世界的顶峰,对于中国周边一些国家产生的影响非常深远,所以东亚各国几乎全盘唐化。日本书法自然也受到了当时汉文化的熏陶,争相临摹以王羲之、欧阳询和颜真卿为代表的书法大家。

宋元明清时期,中国书法进入快速变革的时期,也给日本书法界带来同样的影响。这一时期,中国书法产生了不少新的风格,如新汉风书法(禅僧墨迹书法)、苏黄一派(苏东坡、黄庭坚)的尚意书风以及文徵明、董其昌等的复古书风。这一时期书法的对日传播与唐代类似,依旧通过禅僧这一途径。黄檗宗僧人隐元在明末清初之际东渡日本,在开宗立派的同时将大量文人书画传入日本,使江户时期日本书法家临摹的对象由宋代的苏黄一派转为明代的董其昌等书法大家,对江户时期复古书风的形成和兴盛产生深刻影响。

明末清初,中国书法界一个十分引人注目的现象是隶书的复兴和流行;此后不久,日本书法家也渐渐兴起临摹隶书的风气。当时日本书法家临摹的隶书作品主要是唐玄宗的《石台孝经》、文徵明等人的《四体千字文》等。江户时期日本书坛上隶书的发展过程,与中国清初的发展情形基本相似,只是在时间上略微滞后。由此可见,作为书法的主动传播方,中国书法的发展动向对于日本书法风气的形成有着很大的影响。

值得一提的是,在唐代晚期以前的中日艺术交流中,日本是通过完全袭仿中国的书画艺术来发展自己的书画艺术,其书画风格几乎与同时期的中国保持着亦步亦趋的状态。而在唐代晚期以后的中日艺术交流中,日本吸收中国先进文化的同时,开始对中国书法艺术进行革新,比如平安时代从唐绘、书法中衍生出大和绘、假名书法等一系列的变化,就是日本对中国书法的本土化改造。

ⅱ. 重要人物

光绪年间,著名书法家、金石学家杨守敬出使日本。在国内,杨守敬就以历史地理学、金石学研究著称于时,被誉为"晚清民初学者第一人"。他的到来,立即引起日本书法家的注意,当时日本著名的书法家和汉诗人日下部鸣鹤(1838—1921)、岩谷一六(1835—1905)、松田雪柯(1823—1881)等人立即相约来拜访杨守敬。由于日下部鸣鹤等人既擅长书法,又有较深的汉学修养,因此颇为自负;尽管对杨守敬的名声早有耳闻,但却不以为然,所以对杨守敬的第一次拜访很大程度上带有试探的性质。然而通过相互的交流,杨守敬广博的知识和新颖的观点立即使这三位日本书法大家叹服,尤其是杨氏带来的汉魏六朝碑拓资料,更让日本人眼界大开。对日本书法界来说,除了本国的书法传统外,对中国书法的了解还是以明代以前为主,清代的碑学理论是十分陌生的事物。因此,杨守敬的见解给日本书法家展示了一片全新的"书法世界"。从此以后,日本书法家不断拜访杨守敬,请教讨论书法问题,同时也会观摩或购买碑帖,这种交往一直保持到杨守敬离开日本回国。杨守敬在日本停留了四年,这四年间他利用各种场合与日本的书法大家们进行了密切的交流。他宣传的清代碑学理论使日本书法界产生了极大兴趣。杨守敬的这些活动最终导致日本的书法风气发生了巨大转变,杨守敬也因此而被誉为"近代日本书道之祖"。

(2) 绘画

ⅰ. 发展历程

与中国书法的传播交流相似,中国绘画在历史上经历了三次大规模的对日传播。就其传播效果来看,日本绘画在中国绘画的熏陶下逐渐形成了一种独特的依附型发展模式,实现了从佛绘、唐绘到水墨画、文人画的多次嬗变发展。五代以后,伴随着中国绘画的对日传播,日本绘画也开始通过多种途径反向传播至中国,从而使中国画界得以领略日本的绘画技艺。

中国绘画的第一次大规模对日传播是南北朝至隋唐时期。这一时期,随着佛教的东传,大批中国工匠和画师开始进入日本,为日本的寺庙雕塑佛像、绘制壁画,因此极大地推动了绘画艺术的发展。

隋唐以后,日本的绘画艺术走向鼎盛,而在发展进程中,亦是僧人作出了不可忽略的重要贡献。以鉴真为代表的东渡僧人为佛绘发展做出了创作示范,唐招提寺金堂的大量唐风塑像和绘画就是鉴真一行人等东渡日本的重要成果;另一方面,以空海为代表的日本僧人也将唐朝的佛画图样带入了日本。"唐绘"也是中国绘画传播日本的优秀成果,所谓"唐绘"就是指在唐朝从中国传入日本的绘画作品,又指日本画家完全模仿中国隋唐绘画的作品。唐代以来,通过两国大规模的绘画交流,中国大量绘画作品输出到日本,日本的各类文献中对于唐绘也有着较为详细的记载。

中国绘画的第二次大规模对日传播是宋元明时期。进入宋代以后,随着禅宗的东传,两国的文化艺术交流日益增进,中国绘画再次流传到了日本,其中水墨画的传入最具历史意义。从时间上看,水墨画的东传与禅宗东传的时间基本一致,因此可以认为这个时期的绘画艺术是随着禅宗的传播一起传播到日本的。

中国绘画的第三次大规模对日传播是在清代。这时的日本绘画有了相当大的发展,但两国间的交流仍然是以中国向日本输出为传播主线。由于当时的日本实行了严厉的锁国政策,因此清代以来对日绘画传播多是借助于书籍等的间接途径。另外,平安前期是日本的唐化达到极盛并向本土化过渡的时期,日本绘画还是很大程度上临摹了中国唐代的绘画风格;到平安朝后期,随着假名的出现,日本兴起了民族文化复兴,在绘画方面将"绘画、书写、诗歌"三者结合为一体并且以和歌的形式表现出来。这一阶段正是日本文化逐渐从唐化向本土化发展的一个历史时期,也是日本绘画发展历程中的巅峰时期。

ⅱ. 总结

中日两国的书画艺术交流硕果累累。第一,促进了彼此的艺术发展。从日本的角度来看,中国书画艺术的东传极大地推动了日本书画艺术的发展。日本自然是两国文化交流的最大受益者,在中国先进文化的熏陶下,日本书画艺术实现了丰富的转变和发展。更值得关注的是,日本的书画艺术在后来的发展时期还将中国风格进行了本土化结合,产生了一些在中国甚至没有的更为新奇的书画形式。第二,在中日书画艺术的双向交流中,中国的一些艺术珍品得到了很好的保存。在中国的历史朝代更迭中,很多书画艺术品遭到了摧毁或破坏,而那些流传到日本的作品很多被很好地保存了下来。

### 2)在欧美的交流与传播

(1)书法在欧洲

中国书法历史悠久,不仅影响了周边许多邦国,对欧美国家也产生了重要影响。欧洲关于中国书法的研究,当以德国为重镇。海德堡大学的雷德侯(Lothar Ledderose)教授对中国书法情有独钟。1969年在海德堡大学完成博士论文《清代篆书》[Die Siegelschrift (chuan—shu) in der Ch'ing—Zeit],1977年在美国普林斯顿大学完成博士后论文《米芾与中国书法的古典传统》,奠定了其在欧美中国书法史研究的地位。欧洲书法研究不仅局限于艺术领域,而且还与文献学、历史学、考古学等其他学科交叉,这是因为欧洲对于中国古代书法史料(如敦煌写本、西域文书等)有丰富的收藏,有助于学者们对中国古代典籍特别是竹简帛书进行大量整理和文献研究。英国著名汉学家鲁惟一(Michael Loewe)曾对136种中国古代典籍特别是简帛进行整理和研究,其中涉及一部分书法研究。

另外,欧美艺术家不断从中国的书法作品中获得灵感,推进西方艺术的发展。17世纪欧洲耶稣教会对汉字的热情可以从"索隐派"中窥见一二,为了传教的目的,他们认为每一个汉字代表着一种神秘的思想,只有基督教义的启示才可以解释。当时的欧洲宫廷里也建有临摹书法对联的中国亭,在国王接待宾客的礼仪厅里也有镶嵌在墙里的汉字漆板作品。1954年,英国著名艺术批评家赫伯特·里德在为蒋彝撰写的《中国书法》(1986)第二版作的序中还列出了一批受到中国书法影响的欧洲抽象艺术家的名单:"我相信西方最优秀的抽象艺术家们正朝着正确的方向进行探索,像保罗·克利那样的大画家已经由于充分理解抽象美而得到了启示。近年来,兴起了一个新的绘画运动,这个运动至少在某种程度上是由中国书法直接引起的——它被称为有机的抽象。苏拉吉、马提厄、哈同、米寿这些画家当然了解中国书法的原理,他们力图获取优秀书法作品的两个最基本的要素'师心造化、静中有动'。"

进入21世纪以来,中国书法史在海外的研究正在悄然成为书法研究中的显学。杨加深(2013)认为:"近几十年来中国书法海外传播的一个标志性特点是,书法已突破了此前仅在'汉字文化圈'内传播与交流的固有模式,无论在中西书法的展览与交流层面,还是在多种欧美语言版本的中国书法著述方面,都有了前所未有的长足进展。"

(2)绘画在欧洲

中国传统绘画与书法本是一脉相承,因为汉字本是一种象形文字,本身就有一种图画性。而相较于书法而言,欧美的绘画很早就开始接触到中国传统绘画并深受其影响。

早在公元前5世纪,中国的丝绸就已经传到了希腊。至两汉时期,传统绘画就伴随着丝绸的贸易传播到罗马;但是魏晋南北朝时期的陆上丝绸之路被阻断,直到隋唐时期陆上丝绸之路才得以恢复。与此同时,伴随着海上丝路的开辟,唐朝的丝绸也大规模地输入罗马。唐朝以后,外国人了解中国传统绘画的一个主要方式是通过派遣西洋画师来中国宫廷。清代康雍乾三代帝王都对艺术,尤其是绘画艺术兴趣浓厚,邀请了众多西洋画师供职于宫廷。这些西洋画师为推进"西画东渐"做出了重要贡献,他们的中国画作品开创了中西结合的院体风格。除了宫廷画师,还有来中国的探险家、传教士或者僧侣,在其编写游记或著述中,都可以看到中国书画的影响,以及对雕塑、建筑、工艺美术、书法、篆刻等等有关中国独特地理风貌、人文艺术的介绍。

17、18世纪,随着中国艺术品的不断传入,在欧洲掀起了崇尚中国艺术的热潮。张安华(2015)认为:"当时的欧洲艺术,正从巴洛克风格转为洛可可风格,艺术的发展与启蒙思想相呼应,极力倡导个性解放,摆脱巴洛克追求雄伟宏大、矫揉造作及过分注重形式的传统,追求生动优美、新奇精致,重视自然情趣而不尚雕琢的洛可可样式。而中国的艺术风格恰好激发出欧洲艺术家们艺术审美的共鸣,符合了洛可可艺术发展的需要。"

19世纪末20世纪初,在西方设计领域兴起了一场"新艺术运动",这场"新艺术"的宗旨把视角指向了东方艺术。在这场波及法国、奥地利、意大利、德国、美国等欧美许多国家的艺术运动中,许多艺术家或设计师的艺术创作中均表现出对东方装饰风格的强烈关注。印象派画家从中国陶瓷、绘画中的风物和表现手法中受到启发,在自己的书信、日记、自传中表示出对中国艺术的欣赏,例如马奈、莫奈、惠斯勒等。

(3)书法在美国

20世纪初,欧美的探险家来到中国敦煌,发现了数以万计的珍贵文物,许多敦煌艺术品被捐赠给博物馆和图书馆。如果把这些敦煌文书作为古代书法作品来看待,数量相当可观。此外,欧洲博物馆收藏的中国商周青铜器,有些有铭文,也可视为书法资源。当时美国的收藏家跟着欧洲同行一起,最早收藏的中国艺术品也是器物,如瓷器、漆器、青铜器等,对中国绘画的兴趣也比书法来得早得多。但从20世纪50年代开始,开始有收藏家有意识地收藏中国书法。祝帅(2014)指出:"北美(主要指美国、加拿大)是海外中国书法收藏与研究的重镇,然而,从北美已出版的有限的书法研究专著和已提交的博士论文情况看,他们大多注重北宋以后的中国书法史,研究隋唐以前的书法的力量较为薄弱。而在北美学者对于早期中国书法史的关注中,早期文字和出土文献研究又占据了相当大的比例。"博士论文是美国中国书法专题研究的主要著述方式。在目前已经完成的关于书法的博士论文中以普林斯顿大学为最多。

目前,由于"汉语热"在欧美国家的升温,使中文成为美国、加拿大等地发展最快的一门外语,中文专业基本上都会或多或少地涉及书法。据报道,仅2007年来华参加中国书法文化学术交流活动的美国十多所大学中,开设中国书法课的已接近半数。迄今为止,中国、日本、韩国、新加坡、马来西亚、法国、荷兰、英国、美国、加拿大、巴西、文莱、印尼、泰国、菲律宾等国家和香港、澳门、台湾等地区均已有专门的书法家团体,汉字书法已经开始走向国际化。随着国际交流与传播的广泛展开和"孔子学院"在世界各地的迅速增加,中国书法以其集文字信息、哲学、诗词形象和中文结构于一身的独特优势,作为中国文化对外传播的"先头部队",迅速在全球范围内普及。

（4）绘画在美国

二战以后,西方艺术中心由法国的巴黎转移至美国的纽约,美国一跃成为西方乃至世界艺术强国,也堪称世界民族文化和艺术的熔炉。中国文化和艺术也逐渐进入美国艺术家的视野。在20世纪五六十年代的美国艺坛,普遍对中国传统书法和水墨画产生了浓厚的兴趣。美国出现了许多致力于从中国书画中寻找灵感源泉的艺术家,例如,抽象表现主义（abstract expressionism）,又称纽约画派（The New York School）的代表波洛克（J. Pollock）的绘画创作就深受中国书法的影响。波洛克的妻子曾说:"把世界艺术史横剖开来,大概就能理解波洛克。"（转引自陈池瑜,2005:182）确实,要了解像波洛克这样的一个艺术家的工作实属不易,他受到史前岩洞壁画、拜占庭镶嵌艺术、波斯手抄本、克尔特人的彩色小圈、东方书法、文艺复兴艺术等的影响,并在艺术创作中综合运用了这些复杂的因素。波洛克首创"点洒画"（drip painting）:将画布平铺在地板上,画家手持油彩在画面上奔走穿梭,滴彩泼洒,犹如一个舞者在用彩笔有韵律地舞蹈,因而又被称为"行动绘画"。在波洛克看来,行动绘画的"即兴"表现是对画家情感宣泄最有效的创作技法,而这种表现艺术家对情感的即兴表现和宣泄的抽象艺术手段与中国书法创作颇为相似,譬如唐代狂草书法作品中就是用点、线、结构、章法来表现一个虚实相间、变化多端、充满意味的艺术世界。

（5）重要人物

ⅰ. 蒋彝

从中国书法在西方的介绍和传播以及由此产生的深远影响来看,蒋彝（Chiang Yee,1903—1977年）先生无疑是最应当被人们铭记的先驱者。兼具画家、诗人、作家、书法家的蒋彝,由于对中西文化交流所作出的杰出贡献,被誉为"中国文化的国际使者",受到西方人的广泛尊崇,先后被选为英国皇家艺术学会会员,美国科学院艺术学院院士。从1930年代起,蒋先生就在伦敦大学东方学院、哥伦比亚大学等英美高校致力于对外传播中国文化和艺术工作。1935年蒋先生用英文出版的《中国书法》《中国绘画》影响极大,一直是西方很多大学讲授中国书画的必备教科书,在中西文化交流史上,具有将中国书画艺术向西方世界进行广泛传播的首创之功。

鉴于西方人对于汉语学习的畏难情绪,蒋彝在《中国书法》的撰写中极尽苦心,尽力将阅读门槛放低,借助其广博的知识和超人的才华,以生动有趣、易于接受的方式向英语读者介绍汉字与中国书法。

在开始章节,将汉语、汉字与英语做简要对比,让读者从心理上打消对汉语以及汉字学习的障碍。从源头做起,首先讲述汉字的起源和构成。通过比较甲骨文与古巴比伦文字、埃及文字、朝鲜文、日本文字和西夏文字等,帮助读者理解汉字的特点。对于"六书"的介绍,借助大量生动形象的图画,激起西方人的学习热情,帮助他们更加深刻地领会中国象形文字的来龙去脉。对于中国书体中的篆书、隶书、楷书、行书和草书的讲解,主要借助中国书法史上重要的作品和书法家作为案例。比如,在描述楷书时,附上颜真卿、柳公权、欧阳询等人的作品;讲解行书时,列举王羲之、苏东坡、米芾、宋徽宗、黄庭坚等人的作品;草书则推崇张芝、王羲之、怀素、蔡襄、董其昌等人的作品。还运用讲故事的方式将五体书的发展史娓娓道来,避免西方读者因中西文化差异而对中国书法感到枯燥乏味。此外,蒋彝将其本人对中国书法的理解和评判融入书中,巧妙运用"书如其人"这种形象化的评价方法,进一步激发西方读者对中国书法极具生命力的认知:"苏东坡的书法使我想起这样一个人,他比米芾稍胖略矮,在性格上比米芾更不拘小节,然而心胸开阔,生气蓬勃,是一个伟大的诙谐大师,一个伟大的乐天派。"(蒋彝,1986:8)

正如刘笑冬(2008:79)所言,《中国书法》作为很多西方学校书法研究学习班的阅读书目,他的许多观点势必影响了西方人对中国书法的认识,因而可以这样说,蒋彝在英国所做的中国书法理论和实践的推广活动为西方人认真审视中国书法开了头,此后,西方在中国书法领域的审美和鉴藏活动得以大规模展开。

ⅱ. 赵无极

赵无极(1921—2013),法兰西学院艺术院终身院士。赵无极先生从20世纪50年代起就在巴黎画坛崭露头角,并一直持续地保持着在国际艺术界的知名记录,享受到国际艺术界给予他的许多荣誉,曾获法国荣誉勋位团第三级勋章、国家勋位团第三级勋章、艺术文学勋位团一级勋章、巴黎市荣誉奖章、日本帝国艺术大奖等,也为中西绘画艺术的交流和融合做出了卓有成效的贡献。他的绘画以西方现代绘画的形式,将油画的色彩技巧融入中国传统文化艺术的意蕴,创造了色彩斑斓、笔触有力、极富光感和韵律感的新的绘画空间,曾在世界各地举办160余次个人画展,被称为"西方现代抒情抽象派的代表"。在一次接受采访时,他曾说:"人们都服从于一种传统,我却服从于两种传统。"在后来半个多世纪的艺术创作中,赵无极的绘画被评论界认为是"中西方文化交流的丰富性和创造力的完美体现","融会贯通了中西方文化,充分运用西方文化的表现手法,把文化底蕴丰厚的中国美学思想表现得淋漓尽致"。(转引自人民网)

赵无极从小热爱书画,6岁开始学习书法,14岁就决定选择绘画作为自己的职业,后顺利考入杭州艺术专科学校学习绘画。但是,在深厚东方文化滋养下长大的他,因生性喜欢求新求变,逐渐对传统中国画失去了兴趣。1948年,赵无极远赴重洋,来到世界艺术之都——巴黎,开启了艰苦卓绝的西洋画学习生涯。早期他研习了意大利、荷兰和法国的古典绘画,并深受西方现代派艺术大师毕加索和马蒂斯的影响,创作以人物和风景为主的具象油画。但是,经过几十年西洋画抽象画的洗礼之后,在艺术之都的巴黎,无极先生重拾自己年轻时在祖国娴熟掌握的中国水墨画。此后,赵无极就一直在渗入了中国水墨画精神的抽象画道路上前行,最后抵达法兰西院士的殿堂。赵无极曾坦言:"如果说巴黎的影响在我作为艺术家的整个成长过程中是无可否认的,我必须说,随着我思想的深入,我逐渐重新发现了中国。或许悖谬的是,这种深远本原的归复,应该归功于巴黎。"(转引自人民网)

赵无极身处艺术之都的巴黎,看到的更多的是西方人对于中国艺术的热爱,他坚定地相信,中西方艺术的融会贯通才是成为世界艺术家的最终出路。早在杭州留校任教时,他就谆谆教诲学生要汇通中西,作国际性的画家。赵无极认为,"优秀的艺术家是属于全人类的,东方西方分不开。不能说范宽、米芾是中国画家,他们是世界性的画家。你能说毕加索是西班牙的画家吗? 他是属于大家的。"(转引自人民网)

### 3) 书法在马来西亚的交流与传播

在马来西亚独立以前,书法在新加坡和马来西亚的传播主要通过书法造诣较高的华侨。他们来到马来西亚之后,大多数在教育界服务。1965年,新加坡脱离马来西亚并宣布独立,两地书法因各自文化政策和教育制度的不同,形成了各自发展的倾向,产生了明显的差异。马来西亚华人坚持华文教育的发展,因此书法得到有效的传承,并且逐渐形成自己独具特色的书法风格。如今随着华文教育的普及,在华人社会里学习书法仍然是一件十分普及的事,华文小学从三年级便开始学写毛笔字,并且还需要完成一定的功课。在初中也有相应的考试将书法列为必考科目,极大地推动了书法在马来西亚的传播和发展。

### 4) 中印绘画艺术的交流

中国与印度在历史上都曾经是四大文明古国的发祥地,在人类发展历史上留下了辉煌灿烂的文明。唐代,随着丝绸之路的开通和佛教的东渐,两国文化艺术交流日益频繁,促进了中印文化的交融和创新。

绘画方面,印度的"凹凸画法"在唐代经由西域传入中原,对中国绘画产生了很大影响。所谓"凹凸画法",即强调立体感效果的古印度画法,作品远望晕如凹凸,近视实平。其画亦加晕染,有阴影,立体感强,所以有"凹凸画派"之称。相传南朝梁张僧繇在金陵(今江苏南京)一乘寺就开始用"天竺法"(即凹凸画法),后被西域于阗、龟兹画家吸收且在中原画法技巧和观念的基础上融合创造了具有西域风格的画作,逐渐形成于阗画派、龟兹画派等。之后传入中原,被中原画家借鉴运用在画作创作中,从而影响了唐代整体的绘画艺术创作。这种影响主要表现在人物画、山水画和壁画三方面。

人物画受"凹凸画法"影响最深的要数画圣吴道子。苏轼、米芾等画家也评价吴道子的画为"略施微染""点不加墨,口浅深晕成",即吴道子的人物画采用印度的"凹凸画法",使用晕染等手法,制造出光影明暗效果,从而使画作显得更加真切生动。

山水画相较于人物画依旧沿袭着传统骨法,至吴道子则发生变化。据著名历史学家向达(1957:409)记载,凹凸画派刚传入中国,仅在人物画方面微受影响,山水画仍以骨法为主干;中国山水画至吴道子发生重要转变。吴道子受"凹凸画法"影响,将山水轮廓描绘得清晰透彻,富有立体感,从而偏离骨法传统,对后代山水画家产生了深远影响。

壁画方面,"凹凸画法"在唐代的墓室画中得到了充分的运用,其中尤以章怀太子墓、永泰公主墓和戴德太子墓壁画最具代表性。"凹凸画法"主要体现在人物面部、衣着以及各种神兽动物体态,画作层次突出,富有立体感,色彩铺染变化多样。

日本学者羽田亨在《西域文明史概论》(2005)中就论述了印度犍陀罗绘画艺术对中国的影响。向达在《唐代长安与西域文明》(1957)中也论及了印度凹凸画派对中国山水画、人物画和壁画的影响。进入21世纪,这方面的研究成果明显增多,主要有贾应逸《印度到中国新疆的佛教艺术》(2002)和薛克翘《中国印度文化交流史》(2008)。还有一些研究生学位论文也以中印绘画交流作为选题,如邹满星《唐代墓室壁画人物画"胡化"风格研究》(2008)和孙玉娟《印度佛教对中国唐代人物绘画的影响》(2009)。

**5) 书法在朝鲜半岛的交流与传播**

如同在中国和日本一样,书法在朝鲜半岛也被认为是一种高雅艺术,书法家也受到人们的尊重。关于中国书法在朝鲜半岛的传播和影响,朝鲜李朝时期的金石学家、诗人、书法家金正喜可谓代表。嘉庆十四年(1809),24岁的金正喜(1786—1856)跟随父亲来北京向清廷朝贡。来中国前,金正喜就已经对中国书法有一定的研究,在本国颇有名气。到北京后,他在文史和书法方面的知识获得许多清朝学者和文人的称赞。在中国期间,金正喜主要摹仿颜真卿和董其昌;回国后,又精研欧阳询、翁方纲和阮元诸家,在隶书和行书方面也达到了新的境界,最终创造出格调高古、苍劲有力的"秋史体"。金正喜还接受了乾嘉学派注重考据的治学方法和碑学书法观点,同时搜集了不少金石碑版资料,逐渐形成自己独特的见解,为其以后的学术和书法研究奠定了基础,后因其在书法领域突出的贡献,金正喜被朝鲜人尊为自己国家的"书圣"。他在经学、佛教、诗文、绘画等方面也都有着很深的研究与造诣,成为19世纪东北亚的著名学者,韩国学界常把金正喜与苏轼并论。

# 参考文献

包包,2005.增强民族责任感——弘扬中国书画艺术[J].中国石油石化(6):41.
比尔·波特,2012.黄河之旅[M].曾少立,译.海口:南海出版公司.
陈传席,2016.杨守敬的书法及其在日本的重大影响[J].三峡文化研究(12):52-64.

陈甜,2017.古典文学的海外传播及启示——以《三国演义》为例[J].社会科学家(9):145-148.

伏尔泰,2003.风俗论(上、中、下)[M].梁守锵,译.北京:商务印书馆.

国际儒学研究联合会,2010.国际儒学研究[M].北京:九州出版社.

何芳川,2016.中外文化交流史[M].北京:国际文化出版公司.

何寅,许光华,2002.国外汉学史[M].上海:上海外语教育出版社.

胡陈尧,刘云虹,2019.译与变:关于《西游记》海外传播路径的思考[J].小说评论(1):144-152.

季羡林,王宁,1999.东学西渐丛书[M].石家庄:河北人民出版社.

赖文斌,2016.元杂剧《赵氏孤儿》在十八世纪英国的译介与传播[J].四川戏剧(6):101-103.

李大博,2017.海外译本与《红楼梦》海外传播的关系探析[N].白城师范学院院报,31(5):56-60.

李惊涛,2008.现象与传播——穆家善书画艺术论[J].艺术百家(8):10-12.

李庆本,2019.鉴真东渡与中华文化的海外传播[J].山东社会科学(1):134-138.

刘海燕,2016.《千字文》在日本汉语教学历史上的教材价值[J].日本问题研究(2):48-55.

刘易斯,2002.文化的冲突与共融[M].关世杰,译.北京:新华出版社.

陆俭明,2005.作为第二语言的汉语本体研究[M].北京:外语教学与研究出版社.

马可·波罗,2012.马可·波罗游记(英汉双语)[M].罗奈尔得·莱瑟姆,苏桂梅,译.北京:中译出版社,企鹅出版集团.

马克思,恩格斯,2013.马克思恩格斯全集(第14卷)[M].北京:人民出版社.

马祖毅,2006.中国翻译通史[M].武汉:湖北教育出版社.

2018.明代来华的西洋传教士(历史人物).人民网(12-23).

钱锡生,2013.论唐宋词在韩国的传播与接受[J].江海学刊(3):188-193.

王莲,2015.宋元时期中国水墨画传播日本之途径研究[J].美术观察(12):142-146.

王伟,2018.跨文化视域下《水浒传》英译研究再思[J].中外企业家(5):210-211.

吴孟雪,1999.论西欧汉学起源史上的重要一页[J].江西社会科学(9):68-74.

吴漠汀,2015.曹雪芹和《红楼梦》在欧洲的影响[J].红楼梦学刊(5):229-246.

吴莺莺,2015.中国书法艺术在当代的传播研究——以《兰亭序》1600年的传播经验为启示[D].上海:上海师范大学硕士论文.

徐永红,2011.鉴真东渡及对日贡献[D].济南:山东大学硕士论文.

徐臻,2012.论唐诗在日本传播的历程及文化意义[N].沈阳大学学报(社会科学版),14(6):136-140.

徐志啸,2013.中国古代文学在欧洲[M].石家庄:河北教育出版社.

2018.玄奘精神与人间佛教.中国佛教协会网(12-03).

阎纯德,1993.汉学和西方汉学世界[J].中国文化研究(1):3.

尹尧鸿,2019.中国戏曲对外传播途径初探——以《牡丹亭》的传播为例[N].新余学院院报,24(1):121-124.

张安华,2015.中国传统造型艺术的对外传播研究[D].南京:东南大学博士论文.

张西平,2015a.20世纪中国古代文化经典在域外的传播与影响研究[M].北京:经济科学出版社.

张西平,2001.西方汉学十六讲[M].北京:外语教学与研究出版社.

张西平,2015b.中国古代文化典籍域外传播研究的门径[J].中国高校社会科学(3):79-91.

张新科,李红,2015.《史记》在国外的传播与研究[J].博览群书(12):92-96.

赵喜惠,2012.唐代中外艺术交流研究[D].西安:陕西师范大学硕士论文.

2018.中国古代四大发明网(12-23).

周青,2011.欧美国家的《诗经》研究——以英、法、德、瑞、美五国为主[D].南京:南京师范大学硕士论文.

朱谦之,1985.中国哲学对于欧洲的影响[M].福州:福建人民出版社.

祝帅,2013.中国书法:由"量"及"质"的海外传播[J].书法(11):44-46.

邹涛,2017.吴昌硕作品在日本的传播[J].中国书法(9):187-189.

Adler J A, 2014. Confucianism as a Religious Tradition: Linguistic and Methodological Problems[D]. Gambier: Kenyon College.

Asato Noriko, ed, 2013. "China". Handbook for Asian Studies Specialists: A Guide to Research Materials and Collection Building Tools[J]. Santa Barbara: 29(3): 51-52.

Black J S. & Gregerson H B, 1991. The Other half of the picture: Antecedents of spouse cross-cultural adjustment [J]. Journal of International Business Studies (22):461-477.

Gardner D K, 2007. The Four Books: The Basic Teachings of the Later Confucian Tradition[M]. Indianapolis: Hackett Publishing Company.

Rawski E S, 1979. Education and Popular Literacy in Ch'ing China[M]. Ann Arbor: University of Michigan Press.

Samovar L A & Porter R E, 2001. Communication between Cultures[M]. Belmont: Wadsworth/Thomson Learning.

Tung R L, 1982. Selection and Training Procedures of U.S., European, and Japanese multinationals [J]. California Management Review: 25(1): 57-71.

Zurndorfer H, 1999. China Bibliography: A Research Guide to Reference Works About China Past and Present[M]. Honolulu: University of Hawai'i Press.

# 第五章 汉语国际教育硕士跨文化交际能力实证研究

**Chapter Five** Empirical Study of Intercultural Communicative Competence of Master of International Chinese Education

## 一、跨文化敏感度
Intercultural Sensitivity

近些年来,国内外学术界对于跨文化交际能力和跨文化敏感的界定渐趋一致,即,跨文化交际能力包括认知、情感和行为三个层面,其中,跨文化敏感是指跨文化交际能力的情感层面(Chen & Starosta,2000)。

如何量化跨文化交际能力,尤其是跨文化敏感度,不少学者开发出各自的测量跨文化敏感度的工具,其中巴武克和布里斯林的"跨文化敏感度目录"(The Intercultural Sensitivity Inventory),贝内特和哈默的"跨文化发展测量问卷"(The Intercultural Development Inventory),以及陈国明和斯达路斯达共同开发的"跨文化敏感度量表"(The Intercultural Sensitivity Scale)在学界被采纳和使用得最为广泛。

巴武克和布里斯林于1992年设计和开发的"跨文化敏感度目录",主要测量了在个人主义和集体主义两种不同文化背景下个体的差异化观点和行为,对文化差异的包容和理解以及在外来文化背景下的个人应变能力(Bhawuk & Brislin,1992)。不过,该问卷的可靠性,尤其是对于外来文化的包容、理解以及应变能力部分的信度和效度受到了学者的质疑(Kapoor & Comandena,1996)。

在此之后,基于"跨文化敏感的发展模型"理论,贝内特和哈默共同开发出"跨文化发展测量问卷",问卷主要涵盖了受试者在不同文化中所经历的六大阶段:否定、防御、最小化、接受、适应和融合,量化了个体在此过程中对文化差异所表现出的态度(Hammer, Bennett & Wiseman,2003)。"跨文化发展测量问卷"在欧洲、亚洲和美洲的学界被广泛承认和使用,其测量准确性和有效性得到了认可。然而,该问卷的使用并非免费,它的使用条件较为繁琐和苛刻。

如前所述，陈国明和斯达罗斯特主张跨文化交际能力是一个"伞"式整体概念，跨文化敏感作为独立概念，归属于跨文化交际能力的情感层面，包括六大因素：自尊、自我监控、思想开明、移情、参与交际和理性判断(Chen & Starosta, 2000)。

陈国明和斯达罗斯特认为，跨文化敏感度较高的人与来自不同文化背景的人沟通时具有良好的自我评价意识，能较快地适应异域文化环境，能较为乐观地对待挫折和压力，具有较高的自我监控能力，根据不同的交际和交流场景变换或调整自身的行为和反应。跨文化敏感度高的个体思想较为开明，更愿意向交际对象坦诚自己的观点，更能够理解、接受、欣赏甚至认同对方的观点，能应对跨文化交际和交流过程中出现的种种文化差异，更能转换角色从不同的立场来看待问题。与来自不同文化背景的人交流时，他们能更好地解读对方的信息，采取理性的思维判断方式，作出有效的回应，避免非理性的、匆忙而就的结论(Chen & Starosta, 1997)。

在前人的研究基础上，陈国明和斯达罗斯特于 2000 年研究开发出跨文化敏感度量表 (Chen & Starosta, 2000)。此量表的可靠性较高(Cronbach $\alpha=0.88$)，是目前为止较为有效的跨文化敏感度量化测试工具之一(同上)。本研究的调查问卷正是基于此"跨文化敏感度量表"所设计。

## 1. 汉语国际教育专业研究生跨文化敏感度实证调查
Empirical Investigation of Intercultural Sensitivity of Postgraduates in International Chinese Education

调查对象选取了中国 19 所知名综合性大学中目前注册在校的全日制国际汉语教育专业研究生。调查对象的选择基于以下考虑：① 这 19 所招录国际汉语教育研究生的知名高校来源于中国各地，地域分布较广；② 在各受调查大学的汉语国际教育专业的研究生包括一年级、二年级和三年级学生，囊括所有受访大学该专业的所有受试对象。

测评采用网络问卷形式，受调查者在各大学或学院研究生主要负责人的要求下，主要通过手机反馈问卷结果。此次调查共有 435 名汉语国际教育专业的研究生参加测评，有效测评卷 435 份。

## 2. 结果统计与比较分析
Results and Discussion

### 1) 国际汉语教育专业研究跨文化敏感度总体得分

跨文化敏感度由具体分数表示，即将每位受试者在问卷中 24 项所得分数累加，满分 120 分，分数越高，代表跨文化敏感度越高。研究生受试的平均分为 94.97，按照通常优秀、良好、中等、合格、不合格的评定概念，此分数属于中等偏上水平。由表 5.1 可以看出，28 人次的研究生分数处于 110—120 分，占总人数比重为 6.44%；111 人次的研究生分数处于 100—109 分，占总人数比重为 25.52%；179 人次的研究生分数处于 90—99 分，占总人数比重为

41.15%;87人次的研究生分数处于80—89分,占总人数比重为20%;也就是说,将近2/3的中国汉语国际教育专业的研究生(41.15%+20%)的跨文化敏感度属于中等水平,接近1/3的中国汉语国际教育专业的研究生(6.40%+25.52%)的跨文化敏感度属于优良水平。另外,极少数的研究生处于70—79分和60—69分两个分数段,占总人数比重分别为6.21%、0.46%,得分不及格的仅有一人,为个别现象。

表5.1 汉语国际教育专业硕士研究生跨文化敏感度总体得分

| 分数 | 学生人数 | 研一 | 占比 | 研二 | 占比 | 研三 | 占比 | 水平等级 |
|---|---|---|---|---|---|---|---|---|
| 110—120 | 28(6.4%) | 14 | 50% | 9 | 32.14% | 5 | 17.86% | 优良 |
| 100—109 | 111(25.52%) | 74 | 66.67% | 28 | 25.23% | 9 | 8.10% | |
| 90—99 | 179(41.15%) | 128 | 71.51% | 41 | 22.90% | 10 | 5.59% | 中等 |
| 80—89 | 87(20%) | 64 | 73.56% | 18 | 20.69% | 5 | 5.75% | |
| 70—79 | 27(6.21%) | 21 | 77.78% | 3 | 11.11% | 3 | 11.11% | 偏低 |
| 60—69 | 2(0.46%) | 1 | 50% | 1 | 50% | — | | |
| 60以下 | 1(0.44%) | 0 | — | 1 | 100% | 0 | — | 过低 |

**2) 汉语国际教育专业研究生跨文化敏感度五项因素得分**

陈国明和斯达路斯达(2000)的"跨文化敏感度问卷量表"总计24项,分别调查了跨文化敏感度的五个衡量维度:交际参与度、差异认同感、交际信心、交际愉悦和交际专注度。交际参与度是指交际参与者在进行跨文化交际时的交际参与程度,问卷中的第1、11、13、21、22、23、24共七项问题是用来评价交际参与度的;差异认同感是指交际参与者在进行跨文化交际过程中对异域文化中的差异的尊重、理解、认同和接受,问卷中的第2、7、8、16、18、20共六项问题是用来评价差异认同感的;交际信心是指交际参与者在进行跨文化交际时的信心程度,问卷中的第3、4、5、6、10共五项问题用来评价交际信心;交际愉悦感是指交际参与者在跨文化交际过程中和来自异域文化的对方沟通交流时所产生的愉悦程度,问卷中的第9、12、15共三项问题是用来评价交际愉悦感的;交际专注度是指交际参与者在跨文化交际过程中的专注程度,问卷中的第14、17和19共三项问题用来评价交际专注程度。由于评价这五个维度的问卷项数目不等,为了方便比较,我们采用了无量法对数据做了一定处理。从表5.2可以看出,在构成跨文化敏感度的五个维度中,汉语国际教育专业硕士研究生的差异认同感最强,其次是交际参与度、交际愉悦感和交际专注度,最弱的是交际信心。

表5.2 汉语国际教育专业研究生跨文化敏感度五项因素得分总表

| Sensitivity | Mean | Minimum | Maximum | Std. Deviation | N |
|---|---|---|---|---|---|
| Respect for Cultural Differences | 4.318 8 | 2.17 | 5.00 | .538 26 | 435 |
| Interaction Engagement | 4.079 5 | 1.57 | 5.00 | .493 60 | 435 |
| Interaction Enjoyment | 3.918 8 | 1.00 | 5.00 | .714 88 | 435 |
| Interaction Attentiveness | 3.672 0 | 1.67 | 5.00 | .574 44 | 435 |
| Interaction Confidence | 3.509 9 | 1.20 | 5.00 | .589 91 | 435 |

## 3. 存在的问题与改进建议
Recommendations

中国汉语国际教育专业硕士研究生的跨文化敏感度处于中等偏上水平（平均分94.97），这在很大程度上是与目前中国各大学开设汉语国际教育专业研究生的课程设置以及研究生们对待跨文化交际能力的态度有关。在中国，汉语国际教育专业的硕士研究生培养，其目的是为将来的汉语国际教育教师的培养提供后备人才。因此，培养研究生们的跨文化交际能力可以说是研究生教学的一大核心目标。各大学校相继开设了旨在提高研究生跨文化交际能力的课程，比如《英美国家文化》《跨文化交际学》等课程，但实际上，收效低微，"纸上谈兵"型居多。虽然435名受试者几乎都无一例外地修读了《跨文化交际学》《英美文化》等课程，但一方面，这些课程的修读时间短，一般为一学期，约半年左右，没有太多的时间去消化；另一反面，相当一部分学生对待这样的课程采取敷衍、应付的态度。他们觉得这样的课程很虚，没有什么可学的。

除却这些主观因素之外，导致汉语国际教育专业硕士研究生们的跨文化敏感度没有达到优秀水平的客观直接原因可能还是他们的实际交际运用的机会不够多。虽然各大学对他们的培养目标是作为国际汉语教师的后备人才，核心目的之一是提升他们的跨文化交际能力，但实际上，即使是开设上述跨文化交际类课程，授课的主体教师绝大多数仍然是中方教师，外教人数一般为个位数，能够面对面授课的课时很少。即使是这样，也只能算是极为有限的课堂接触。当然，现在的汉语国际教育的研究生们能够在毕业前有1次到海外实习的机会，可以直接和外国人打交道。通常，他们会被分配到不同的海外孔子学院，从事一些简单的汉语教学，面对的对象大都是一些小学生，能够与来自不同文化背景的人真正交流的机会不多。

在构成跨文化敏感度的五个维度中，中国汉语国际教育专业的研究生的差异认同感和交际参与度比其他三项要强，这在很大程度上说明与他们的平时所学所闻有关。在诸如提高学生们跨文化交际能力的课程中，老师们往往会对涉及异域文化的知识大加介绍，眉飞色舞间学生们也是听得如痴如醉。这实际上是将跨文化交际能力与熟悉异域文化的事实，包括它们的风俗习惯、价值观和传统行为等等同起来。从问卷的统计结果可看出，83.68%的汉语国际教育艺术的研究生们经常看外国电影或电视剧；68.28%的汉语国际教育艺术的研究生们参加过跨文化交际的训练；44.83%的汉语国际教育艺术的研究生们阅读英文小说和杂志；43.91%的汉语国际教育艺术的研究生们经常阅读国际新闻。没有一个学生从来不听外文歌曲、不看英文小说和杂志、外文电影或电视剧、不参加英语社团活动或英语角等。

如今，在中国上述受调查的各大学里，有着各种不同的能展示文化差异的活动，这可以解释为什么在构成跨文化敏感度的五大维度中，研究生们的差异认同感最强。同时，作为汉语国际教育的研究生，未来的汉语国际教育的教师后备人才，他们也热衷于参加各种不同的跨文化交际活动，比如英语角、短期外文口译、对外实习等，因此，他们的交际参与度要高于交际愉悦感、交际专注度和交际信心，这是能够解释得通的。而这后三者涉及跨文化交际能力的情感以及相应的行为培养，这些在很多年来一直被汉语国际教育研究生培养所忽视。如果只是开始一些书本上的跨文化交际课程，对于实际上的研究生们的跨文化交际能力是没有太大的帮助的，而对于深层次的交际愉悦、交际专注和交际信心则需要长时间的具体实际交际参与才能有所提高。从问卷的统计结果可以看到，曾经与外国人聊天的学生比例仅为1/3左右，拥有外国笔友的学生仅1/10左右，更遑论经常性交流了。由于各种原因，58.85%的研究生没有出国经历，而有出国经历的研究生，大多数是因专业实习原因出国，所去往的海外实习国家大多数是泰国、韩国、新加坡、马来西亚等东亚和东南亚国家，他们的文化背景与中国文化较为接近。因此，作为国家汉语教师的后备队伍，实际上他们与来自不同文化背景的人群交际和交流的实际经验并不多。这就可以解释为什么这些研究生普遍的交际愉悦感、交际专注度和交际信心较弱。此外，中国传统文化教育下的学生，甚至是研究生们，他们在交际过程中往往主动性不足，较为内向，在与来自异域文化的外国人交流时，偏向保守，害怕言语失当，交际信心度不高。造成这些受访者交际专注度、交际愉悦感和交际信心较逊于差异认同感、交际参与度的主要原因在于：中国的研究生受试者们虽然在大学里有参与各种各样的与文化相关的活动，甚至他们都有去海外实习任中文教师的机会，但是他们所参加的各色文化活动中，真正与来自不同文化背景的外国人交际和交流的少之又少。因此，可以说，他们实际上还仍然缺乏跨文化交际的真正实际经验和经历，距离拥有无障碍跨文化交际能力的目标还有很长一段路要走。跨文化敏感度中的交际信心、交际愉悦和交际专注度的提高不是简单地通过书本上的知识能够了解和掌握的，它需要通过真正的实践对异域文化中的深层次文化进行了解和认知。这不是大学里开设半学年的跨文化交际课程所能解决的问题，而是需要系统性、体系化的理论指导和精密的培训以及一定时间内与来自不同文化背景的外国人密切接触、交流、体会，从而才能深刻感知那些隐藏在言语和非言语交际行为背后的异质文化。

## 二、跨文化意识
Intercultural Awareness

"汉语国际教育硕士是为适应汉语加快走向世界的需要，迫切需要培养一大批从事汉语国际推广工作的高层次、应用型专门人才，专门设立的一种硕士专业学位"（郭晶，吴应辉，2018）。与旅游者、国际学生、跨国企业员工等其他文化交流个体不同，以国际汉语教育为职业目标的硕士生肩负着以汉语作为媒介在不同文化国家（地区）进行二语教学和传播中华文化的重任，在我国启动该专业学位之时，即将"良好的跨文化交际能力"确立为该专业的硕士生的培养目标之一。

跨文化交流本是一项复杂的工程，学界对跨文化交流能力的界定众说纷纭。本研究在此沿用美籍华裔学者陈国明等的界定,将跨文化交流能力理解为"在不同的文化环境中协调彼此不同的文化身份,有效(effectively)恰当(appropriately)地完成交流的能力"。为分析方便,跨文化交流能力又被从情感、认知和行动三个角度分解,形成跨文化敏感度、跨文化意识和跨文化执行力(intercultural adroitness)三个相互关联的概念。其中,跨文化意识(intercultural awareness)与西方学界"文化地图"(cultural map)、"文化主题"(cultural theme)或"文化语法"等概念类似,是"基于对自身文化理解去认识其他文化的典型特征,是对他者文化中影响人们思考和行动的文化习俗(cultural conventions)的理解(Chen,1989)"。已有研究和摸底调查显示,选择报考汉语国际教育专业硕士的同学,通常报考前已对该专业的培养对象和职业发展方向有了基本的了解,并在心理上和行动上做好在跨文化教学或生活场景中进行调适、主动沟通的准备,能有意识关注和学习一些常用交流技巧。然而,许多同学在谈及对中外文化本身的认识时,知识极为有限,即使已具备一定教学经验的同学讲述自己印象深刻的中外差异时,多数举例也只停留在饮食特色、生活习惯等表层现象,极少能对自身体验进行深入反思和抽象意义层面的提升。换言之,许多汉语国际教育专业研究生在跨文化意识方面仍有欠缺。

汉语国际教育专业研究生的跨文化意识现状如何?怎样依据汉语国际教育专业研究生生源的实际情况更好提升其跨文化交流能力?目前学界针对汉语国际教育专业研究生这一以汉语国际教育为职业目标的特定群体所开展的跨文化交流能力调查和探讨比较有限。本研究旨在基于前期观察和调研,对高校汉语国际教育专业研究生上述情况进行一定规模的问卷调查,从跨文化意识角度拓展学界对上述问题的认识,并尝试提出一些改善举措。

## 1. 汉语国际教育专业研究生跨文化意识实证调查
Intercultural Awareness Survey of Postgraduates in International Chinese Education

研究主要基于前期观察、摸底调研以及相关文献的研究发现以调查问卷形式展开,从准备至调查初步完成历时近一年。调查问卷由三部分构成:第一部分为个人基本信息、第二部分为跨文化意识量表、第三部分是半开放式的补充提问。

问卷主要是在6月学年末发放,通过滚雪球方式扩充受试者,让他们进行网上问卷填写,也发放了少数纸质问卷,回收后通过人工输入与网络问卷结果合并,两种渠道共搜集有效问卷327份,受试对象是来自21所高校的汉语国际教育专业研究生。

## 2. 结果统计与比较分析
Results and Discussion

### 1) 个人信息数据概况

参与调查的汉语国际教育专业研究生中,女生人数为300人,占总人数的91.7%。多数受调查者在报考该专业前是应届毕业生或仅有短暂工作经历,88.9%的同学处于18—25岁年龄段。其中,就读一年级、二年级、三年级的研究生比例分别是66.4%、28.1%和4.6%。

对受试者本科就读专业的调查显示,多数同学来自本专业或相关专业(见图1),其中,选择在汉语国际教育专业继续读研的同学人数最多,占受访总人数的65.9%,其次是汉语语言文学专业,占17.1%。共有7.8%的同学来自英语、日语等外语专业,来自人文社科、理工专业的同学比例较低,医学专业出身的同学占比最低。受访学生英语整体水平较好,在本科就读非英语专业的同学中,仅有6位同学大学英语六级考试未达到合格线以上分数。

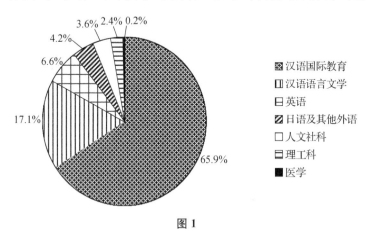

图1

在受访学生中,超过半数的同学没有任何在海(境)外旅游、生活、学习或工作的经历;有上述经历的同学中,曾赴非英语国家(地区)的同学人数略多于曾赴英语国家(地区)的人数,其相对关系可用图2表示。

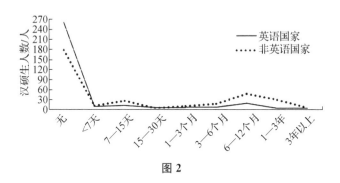

图2

具有1个月以上的教学/工作(含兼职)经历的同学占总人数的78.9%,较为集中的时间段是:1—2年(21.2%)、6—12月(17.9%)和3—6个月(16.7%),仅有12.5%的同学没有任何相关经历。具备1个月以上教授外国人汉语经历的同学比例略低,占总人数的70.2%,较集中的时间段是:6—12个月(16.4%)、1—2年(14.3%)和1—3个月(13.70%)。

**2) 跨文化意识概况**

目前,通过量表方式测试跨文化意识"大致上都是以评估参与者对文化价值的了解程度,来断定个人跨文化理解力的水平"(陈国明,2009)。本研究跨文化意识调查访题主要参

照的是陈国明 & 斯达罗斯特（1995）版本的李克特"跨文化意识量表"（Intercultural Awareness Instrument）。依据前期调研和专家讨论，研究在原量表20项与美国代表性文化价值观一致的价值判断基础上又增加了5项调查题目，共25项访题，回答由"非常同意—基本同意—不确定—基本不同意—非常不同意"五级构成。

如图3所示，在各种价值判断中，排在前列、受试者熟识度较高的价值相关判断是：美国人的家庭成员相处模式开放、美国人彼此间通常直呼其名、美国人会直抒己见、美国人认为工作和个人生活是分开的、美国人是个体主义者。排在后五位、有超过半数回答与预期不一致的价值相关判断是：美国人认为人的本性不会改变、美国人时间观念很强、美国人重视精神生活、美国人重视社会等级以及美国人相信人类受控于超自然力量等。换言之，受试学生对于日常交际中语言、生活习惯等较为表层行为的价值相关判断有较为一致的认识，但对于较为深层、经过抽象概括的总体行为方式、时空观念、思维模式和社会等级观念等所获得的价值判断了解不够。

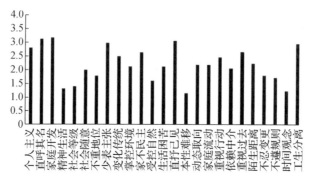

图3

一年级和二年级两组研究生对于各项访题的得分均值符合方差齐性，进行对比试验后，未发现显著性差异（$\Pr(|T|>|t|)=0.3718$），即受试学生所在年级并未影响其对各项文化价值判断的得分。这或许提示汉语国际教育专业研究生及培养单位应特别关注一年级基础课阶段跨文化意识的提升。

在问卷中受访学生人数超过30人的高校中，选取北京某全国知名师范大学、南京某重点师范大学以及非省会城市某重点工科大学进行进一步比较。如图4所示，三地三所重点高校学生对各受测项目理解的总体趋势基本一致，北京高校学生判断得分的综合情况明显优于全体受访者的均值，南京高校学生的整体得分略高于均值，而非省会高校学生的整体得分略低于全体受访者的均值。三组学生对于各项访题的得分均值皆符合方差齐性，对比试验后，发现在三组研究样本中，北京高校与非省会高校在配对t检验后显示双方差异非常显著[$\Pr(|T|>|t|)=0.0091$]，与南京高校比较后显示双方差异显著[$\Pr(|T|>|t|)=0.0462$]，即北京某高校的受访学生通过访题展现出的跨文化意识明显高于非省会某高校的学生、略高于南京某高校的学生。由对北京该高校学生的回答进一步观察发现，其在价值判断中通

常会基于自身知识储备和理解,依据量表的五级分级给出明确的答案,极少会如非省会某高校受访学生,选择赋值最低的"不确定"作为回答。

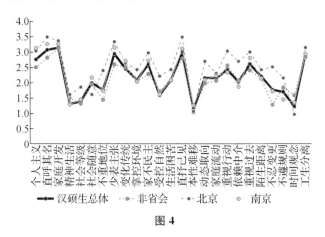

图 4

在问卷第三部分设置的开放性反馈中,受访学生在回答访题中的差异化表现得到了部分解释。

许多同学在回复对问卷访题的看法时,承认了自身相关知识的缺乏:"自身对于美国了解不多""没有接触过美国人,仅是凭借自己感觉去填""之前并未对美国有深入了解,回答问题没有指向性""没有接触过美国人,所选只是依靠我从电影等媒体宣传中的了解""我不是美国人,对美国没感兴趣""这样的调查应该针对去过美国或者更深地了解美国文化的人"。也有同学因为对题目回答的知识不足而心存懈怠,如"我觉得这问卷该发给美国人填才对,因为我真不了解他们的文化思想如何"。实际上,设置开放性问题的目的之一即是侧面考察学生们是否具有了解他者文化的主动性与批判性思维。

尽管受访学生的英语水平相当,但对于这些价值判断的回答质量是否会受到过去是否主动学习过美国文化或接触过美国人的影响呢?在反馈意见中注意到上述问题后,问卷调查后期在第三部分补充了相关提问。在回收的有效回答中,来自上文南京某重点师范大学的 89 位同学全部做出了回答,此处即以该校为例进行探究。

在 89 位同学中,有 41 位曾经主动了解过美国文化,47 位未主动了解过。比较两组同学在跨文化意识各访题得分的均值,得出下图结果。如图所 5 示,曾主动了解过美国文化的同学在各项访题中的得分均值普遍高于未曾主动学习的同学;在"美国人的家庭成员相处模式开放家庭开放"判断中,两组得分都较高,曾主动了解美国文化同学的得分均值略低于主动学习者;但在"美国人重视精神生活"的判断中,曾主动了解美国文化的同学的得分均值低于未主动学习者。在主动了解美国文化同学中,超过半数同学接触过美国人,但有趣的是这些同学在回答"美国人是个体主义者""美国人彼此间通常直呼其名""美国人很少公开地表达自身主张""美国人在公共场合会同陌生人保持一定的距离""美国人认为工作和个人生活是分开的"这些可以通过接触得到更好证实的价值判断时,虽都获得较高的得分,但相较于未接触过美国人的同学,均值略低。这可能在一定程度上表明,个体层面的接触促使同学们重新评估已主动了解的知识,在对文化进行理解和评判时倾向给出更为谨慎的选择。值得注意的是,接触过美国人但未主动了解美国文化的同学在25项有关美国文化价值的回答中,有高达15项访题的回答得分均值在该校所有学生中最低,即低于那些既未接触过美国人也未主动了解美国文化的同学。这或许说明缺乏跨文化知识的引导而仅凭个体接触经历,易以偏概全,形成对他者文化的认识偏颇。但是,如上推测在数据组间对比中,都未见统计学意义的显著性差异,这也从侧面在一定程度上印证了跨文化意识在实际评价中的复杂性和困难性。

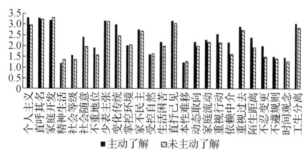

图 5

通过反馈意见,可推断一些受试者实际已具备了一定的跨文化意识,有主动思考、批判性评价、合作共赢的意愿,比如,有同学指出"很难笼统地去判断整个美国人群体的性格特征""不是很了解美国文化大方向上不同国家的人有不同的特点,但时代前进太快,就90后来说,看问题处理事情上也有了很大的改变,不知道美国是否也是如此",有些同学更为明确地指出"调查的是对美国的刻板印象嘛?"确实,美国文化并非单一静态的文化,这也是为什么针对"美国人认为人的本性不会改变"的论断,许多同学较难做出回答的原因。

一些受访同学热心地提出了希望访题中增加对其他国家比如澳大利亚、英国、阿拉伯文化、北欧文化等的考察,这无疑需要更多区域研究和教育专家合力设计、改进,丰富现有问卷内容和版本。另有建议细化、具体化当前访题,现有问卷访题中存在表意不明确的因素,更重要的原因则是部分受访学生尚未能基于以往教育和自身的知识体系,借助反思和深度阅读或相关课程在理论层面或抽象层面形成对文化的概括。有一些同学提出"动态取向是什么意思""有些概念我不太明白"正印证了该问题。此外,问卷调查这一研究方式具有自身的局限性,访题内容和数目都需有所限定,无法像访谈一样利用更长时间灵活地对访题所指进行补充、追问等。部分同学因为不能理解问卷调查的上述局限性,从而也提出了一些带有民族主义情结的评:"就中国人那么喜欢与美国人相比吧"。

## 3. 存在的问题与改进建议

Recommendations

汉语国际教育研究生是国际汉语教师队伍的重要后备力量,在汉语国际教育研究生培养过程中,充分的跨文化意识是进行有效的跨文化交流的基础。依据上述调查发现,可尝试至少在以下方面做出调整和改进。

① 汉语国际教育研究生对跨文化意识认知的加强及主动提升是跨文化能力培养的关键目标。在跨文化交流中,存在无法穷尽的细节性差异,因此抽象层面的概况和反思显得至关重要。汉语国际教育研究生作为汉语国际教育中外语教学和文化传播的主体,文化接触有助于汉语国际教育研究生体验这些差异,但更为主要的是在去任教国家之前,特别是在一年级,掌握一定的从理论、抽象层面观察、理解、认识和融入文化的知识,如能在个人经验之外,通过课程学习和深度阅读从抽象层面对文化常识、习俗等有更为清晰的知识和认识,才会在现实教学和生活中更为敏感地察觉不同文化的特性,借助交流技巧进行更高层次、更为有效的跨文化交流。目前,主要针对汉语国际教育研究生的跨文化教材比较有限,但广义层面的跨文化交流的教材和专著非常丰富,有选择性地阅读有助于从更为宏观和抽象的层次认识文化性、认识汉语国际教育工作的实质和责任。

② 典型性跨文化交流案例库资源开发和建设是汉语国际教育研究生跨文化能力培养的有效保障。如本次调查所示,多数汉语国际教育研究生的跨文化交流经历非常有限,已有经历中也多牵涉众多文化。短期跨文化交流项目的个人实践有利于夯实跨文化理解能力基础,为之后在多样化文化语境中有效开展工作培养预测能力和信心。但切身体验的经历毕竟有限,因此借鉴多方资料开发和构建典型案例是在职前提升汉语国际教育研究生跨文化交流能力的重要方式。案例除需要覆盖主要国家或文化外,更需关注案例所隐含的时空观、宗教观、表达方式等具有普遍意义的跨文化理解能力所关注的课题。能够充分了解文化的多样性(cultural variability),不断调适自身的交流模式,才可更好地融入不同文化,更有效地进行交流。

③ 跨文化师资和管理队伍的培植与整合在汉语国际教育研究生培养中具有特别意义。汉语国际教育研究生获得高质量知识的重要来源是培养他们的教师。"作为教师培训的核心元素,具备跨文化教学能力的教师能够更好地助力来自不同文化背景的学生提高在一个多元文化世界里生存的技能。汉语教师自身的文化修养影响课程设计的专业决策和判断,对文化理解的准确性和正确性直接反映课堂实践的质量,在文化方面掌握的显性知识和隐性知识是课程设计的重要元素。"[①]早有研究指出"教师普遍偏向外显的文化信息和静态特征,忽视文化的深层内涵和动态特征"[②]、"大多数国际汉语教师教育培训项目中缺乏跨学科的元素,教师没有能够为在课堂教学中充分传授跨文化相关概念做好知识储备"[③]。根据国家汉办《孔子学院年度发展报告》,2015年有约12 000名国际汉语教师作为志愿者输送到140个国家,这些教师可能在具体的文化环境中遇到不同的挑战,但是国际汉语教育学界并

---

① 李苿婷.国际汉语教师跨文化教学能力研究述评[J].高教发展与评估,2017,33(5):103-112,118,p.104
② 孔德亮,栾述文.大学英语跨文化教学的模式构建——研究现状与理论思考[J].外语界,2012(2):17-26.
③ 李苿婷.国际汉语教师跨文化教学能力研究述评[J].高教发展与评估,2017,33(5):103-112,118,pp.107-108.

未能够将科学研究同步发展到这些国家和地区。当前汉语国际教育研究生的主体为国际汉语教育和汉语言文学专业出身,而授课教师主体是中文相关专业或英语专业。汉语国际教育作为一项国际化要求较高的专业需要整合中文、英语、小语种、国际关系、历史等相关专业师资队伍和管理队伍,共同合作,共享、共建、共荣。这就要求汉语国际教育研究生进入有教师、管理者等的跨文化交流相关课题团队,进行共同研究、有效引领,有助于汉语国际教育研究生以研究为契机,从更为广阔的背景,在更为抽象的层面上重新审视自身的专业和职业发展方向。针对汉语国际教育研究生跨文化能力现状,教师、培养单位等各相关方可以共同筹措、开发包含上述主题、知识,形式和侧重多样的教材与教学资料,辅助汉语国际教育研究生缩短这一知识储备过程的周期和效果。各培养单位还可与学习者一起拓展、争取多样化的教学、文化交流机会,通过体验重新审视通过课堂、自我阅读等所形成的跨文化意识,共同服务于国家汉语国际教育层次和质量的提升。

## 三、跨文化效力
### Intercultural Effectiveness

随着中国经济的崛起和全球国际化的进一步发展,全世界掀起了"汉语热",特别是"一带一路"倡议助推了"汉语热"的持续升温。为了提高我国汉语国际推广能力,加快汉语走向世界,改革和完善对外汉语教学专门人才培养体系,培养适应汉语国际推广新形势需要的国内外从事汉语作为第二语言/外语教学和传播中华文化的专门人才,2007年1月,国务院学位委员会第二十三次会议审议通过汉语国际教育硕士专业学位设置方案,旨在培养具有扎实的汉语言文化知识、熟练的汉语作为第二语言/外语教学的技能、较高的外语水平和较强的跨文化交际能力的专门人才。为了讲好中国故事,传播好中国文化,进一步提升汉语国际教育人才培养水平,必须将跨文化交际能力内化为汉语国际教育硕士培养体系是其中一个重要的课题。因此,汉语国际教育硕士生的培养需将语言文化知识学习、教学技能与跨文化交际能力培养相结合。

2012年12月12日,国家汉办出台新的《国际汉语教师标准》,对2007标准框架进行凝练,突出汉语教学、中华文化传播和跨文化交际三项基本技能。《标准》第4点《中华文化与跨文化交际》中指出:教师应掌握中华文化和中国国情基本知识,具备文化阐释和传播的基本能力;具有跨文化意识和交际能力,能有效解决跨文化交际中遇到的问题。由此可见,在新形势下国际汉语教师跨文化交际能力目标的不断明确,对汉语教师的要求也不断规范、提高。

我们以跨文化交际能力为主题词,在中国知网搜索得到18774条结果(截至2019年2月12日15:00),如图6总体趋势分析,其中2008年发表1236篇论文,2018年有999篇,2017年发表1060篇论文,相关研究主要涉及跨文化交际、跨文化交际能力及英语教学等(见图7)。

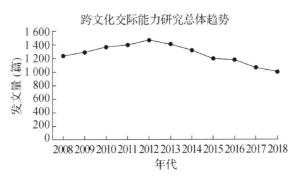

图6　跨文化交际能力研究总体趋势

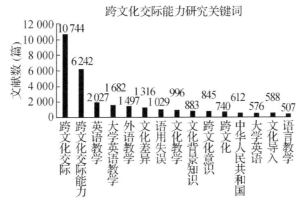

图7　跨文化交际能力研究关键词

跨文化交际学诞生在美国,1959年霍尔出版的《无声的语言》一书标志着跨文化交际学的诞生。虽然我国跨文化交际的研究始自80年代初期,但发展迅速,且中西方学者都从不同角度对跨文化交际能力进行过研究。斯皮茨贝格与库帕克提出影响跨文化交际能力的三要素:动机、知识和技能。金姆运用社会心理学和应用语言学,将影响跨文化交际能力的各种因素总结成一个由认知因素、情感因素和行为因素组成的新模式。陈国明提出跨文化交际能力包含的三个层面:① 认知层面,指跨文化理解;② 情感层面,指文化敏觉力;③ 行为层面,指跨文化效力。

跨文化效力是由五项主要的行为技巧组成(Chen,2002,2007):讯息技巧(messages skills)、自我表露(self-disclosure)、行为弹性(behavioral flexibility)、互动经营(interaction management)及认同维护(identity maintenance)。波尔特拉和陈国明(Portalla & Chen,2010)指出,从跨文化训练的角度而言,行为模式和互动模式两种方法就是直接训练参与者的跨文化效力。行为模式的训练,旨在熟练地主国的行为技巧,以达到能够得心应手地适应该文化;互动模式则直接与地主国人沟通,从中学习到该文化的适当行为技巧。此外,他们还开发了可靠性较高的(Cronbach's $\alpha=0.85$)跨文化效力量表(Intercultural Effectiveness Scale)。叶敏、安然(2012)从跨文化适应的研究视角,采取问卷调查的形式,通过对短期留学生的跨文化敏感和跨文化效力分析研究,发现不同国家与地区的留学生跨文化适应能力存在差异,验证了文化距离理论。赵翔(2012)采用跨文化效力量表和跨文化交际焦虑量表,调查了非英语专业大学生的跨文化效力和跨文化交际焦虑及其相关性。随后,赵翔(2014)又采用跨文化效力量表和普遍我族中心主义量表,调查了大学生跨文化效力和我族中心主义的基本情况及相关关系,两项研究都表明跨文化效力量表的相关性、可靠性。杨静(2013)通过大学生跨文化交际能力的实证研究,提出提高学生跨文化交际能力的三个策略:通过留心、管理焦虑、运用移情提高跨文化交际技巧;通过提高自尊、自我认识、语言能力提高跨文化交际信心;增强跨文化交际知识。贾曼丽(2014)通过问卷对高职院校英语专业三年级167名学生的跨文化敏感与跨文化效力进行调查研究,结果发现:高职生的跨文化敏感度中等偏低,跨文化效力略低于平均及格水平;跨文化敏感与跨文化效力整体具有较强的正相关性;男女学生在跨文化敏感和跨文化效力上没有表现出显著差异。谭丹(2017)基于"中国—加拿大教师教育和学校教育互惠学习"项目的个案分析,进行教育国际合作项目参与者的跨文化敏感与效力研究。结果发现:项目参与者的跨文化敏感与跨文化效力二者存在着显著的正相关性;个人因素中,只有外语水平和出国经历对跨文化效力的某些要素有影响;项目进一步实施过程中,应加强项目参与者的跨文化交际能力,尤其要关注其内在真实的情感倾向。

本书旨在通过采用陈国明教授所发表的跨文化效力量表对汉语国际教育专业研究生的跨文化效力进行实证研究,并试图制定适合中国汉语国际教育研究生跨文化效力的培养方案,提高汉语国际教育专业研究生的跨文化传播力。本研究对于汉语国际教育专业学科建设,特别是课程设置、教材建设和教学效果评估等方面具有重要的指导意义。同时,在新时代提升中华文化传播力的背景下,汉语国际传播与跨文化效力之间的相关性研究对于国家文化传播力建设具有十分重要的学术意义和实用价值。

## 1. 汉语国际教育专业研究生跨文化效力实证调查

Empirical Investigation of Intercultural Effectiveness of Postgraduates in International Chinese Education

### 1) 研究对象

此次问卷的调查对象是中国高校汉语国际专业的研究生,其中男生33名,女生333名,且本科专业为汉语国际教育专业的人数为231人。其具体情况如表5.3所述:

表5.3 被测试者基本情况

| | |
|---|---|
| 大学英语四六级 | 271 |
| 英语专业四级、八级 | 41 |
| 有国外留学经历/工作经历 | 151 |

此次调查共发放问卷378份,扣除无效问卷12份,共回收366份,有效回收率约为97%。在问卷个人基本信息填写中,343人表明自己与来自其他文化的人群有过成功的交

往或交流经验;231人觉得自己是成功的跨文化交际者;270人承认在与来自其他文化的人交流或交往过程中,自己有过失败的案例;288人察觉到其他文化的人群对我方文化产生怀疑。

**2) 研究方法**

本次研究采用问卷调查法,其中问卷的跨文化效力量表是陈国明等(Chen & Starosta)所设计的,试图通过定量分析的方法分析汉语国际教育专业研究生跨文化效力的基本情况;问卷的个人基本信息测评是本研究团队自己设计的,尝试对调查对象的基本教育背景、专业素养、文化经历等有所了解。

此次问卷一共有37题,分为两个板块。第一板块有17题,为个人基本信息调查;第二板块有20题,为跨文化效力测试,其中表5.4是跨文化效力各维度及其对应题号。

表 5.4 跨文化效力各维度及其对应题号

| 维度 | 题号 |
| --- | --- |
| 行为弹性(behavioral flexibility) | 2,4,14,18 |
| 互动松弛(interaction relaxation) | 1,3,11,13,19 |
| 尊重对方(interactant respect) | 9,15,20 |
| 讯息技巧(message skills) | 6,10,12 |
| 身份维持(identity maintenance) | 8,16,19 |
| 互动经营(interaction management) | 5,7 |

**3) 研究内容**

本研究从跨文化效力的六个维度出发,通过问卷答题信息解读汉语国际教育专业研究生在各维度的表现情况,分析其跨文化效力方面的长短处,制定新的跨文化效力量表和适合汉语国际教育专业研究生的培养方案,提高其跨文化传播力。

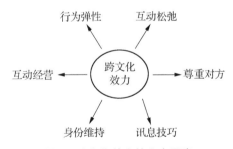

图 8 跨文化效力的六个因素

## 2. 结果统计与比较分析

Results and Discussion

在跨文化效力的六项因素中,366名汉语国际教育受试者在尊重对方一项得分最高,为4.37,接着依次为互动经营、身份维持、互动松弛、行为弹性,而讯息技巧的分数最低。

表 5.5　跨文化效力六项因素描述性统计

|  | 题目数 | 人数 | 最低分 | 最高分 | 平均分 | 标准差 |
|---|---|---|---|---|---|---|
| 行为弹性 | 4 | 366 | 2.58 | 3.48 | 3.03 | 0.93 |
| 互动松弛 | 5 | 366 | 3.05 | 3.16 | 3.11 | 0.86 |
| 尊重对方 | 3 | 366 | 3.66 | 4.37 | 4.08 | 0.72 |
| 讯息技巧 | 3 | 366 | 2.45 | 3.06 | 2.75 | 0.87 |
| 身份维持 | 3 | 366 | 2.99 | 3.68 | 3.27 | 0.87 |
| 互动经营 | 2 | 366 | 3.36 | 3.36 | 3.36 | 0.78 |
| 合计 | 20 | 366 | 2.45 | 4.37 | 3.267 | 0.83 |

尊重对方是指和来自不同文化背景的人交流时，对对方的重视和尊敬程度。汉语国际教育专业研究生在此项得分最高，有很多原因，其一是汉语国际教育专业研究生的特点。调查结果显示，有151名汉语国际教育专业研究生曾有过国外留学或者工作经历，占受试人数的41.1%，且有343人与来自其他文化的人群有过成功交往或交流的经验，占受试人数的93.46。汉语国际教育专业的培养目标为"适应汉语国际推广工作"，学术性与实践性紧密结合，因此，汉语国际教育专业研究生有更多的与来自其他文化人群的交流机会，相比其他专业的大学生，他们能够更加理解和尊重其他文化的人群。其二，互联网信息传递与通信软件的普及，学生可以通过各种渠道了解到不同文化的特点并且有机会与来自世界各地的人群联系，更加能够懂得尊重交际对象。

互动经营指的是控制整个交流过程的能力，包括开始对话、维持对话以及提出适当话题的能力。在这一维度中，学生表现的成绩较为乐观，平均分达到了3.36分。题目考察的是学生在和来自不同文化背景的人交流时，是否能够明确表达自己的想法以及有效地回答问题的能力。问卷结果表明学生在与不同民族的人交流时，能够较好地表达自己，实现有效的文化沟通。这一现状与汉语国际教育专业研究生自身扎实的语言功底、良好的跨文化交流环境以及丰富的国外留学或者工作经历是分不开的。

身份维持指的是在沟通过程中顾及对方的面子与保护对方的认同能力。在这一项中，被测试者的平均成绩在3.27分左右，结果较为理想。这表明在文化交流的过程中，大多数被测试者都能认同并尊重不同文化背景的人，发现彼此间的相似之处，没有产生太多的距离感。调查结果从侧面反映了汉语国际教育专业研究生不仅了解本民族的风俗文化，也能包容接受其他民族的风俗习惯，具有较高的跨文化意识。

互动松弛是指交流时的自在程度，此项的分数排第四位，分数较低。一方面，中国学生的性格大多内向、沉稳，不善于表达自身感情，容易在交流初期产生隔阂或疏离感。另一方面，汉语国际教育专业研究生在与不同文化的人群交流时，有时可能过于尊重对方限制其使用亲密语言或行为与对方建立良好的人际关系。

行为弹性是指在不同的情境下表现出适当的行为的能力，受试者行在此项分数较低。

我们可以发现此项中的第 4 和第 18 题分数较低,只有 2.63 和 2.58 分,说明大部分汉语国际教育专业研究生觉得自己在与其他文化群体交流时,自己实际呈现出来的与内心想法不一致,表现得不像自己。

讯息技巧指的是使用语言和非语言的信息进行交际的能力,因此,有效地使用语言和非语言信息进行沟通也是跨文化交流的基本要素。而在这一项中,被测试者最低分仅有 2.45 分,最高分也只有 3.06 分,也是所有项目中最弱的一项,这说明汉语国际教育专业研究生对于使用不同语言和非语言技巧在不同文化中转换和调整的能力较弱,在交流时不能在不同情境下及时调整自己,紧张程度较高。通过进一步分析发现,学生在第 6 题("和来自不同文化背景的人交流时,我在语法方面有问题。")和第 12 题("和来自不同文化背景的人交流时,我经常未能领会部分谈话内容。")两题的得分仅为 2.45 和 2.75。这表明学生在文化交流过程中,还没能够熟练地使用常用语法进行沟通,对语法的掌握程度还有待加深;在日常交流时,学生表示还不能完全听懂和理解对方。因此,在制定汉语国际教育专业研究生培养计划时,我们要正视语法在口语中的地位,注重提高学生对英语日常用语的应用能力。

## 3. 存在的问题与改进建议

Recommendations

此次问卷调查发现:受试者在尊重对方一项表现最佳,展现出较高的文化修养和专业素质;在身份维持、互动经营两方面得分较高,说明汉语国际教育专业研究生跨文化意识观念较强;在行为弹性与互动松弛两项得分较低,表明汉语国际教育专业研究生在跨文化交流时还不能完全放松自在地展现自己;在讯息技巧方面表现最弱,说明他们还未能熟练使用语法进行无障碍交流。

根据调查结果,我们可以有针对性地帮助提高汉语国际教育专业研究生的跨文化交际能力。第一,利用学校的留学生资源,为汉语国际教育专业研究生提供教授汉语课的机会,让汉语国际教育专业研究生与留学生之间一一结对,增加校内跨文化交流机会。第二,建立海外汉语国际教育专业研究生实践平台。学院可以向学生提供志愿者项目的申报信息与培训,积极鼓励他们申请孔子学院等,通过培养单位与海外学校合作,让更多的汉语国际教育专业研究生能够踏出国门,在传播中华文化中体验跨文化交际的魅力,提高自身跨文化交际能力。最后,在设置学校课程时,教师可利用网络和现代教学技术,为学生提供真实的跨文化交流情境,提高课程的实用性和有效性,让学生在交流与讨论中不断进步。

此外,本研究也存在一定的局限性:受试样本的汉语国际教育专业研究生只集中在几个学校,应在更大范围内、对更多学校更多年级的汉语国际教育专业研究生进行调查,以提高本研究的信度和效度。另外,本研究在探讨汉语国际教育专业研究生跨文化效力现状的基础上,缺乏对受试者行为表现以及情感的长期跟踪,如果能进行横向和纵向的比较,研究结果可能会更加具有说服力。

# 参考文献

陈国明,2009.跨文化交际学[M].上海:华东师范大学出版社.

郭晶,吴应辉,2018.汉语国际教育硕士专业学位水平评估指标体系初探[J].教育研究:39(11):99-104.

汉语国际教育硕士专业学位研究生指导性培养方案[EB/OL]. http://www.moe.gov.cn/s78/A22/moe_847/tnull_29892.html

孔德亮,栾述文,2012.大学英语跨文化教学的模式构建——研究现状与理论思考[J].外语界(2):17-26.

李茨婷,2017.国际汉语教师跨文化教学能力研究述评[J].高教发展与评估(5):103-112.

Baker J C & Ivancevich J M, 1971. The Assignment of American Executives Abroad: Systematic, Haphazard or Chaotic? [J]. California Management Review (13): 39-44.

Bennett M J, 1984. Towards ethnorelativism: A Developmental Model of Intercultural Sensitivity[C]. In: The Annual Conference of the Council on International Exchange, Minneapolis.

Bhawuk D P S, Brislin R, 1992. The Measurement of Intercultural Sensitivity Using the Concepts of Individualism and Collectivism[J]. International Journal of Intercultural Relations: 16(4): 413-436.

Black J S & Gregerson H B, 1991. The Other Half of the Picture: Antecedents of Spouse Cross-cultural Adjustment[J]. Journal of International Business Studies: (22): 461-477.

Chen G M, 2005. A Model of Global Communication Competence[J]. China Media Research (1): 11-13.

Chen G M, & Starosta W J, 2000. The Development and Validation of the Intercultural Sensitivity Scale[J]. Human Communication: (3): 1-15.

Chen G M, 1997. A Review of the Concept of Intercultural Sensitivity[C]. In: The Biennial Convention of Pacific and Asian Communication Association, Honolulu.

Chen G M, 1989. Relationships of the Dimensions of Intercultural Communication Competence[J]. Communication Quarterly: 37(2): 118-133.

Chen G M & Starosta W J, 2007. Foundations of Intercultural Communication[M]. Lanham: University Press of America.

Hammer M R, Bennett M J & Wiseman R, 2003. Measuring Intercultural Sensitivity: The Intercultural Development Inventory[J]. International Journal of Intercultural relations: 27(4): 421-443.

Hammer M R, Gudykunst W B & Wiseman R L, 1978. Dimensions of Intercultural Effectiveness: An Exploratory Study[J]. International Journal of Intercultural Relations: 2(4): 382-393.

Kapoor S & Comadena M, 1996. Intercultural Sensitivity in Individualist-collectivist Setting[J]. World Communication: 25(4): 169-176.

Nesdale D, de Vries Robbé M & Van Oudenhoven J P, 2012. Intercultural Effectiveness, Authoritarianism, and Ethnic Prejudice[J]. Journal of Applied Social Psychology: 42(5): 1173-1191.

Ruben B D, 1976. Assessing Communication Competency for Intercultural Adaptation[J]. Group & Organization Studies: 1(3): 334-354.

Spitzberg B H & Changnon G, 2009. Conceptualizing Intercultural Competence. In D. K. Deardorff(Ed.), The Sage Handbook of Intercultural Communication. California: Sage.

Taylor E W, 1994. Intercultural Competency: A Transformative Learning Process[J]. Adult Education Quarterly: 44(3): 154-174.

Tung R L, 1982. Selection and Training Procedures of U. S., European, and Japanese Multinationals[J]. California Management Review (25): 57-71.

# 第六章 汉语国际教育在海外的发展现状
## Chapter Six  International Chinese Education around the Globe

"汉语国际教育"是"汉语教学"的一个分支。通常,在中国境内开展的针对外国汉语学习者的汉语教学被称为"对外汉语教学",在中国境外开展的汉语教学则依据学习者是否是华人,被分别命名为"华文教学"和"汉语国际教育"(陆俭明,2019)。

汉语国际教育的对象个体差异非常明显:有些是在当地高等院校接受学历教育,有些是通过孔子学院或各种培训机构等接受非学历教育;学习者的主体是学生,但也有来自社会各行各业的人;年龄层次多样,年轻人居多,但也不乏幼儿和老年人;学习者广泛分布在世界各地,但以亚洲国家人数居多(张晓曼,谢叔咏,2016)。伴随着中国国际地位的提升与影响力的扩大,特别是近年来中国"一带一路"倡议的落实,汉语国际教育在世界许多国家都呈现出强劲的发展势头,同时也暴露出一些共性的问题和区域性的差异。

本章将从"汉字文化圈"和"非汉字文化圈"的角度概述代表性国家或地区的汉语国际教育的跨文化发展现状。

## 一、汉字文化圈的汉语国际教育
### International Chinese Education in Chinese Character Zone

"汉字"是记录汉语的文字。虽然直至汉朝才有"汉字"之称,但其形成实际历经几千年演变,是中华文化的独特载体。"在古代亚洲,汉字是具有国际性质的书面符号"(陆锡兴,2018),掌握汉字才可以更好地在该地区进行经济、文化甚至政治等方面的交流活动,而"以汉字作为书写与阅读工具的地区,我们称为汉字文化圈"(郑阿财,2018)。

历史上,汉字文化圈的范围既包括当时被称为蛮夷的西夏、辽、金等割据政权,还包括现代国家形成之后,作为中国邻国的朝鲜、韩国、日本、越南等周边国家和民族。此外,如下华人的聚居区也常常被纳入"汉字文化圈"的范围:"新加坡(有时也被纳入大中华地区)、马来西亚(有时也被纳入大中华地区)的华人聚居地区(如:吉隆坡、怡保、新山、古晋、槟城、马六甲等西海岸地区)、印尼华人聚居地区、文莱华人聚居地区、泰国华人聚居地区、日侨聚居地区(如巴西的日侨聚居区)、越侨聚居地区(如欧洲、北美的越侨聚居区)、韩侨聚居地区(如欧洲、北美的韩侨聚居区)等等"(王忻,2015)。

汉字是一种表意文字,具有"语""文"分离的特性,因此,它在"汉字文化圈"呈现出"一种以'植文'为主的独特的传播形式",即将汉语汉字广泛应用于书面表达与沟通当中,但日常交流通常使用自身的口语进行。这种将汉字作为跨地区、跨民族、跨语言文字的情况一直持续至19世纪末、20世纪初。有学者认为,汉字在近代之前被广泛借用"主要靠的是文明发展的落差形成的文化向心力,吸引着周边国家主动学习"(韩晓明,2015)。日本学者西嶋定生将"汉字文化圈"各个地区所展现的文化共性总结为如下要素:"以汉字为传意媒介,以儒家为思想伦理基础,以律令制为法政体制,以大乘佛教为宗教信仰等等作为共同的价值标准"(转自王忻,2015)。如今,这些隶属古代"汉字文化圈"的国家都形成了自身的文字,但汉字对其文字的影响不容忽视,比如"朝鲜语、越南语和日本语词汇的六成以上都是由古汉语派生出的汉字词组成的"(王忻,2015)。

"汉字文化圈"各地区与汉语以及中华文化保持着长期的接触和交融,以下将概述韩国、日本和越南这三个"汉字文化圈"代表性国家的汉语国际教育现状。

## 1. 韩国的汉语国际教育

International Chinese Education in the Republic of Korea

韩国位于朝鲜半岛,是中国六个海上邻国之一,在东北亚地区占有重要地位。中国汉字相传早在商末周初便已传入朝鲜半岛。历史上,朝鲜半岛部分地区曾被西汉、唐朝、元朝等纳入王朝版图或进行间接统治,汉语言文字和文化都曾对其及周边地区产生深远的影响。已有研究表明,"公元2—3世纪,朝鲜半岛自北向南,开始采用汉文教育。公元8—9世纪,统一朝鲜半岛的新罗王朝模仿中国以经学取士的科举制度,使汉文汉字成了朝鲜半岛知识分子得以仕进的利器。此后直至1910年日本占领朝鲜半岛前,汉文汉字始终是朝鲜半岛的官方语言文字"(邵文利,杜丽荣,2007)。朝鲜半岛上的百济、高句丽、新罗诸国在高丽王国统一半岛之前都曾用汉文编撰其国史,在2000多年的汉字传播中,汉字是各个时代的文人的书面用语,他们用汉字宣布文告,还用汉文创作了大量的具有较高艺术水平的汉诗、散文、小说作品,大量文献流传至今(陈辽,2005)。

现在,韩国用于书写的是谚文而不再是汉字,但长期的接触已在韩语的发展中烙下深深的印记,如"韩国出版的所有国语词典中汉字词都占词汇总量的50%以上"(张晓曼,2015)。在韩国,现代意义的汉语教学始于其独立之后的第二年,以1946年首尔大学中文系的成立为标志。2004年,中国在全球兴办的第一所孔子学院即选址在韩国首尔。截至2019年7月,中国在韩国共设有23家孔子学院和5家孔子课堂,是在亚洲国家中最多的。

"韩国大学汉语教学20世纪五六十年代处于起步阶段,七八十年代有了一些发展,1992

年中韩建交以来大学汉语教学得到了长足发展,汉语教学规模和质量有了较大的跃升。"当前韩国国内的汉语教学规模宏大、普及度极高,"据韩国教育统计研究中心统计,2016 年,韩国共有普通本科院校 189 所,专科院校 138 所,其中设立中文专业的本科院校有 149 所,专科院校有 43 所,在读中文专业本、专科学生达 29 410 人",还有大规模的汉语教学以公共通识课的形式展开,孔子学院直接参与了这些大学的汉语教学工作(解植永,2018)。"韩国对本土汉语师资的学位要求很高,通常中小学汉语教师都要求具有硕士以上学位,而高校老师则普遍要求具有博士学位"(吴应辉,2005)。中国综合国力的提升、中韩交流的增多以及广阔的市场和就业前景是促使韩国人学习汉语的重要因素。在韩国汉语教学快速发展的同时,其课程设置也在适应市场需求不断调整:除开设传统的语言和文学类的课程外,还增加了关于中国地理、经济、政治等文化类课程的比重;除培养专科、本科层次的人才外,还加大力度培养硕士、博士等更高层次人才。在 2012 年中韩建交 20 周年之际,中国国家汉办和韩国国立国际教育院达成协议,开启 CPIK(Chinese Program in Korea)项目,通过每年派遣 200 名左右的教师志愿者赴韩以帮助韩国中小学提高汉语教学质量和水平。研究显示,韩国人在汉语学习过程中,由于历史中的长期接触通常能较快形成良好的阅读能力,但在语言出现相近情况时则会因为过度泛化而出现词性、词义以及语体偏误等母语负迁移现象。此外,较为内敛的民族性格使得学习者们在课堂中的主动参与意识不强(曹莉,2016)。解植永(2018)认为韩国汉语教育存在如下问题:汉语教师入职没有统一标准,缺少监督,语言学类教师数目低于文学类教师;尚未编订针对中文专业和汉语教学的权威教学大纲,教学目标和要求不够明确;教师在教材选择方面较为随意,市面上符合韩国国情的汉语优秀教材较少;教学方式和理念更新不及时、教学中会厚古薄今、重文轻语,强调到目标语环境锻炼而忽略了在本土进行的口语能力培养,需要通过与国内各高校以及中国各级教育机构进行教学交流等方式不断改进。

## 2. 日本的汉语国际教育

International Chinese Education in Japan

日本位于亚洲东部,地处西太平洋,与中国隔海相望,领土由 7 000 多个岛屿构成,古称"倭"。日本作为一个统一的国家开始较晚。据史书记载,公元前 1 世纪左右汉武帝攻灭朝鲜并设置真番、临屯、玄菟、乐浪四郡,"当时倭人分为百余个小国,由三十多个小国通过朝鲜半岛与汉朝产生了联系"(陆锡兴,2018);魏晋南北朝时期,日本列国与朝鲜半岛以及中国当时的封建王朝都有使者往来;隋唐时期,中国国力空前强盛,周边国家和民族纷纷遣使入贡、学习,日本就在其中。日本的遣隋使、遣唐使规模庞大,返回的使节、留学生"激起知识阶层强烈的求知欲望,造就了盛唐时期连绵不断的留学生和学问僧。汉文化全面进入日本,汉字也在日本社会生根、开花"(陆锡兴,2018)。汉文主要是在社会上层中流传,并未在日本社会广泛推广。在这些以知识人士为主的社会上层中,许多人具有极高的汉文造诣,能够读汉学典籍并用汉语创作诗歌、散文等文学作品和编纂历史,但在一般场合中仍然通用日语。

刘海燕(2014)梳理了中国各个历史时期汉语在日本的传播情况,将之区分为汉唐时代的古典期、日本明治维新的转型期、日本侵华战争期、抗战之后的中日关系隔离期、中日关系蜜月期和现阶段六个不同的时间段。在古典时期,日本汉语教学是全盘接受中国文化,汉语、中华文化以及儒家思想的传入一方面经由朝鲜,另一方面是借助派出的遣隋使、遣唐使(从593年圣德太子执政时期直至德川幕府时代);该阶段日本国内官学的教学方式都与中国传统语文教学方法一致;在公元10世纪,日本从公元8世纪即开始在汉语基础上发展的平假名片假名文字系统基本成熟,并成为训读汉字、学习汉语的工具。在这一转型时期,中日海上贸易催生了既会语言又懂贸易的"通事"(翻译的意思)一职,强调"字""话"的唐通事"家学式"教学成为这一阶段汉语学习特色,并一直持续至明治维新。"日本汉语学习由阅读经典转向实用目的,对此后的日本汉语教育深具影响"(林羽,王建勤,2011)。此后,日本的社会、语言等发展进入了全面西化的阶段,关注英、德、法等外语的学习,"脱亚入欧论"盛行,学习汉语和朝鲜语更多意在实现自身的军事扩张。在日本侵华阶段,出于实用的目的,日本出现历史上最大一次汉语学习热潮,"军用汉语""商务汉语"等专门用途汉语被编入教材,"在中国东北地区,日本人聚集地汉语教学、水平测试、教材和词典编写等全面展开,沉浸式汉语教学伴随着侵略战争的准备渐入丧心病狂的状态。"日本战败后,汉语学习者的数量锐减,直至1972年中日邦交正常化后再次蓬勃发展。现阶段,日本的汉语教学主要在大学、学校进行,外国语大学有汉语专业,综合大学有中国文学专业和语言专业,许多人文社科专业将汉语作为第二外语选修课。同时,一些高中、高专以及文化补习所、私人教室等社会机构开展的汉语教学也比较普遍。受西方语言教学思想的影响,语言考试一直是日本汉语教学的重要环节。早在1904年,日本就已开始实行以实用翻译为主的检定考试,目前日本国内有中国语检定考试、中国语导游翻译业考试、商贸中国语检定、中国语交际能力测试等多种考试服务。日本历史中上述汉语教育的做法对汉语在其他国家或地区的传播具有特别的借鉴意义。

如今,中日邦交正常化已接近45年,由于中国经济的蓬勃发展、中日两国语言文化共同的基础和长期的接触交流以及部分媒体的积极传播,汉语在日本的发展规模和范围已超过以往各个时期,日本人对汉语的认同度仅低于英语,但仍存在不尽如人意之处。主要有:① 汉语学习者众多,"大学汉语教学十分普遍,但中小学汉语教学相对薄弱",同时学习者在各阶段学习中经常遇到汉语课程衔接问题;② 顶层设计缺失,教学环境和教学效果欠佳,目前是由民间机构推出汉语学习的教学指导纲要,大学公共汉语课时较少,有重文化轻语言倾向、中高级的教材较少,"专业化师资教学水平参差不齐";③ 与中国合作不够,专业交流不足(吴峰,2012)。

已有汉语教学研究显示,日本人同中国人类似,整体性格谨慎内敛,课堂主动回答问题的同学较少,一些同学已经学习汉语较长时间,但"普通话水平却差强人意、说话洋腔洋调",这主要是因为汉字曾长时间作为汉字文化圈各地区进行书面交流的工具,其口语表述与汉语差异较大,因此可以引入朗读教学,注重课堂管理的艺术性,帮助学生"敢说、乐说"(曹莉,2006)。

## 3. 越南的汉语国际教育
International Chinese Education in Vietnam

越南,旧称"交趾"或"安南",地处东南亚腹地,是中南半岛重要国家。清朝之前,此地曾一度作为中国的行政区之一:隋唐时期曾在此处考试选官;唐朝在此开办学校,发展文化教育、培养人才;明朝永乐年间在此处设"交趾布政使司",直至明宣德年间它才作为中国的藩属国从中国版图划出(陆锡兴,2018)。"越南"的国名实为清代嘉庆皇帝御赐所得,曾经的安南王国只包括今天越南北部的地区,之后它向南不断扩张,将北部具有千年历史的占城古国并入其中。

越南在作为郡县的时代,并没有自己的文字,有一千余年历史的越南王朝一直将汉字作为其正式的书面文字使用,"越南史家在宋代末期撰写《大越史记》、在元代编撰《安南志略》、在明代编撰《越南史略》、在清代编撰《钦定越史通鉴纲目》《皇越地舆志》《大南一统志》《大南实录》等,都是使用汉字"(陆锡兴,2018)。此外,汉字也曾是越南官员选拔的基本要求,"越南于11世纪李朝(1010—1225)中期开科取士,以掌握汉字和儒学的程度选人才、授官职。……越南科举制度延续数百年,直到20世纪初才最后废除。在此时期,被称为'国音'字的喃字虽存在和在一定范围使用,但长期属于非正统文字,被认为低俗不雅,而汉字称儒字,大受推崇"(于向东,梁茂华,2013)。中越两国士人口语表述各异,汉字为媒介的"笔谈"成为双方进行交流的独特方式。越南文化深受中国传统文化影响,直至今天,越南当地许多文化风俗,如庆祝春节、中秋节等,都与中国类似。大约在17世纪,一些西方传教士到达了越南的南方,为了传教方便,他们开始用拉丁字母拼写越南语,这就是后来的越南语的拼音。19世纪中期之后,越南逐步沦为法国的殖民地,拼音文字逐步由殖民当局在越南全境推广。1945年的八月革命结束了历时80年的法国殖民统治,新成立的越南民主共和国政府终止了"汉字"和"喃字"的使用,将拉丁文字作为自身的"国语字"。现在,越南语是越南的官方语言,其发音与我国的广东话较为接近。"从越南历史看,越南是一个受多种外来文化影响的国家,它对某种外语最需要(也可以说受影响最深)的历史大致可以分为五个时期:第一个时期,1885年越南沦为法国殖民地以前受汉语影响最深。第二个时期,1885年至1955年受法语影响最深。第三个时期,1955年至1975年北越受俄语影响最深,南越受英语影响最深。第四个时期,1976年越南统一后至1986年,俄语占压倒地位,英语次之。第五个时期,1986年至现在,以英语为首、汉语为次的多种外语在越南得以普及,汉语的需要处于上升的阶段"(杜剑宣,1999)。

汉字与汉文化在越南流传有着悠久的历史并一度非常盛行,但现代汉语国际教育在越南的开展却是时起时落,深受其国内政治的影响。在越南民主共和国初期,汉语曾经被纳入越南的教育体系。此后,中越两国关系从冷战初期的"同志加兄弟"的亲密急转直下,直至1991年中越关系正常化后,越南高校开设中文专业或汉语课程不再受到政策限制,汉语教学日渐恢复。在2006年5月《普通教育课程:中国语课程大纲》由越南教育培训部颁布,标志着汉语被越南教育部纳入中学课程大纲,与英语、俄语和法语共同成为越南教育体系中的主要外语。据陈传俊(2013),截至2012年"越南全国有448所大学,其中27所学校开设汉语专业,每所学校每年招收100至200名学生,全国每年约有3 500名学生考上汉语专业,另外49个其他专业可以用汉语进行考试";这些高校使用教材多为中国内地出版社出版,极少数由中国香港、中国台湾以及越南本地教师编写。虽然是拥有九千多万人口的汉字文化圈主要国家,越南国内目前仅在河内大学设有一家孔子学院。吴应辉(2009)的调查显示汉语教学在越南高等教育中已初具规模,但基础阶段的汉语教学仍显薄弱;虽然外语是越南中学中的必修课,但是在英、法、俄、汉、日等外语中,大多数学生选择学习英语,中高级的汉语师资短缺。他认为越南具备大力发展汉语教学的基础条件,但继续发展仍需其政府自上而下的推动,也离不开中国的支持,需增进双方高层磋商,借助设立汉语教学基金会、发挥本地华文学校华文教育示范作用、联合培养师资等方式推动越南国内的汉语教学与研究。

## 二、非汉字文化圈的汉语国际教育
International Chinese Education in Non-Chinese Character Zone

在"非汉字文化圈"的各个国家和地区中,亚洲的各地区以及美洲、欧洲和大洋洲的汉语国际教育发展状况各具特色。

### 1. 亚洲"非汉字文化圈"国家的汉语国际教育
International Chinese Education in Asian Non-Chinese Character Zone

中国所处的亚洲是世界上人口最多的大洲,其中有14个国家与中国接壤,6个国家为中国的海上邻国。据Population Reference Bureau数据,2018年亚洲人口过亿的国家有7个,除中国外,还有印度、印度尼西亚、巴基斯坦、孟加拉国、日本和菲律宾。

相对于亚洲庞大的人口,孔子学院(学堂)目前在亚洲的设置并不充分,特别是在中国的周边国家的设置极不均衡。截至2019年6月,与中国同处于汉字文化圈的日本共有23家孔子学院,5家孔子学堂,但亚洲人口第二大国印度仅有4家孔子学院,2家孔子学堂,印度尼西亚有7家孔子学院,巴基斯坦有4家孔子学院和2家孔子学堂,孟加拉国和菲律宾分别有2家和4家孔子学院。下文简要介绍汉语国际教育在东南亚、南亚、西亚和中亚的发展现状。

**1）东南亚**

东南亚通常泛指亚洲东南部的地区，包括越南、老挝、柬埔寨、缅甸、泰国、马来西亚、新加坡、印度尼西亚、菲律宾、文莱、东帝汶等。东南亚地区是海外华人聚居区，也是"目前全球汉语传播效果最好的地区"（吴应辉，何洪霞，2016）。据庄国土（2009），东南亚地区的华侨华人约占全球华侨华人总数的73.5%，华文教育在广大华人华侨中一直得到较好的保留，这有利于当地汉语国际教育的进行。

20世纪以来，汉语在东南亚各国的传播明显受到当时国内政策的影响，吴应辉、何洪霞（2016）称之为"波段共振性"。多数东南亚国家在20世纪经历了受欧洲国家殖民、被日本短暂占领（约1942—1945），在两次世界大战结束后获得自身独立等重大历史阶段。在人民投身于争取自身国家独立过程、民族情绪高涨之时，许多国家的汉语学习处于停滞状态，部分国家国内甚至发生了严重的反华排华事件或运动。直至20世纪80年代，东南亚各国才与当时改革开放积极投入经济建设的中国不断改善关系。20世纪末，东南亚各国国内的汉语学习逐步恢复，汉语学习不再仅是华人的选择，其他族群也在积极学习汉语；文莱、老挝、越南、菲律宾、柬埔寨、越南、泰国、印尼等都出台了较为宽松的外语学习政策，但国别差异仍然明显的。据郑通涛等（2014），"东南亚各国学习汉语的人数超过160万，开设汉语专业或汉语课程的大学约有102所，开设汉语课程的中小学达2 500多所，各类汉语培训机构500多家，教授汉语的教师将近两万人"（郑通涛等，2014）。其中，最引人注目的是泰国。吴应辉等（2012）将当前汉语在泰国超越常规速度的快速发展现象称为"世界汉语教学的一面旗帜"。

泰国旧称"暹罗"，通过海路与中国相连，中泰两国关系紧密。据中国史书记载，"在1370—1643年之间，暹罗使节来到中国访问和贸易达102次，中国明朝使者回访也有19次之多"（陆锡兴，2018）。第二次世界大战期间，泰国是日本的盟国；与东南亚多数国家不同，二战之后的泰国选择追随美国不与中国发展友好关系，甚至与中国对抗。"20世纪50年代至90年代，泰国的汉语教学发展十分艰难，学习人数日趋减少，华文学校陆续关闭，从几百所降到几十所"（陈传俊，2013）。因此泰国的当代汉语国际教育起步较晚，直至1992年，汉语教育才在泰国取得合法地位。2003年之后泰国的汉语国际教育以惊人的速度发展，汉语"进入泰国各类教育体系中，包括高等教育、基础教育、职业教育，甚至学前教育"，汉语课程在各级学校的数目呈十余倍增长，汉语已经成为仅次于英语的第二外语（吴应辉等，2012）。吴应辉、杨吉春（2008）将泰国汉语快速传播的模式总结为"政府主导，高校快捷地推动泰国全国性的汉语教学；民间响应，形成各级各类学校争相开设汉语课的良好局面；中国支持，成为泰国汉语传播的助推器；媒体造势，形成推动汉语教学的舆论氛围"。吴应辉等（2012）、肖舜良（2012）等的研究又进一步总结了泰国"汉语热"得以产生的诸多有益做法，包括：泰国无论是皇室、政府还是社会团体都大力支持汉语教学，从政府层面进行了汉语教学的顶层设计，推动汉语教学进入主流教学体系，政府与民间都积极投入经费解决汉语教学中的实际问题，与中国紧密合作解决本国国内汉语教师师资和教材缺乏等问题，名人和名校引领推动泰国国内汉语教学以及媒体的宣传,并认为汉语在泰国的成功推广很大程度上是因为学习者能够从学习和使用中获得利益、取得优势、满足特定的需求和目的。李宇明(2007)也持同样观点,"语言传播价值的大小有无,不在语言自身,首先取决于语言领有者的社会及历史地位"(李玉明,2007),中国经济的快速增长以及国际影响力的不断提升正是汉语国际传播最根本的驱动力。在亚洲,泰国的孔子学院(课堂)数量仅次于韩国,截至2019年6月,泰国共建有16家孔子学院、20家孔子课堂。

泰国汉语教育在保持强劲发展势头的同时尚存在一些问题。韦丽娟(2012)将其概括为三个方面:第一,泰国目前缺乏明确系统完善的汉语教学大纲,未形成权威统一的汉语教学评价标准和汉语水平测试系统,各阶段汉语学习内容常出现重复,缺乏系统性和持续性,影响了学生学习的积极性;第二,高层次汉语人才十分缺乏,尚不能满足泰国社会的实际需求,需要通过调研制定长期的发展规划,鼓励学生明确学习目标、改进学习态度,提高汉语学习效果;第三,汉语教学能力建设有待加强,需要补充更多专业师资、更新教材、做好课程和本土化教材开发,提升教育管理层次。还有研究建议需通过文化的理解提升教学效果,"比如东南亚国家的学生学习风格多具有场依存型,老师在教学时可以采取小组合作方式教学,降低学生的畏难心理。"(梁吉平、杨佳宇,2019)

东南亚各国的"语言政策、组织机构和华文教育"是"新时代东南亚汉语教育发展进程的重要根基"(吴坚,杨婧,2018)。"大湄公河"次区域合作、"中国-东盟"自由贸易区建设等一系列经济发展举措都促使汉语在该地区地位不断提升,"东南亚地区正在成为亚洲东亚汉语圈之外的第二大汉语圈"(崔晓霞,彭妍玲,2011)。

### 2) 南亚

南亚国家包括斯里兰卡、马尔代夫、巴基斯坦、印度、孟加拉国、尼泊尔和不丹。当前,我国关于南亚地区汉语教学和传播的研究成果比较有限。

以印度为例,印度是中国的近邻,是南亚次大陆面积最大的国家,人口数量居世界第二位,近年来经济发展态势良好,与中国同为金砖国家组织成员。印度是一个宗教大国,其中印度教徒约占总人口的80.5%,教派、禁忌和信仰繁多,且互不相同。中印双方同为文明古国,两地自秦朝起来已拥有2 000余年的交流史,达摩和玄奘等圣人的足迹和佛教传播是两国文化交流和沟通的基础。现代的印度是在摆脱300余年的英国殖民统治后于1950年宣布独立的,其官方语言有印地语和英语两种。不结盟是印度历届政府外交政策的基础。印度早在20世纪50年代即与中华人民共和国建交,但曾有一段时期两国关系有所波折,1976年恢复互派大使后,两国关系才逐步改善。

20世纪以来伴随着中印关系的起伏,汉语在印度的学习和传播也在不断变化。印度本身具有完备的高等教育体系,在校大学生规模仅次于中国,有着世界规模第二大高等教育体系。"一带一路"倡议提出后,中国与印度的教育交流有一定增多,印度来华留学生数量已经超过去英国留学生数量(刘进,徐丽,2018)。其国内的汉语国际教育也得到了一定的发展,汉语课程成为法语、德语、日语等传统中学外语课程之外的新选择。现代印度大学开设汉语班的历史可以追溯到1918年。诺贝尔文学奖得主泰戈尔在20世纪30年代创办的国际大学开展的汉语教学与研究,主要是沿用欧洲与美国中国学(汉学)界的相关研究机构及其治学方法。谷俊、杨文武(2011)将印度20世纪至今的汉语教学情况划分为三个阶段:兴盛时期(20世纪30年代—60年代初)、停止时期(20世纪60年代中期—80年代中后期)和深入发展时期(20世纪80年代末至今)。目前印度的汉语教学主要是在印度大学、社会(非学历)汉语培训班以及孔子学院进行。大学在汉语教学与研究方面实力较强,许多大学设有汉语专业和中国文化研究中心,通过严格的选拔才能入学,同时,"在印度,教授汉语课程的大学教师资格要求是拥有汉语专业硕士学位,同时拥有国家资格考试(National Eligibility Test/NET)证书。NET这门考试的难度比较大,它并不仅仅考查考生的汉语水平,如语法、汉英笔译和英汉笔译以外,同时也考查考生的中国历史、文化、文学、地理等各方面的知识"(阿西,2012)。私营培训多为30—40学时的短期项目,重视培养基础的汉语交际能力,学习者多从事商贸往来工作,培训机构在新德里比较集中,在孟买、加尔各答等大城市以及德尔敦、纳西克等小城市的分布也日趋增多。由于历史的原因,"当前印度汉语师资的断层现象还相当严重,需引进与培养高水平的汉语教师",教学水平参差不齐,教材老化。另外,印度有100多个民族,语言复杂,如何找出适合印度学生需要的汉语教学方式方法,让印度学生更好地理解和学习与其拼音文字不同的方块汉字,学好汉语语法、语调等都是十分困难的任务,如今,一些地区开始尝试通过网络开展远程汉语教学。

印度的文化习俗与中国差别较大,在交流过程中需要注意手势等非语言行为的使用,比如印度教师表扬学生不能触碰学生头部,因为这被认为是人体最神圣的部位;同样,在中国如果表达"思考、想"等意思时可以将食指放在太阳穴位置绕一下,但在印度则表示头脑不正常(阿西,2012)。

再如孟加拉国,同是亚洲人口大国,其汉语国际教育主要是在其高校中展开。虽然中孟两国正式建交是在1975年,但达卡大学早在1948年就已经开始汉语教学。南北大学孔子学院于2006年2月建成,设在南北大学继续教育学院之下,这是孟加拉国也是南亚地区第一家孔子学院,课程以听说为主。龚苗等(2008)对孟加拉国达卡大学(Dhaka University)(公立)、南北大学(North-South University)(私立)和孟加拉美国国际大学(American International University-Bangladesh)(私立)进行调查,发现汉语教学和传播主要是以这些大学为基地,借助各种文化活动,向各地推广。汉语在孟加拉国的影响不断扩大,但也存在一些问题。比如,汉语教学进度经常受到其国内政治局势、教学活动的安排、汉语课程的课程性质影响而延缓或中断;英语、法语、西班牙语等语言的强势竞争以及汉语学习动机不强和汉语本身的难度等也使得很多学员中途流失。

**3) 西亚**

西亚位于亚、欧、非三大洲交界之处,是连接大西洋与印度洋的枢纽,自古以来就是沟通东西的战略要地。该地区地域广阔,总人口超过3.4亿,包括17个国家:土耳其、以色列、沙特阿拉伯、伊拉克、伊朗、阿富汗、塞浦路斯、黎巴嫩、叙利亚、约旦、巴勒斯坦、阿曼、也门、科威特、巴林、卡塔尔、阿联酋。中国与西亚国家的贸易投资合作主要集中在石油贸易领域,并在不断向新材料、信息等贸易投资领域拓展。由于历史、宗教、资源、地缘政治等多方面原因,西亚地区各国国情复杂,比如,卡塔尔等产油国与阿富汗等非产油国的国内生产总值差距悬殊。西亚一些地区长期动荡,政治局势和安全形势都具有极大的不确定性,宗教极端势力、民族分裂势力、国际恐怖势力活动频繁,各国间的区域合作难于展开,汉语国际教育在该地区发展滞后。

良好的经济共同发展和就业前景是拉动西亚地区汉语学习热情的重要因素。比如,沙特是世界最大产油国而中国是世界第一大能源进口国;中国提出"一带一路"倡议,意在强化与欧亚大陆发展中国家的经济合作,而沙特提出"2030愿景"以谋求产业的多元化。因此,2019年沙特政府在其王储结束访华之际即宣布将汉语纳入沙特王国所有教育阶段的课程之中,评论认为,在沙特的汉语教学将促使中沙合作拥有更多"共同语言"(中国经济信息,2019)。

土耳其一直是西亚地区具有强大影响力的大国。土耳其的汉语教学目前只处于初级阶段。据苗福光(2014),土耳其当前有5所大学开设汉语专业课程,还有近10所大学以及15所中小学开设汉语教学课程或活动。在这些教学机构中,历史最为悠久、影响最大的是在其国父阿塔图尔克·凯末尔(Ataturk Kemal)建议下创立的安卡拉大学汉学系。该系具备完整的本科、硕士、博士的学科培养体系,将梳理突厥先祖历史以及研究中国作为其汉学研究目标,积累了一定的研究成果,但相较于德国、英国、法国等西方国家的汉学研究,仍比较薄弱。2004年,汉语被土耳其教育部门确定为中小学第二外国语备选语种,但总体而言,当前土耳其国内汉语学习者人数有限,教学水平和层次也不高。

在全世界22个阿拉伯国家中,有12个分布在西亚的沙姆地区(巴勒斯坦、约旦、叙利亚和黎巴嫩)和半岛地区(沙特阿拉伯、伊拉克、也门、科威特、阿拉伯联合酋长国、卡塔尔、巴林、阿曼)。汉语教学在阿拉伯国家越来越受到重视,只是师资薄弱、针对性教材缺乏:"目前懂阿拉伯语的汉语教师仍然较少,学生与教师间沟通及课堂解释性语言通常只能是英语,语言的障碍使教师在教学过程中不能充分发挥,学生在学习过程中不能透彻地理解。"文化差异也是汉语传播的重要障碍,在阿拉伯地区的汉语教学发现,中华文明与伊斯兰文明虽然在某些观点上存在相同之处,但语言在实际使用中的意义差别很大,许多在中国文化中寓意深刻的内容在其他文化中却是无法理解的。这都需要相关人员在汉语国际传播中更主动去认识、理解和探索彼此文化。据研究,当前阿拉伯国家很多关于中国的报道并非来自一手资料,而是转自西方或其他传播力较强的世界级媒体,"阿拉伯公众最关心的是中国的发展经验、中国的外交政策、当代中国人的生活以及伊斯兰教在中国的发展。"(姚淑燕,2014)可见,当代中国是阿语国家希望了解,但又时常被误解的方面。中国对阿媒体在宣扬中国传统文化的同时注意呈现真实的现代中国。

汉语在西亚的传播过程中,中国自身国际地位和影响力的提升是必要的前提,当地政府的积极关注是重要保障,这些直接影响到汉语学习者的数目和热情。比如,在约旦,汉语教学虽然20世纪70年代刚刚起步,但发展迅速,不仅有一些兴趣班,也有大学开设汉语专业。来自约旦的艾瑞海(2016)对约旦大学中文系汉语教学状况和问题进行了阐释,发现目前的课程设置比较单一、课时较少,学生学习进度经常落后于教材设置的教学进度,导致学习者学习动机和兴趣逐步下降;教师数量存在缺口,且现有很多教师的教学方法、专业素质等时常遭遇学生质疑,学生希望既懂阿拉伯语又懂对外汉语教学的教师任课,要具备区域性的教学观;许多课程还是以教师讲授为中心,学生参与机会较少,课程重视精读忽略泛读;此外,中约两国当前的合作和交往次数还处于初级阶段,当前懂汉语的人在相关企业或单位的就业机会比较有限。

**4) 中亚**

中亚地区的汉语国际教育从20世纪初起步,迄今已有近30年的历史。近年来,随着中国经济的发展和国际地位的提升,中国与中亚地区的交往日益密切,尤其是2013年"丝绸之路经济带"构想提出后,中亚地区汉语国际教育发展呈现快速上升的态势。

在中亚各国中,吉尔吉斯斯坦官方语言是俄语,"土库曼斯坦、塔吉克斯坦、乌兹别克斯坦是从苏联分离出来的,这3个国家规定其母语分别为:土库曼语、塔吉克语和乌兹别克语。但是,俄语在这3个国家中使用领域依然最广,承担官方语言和族际交际语言的能力依然最强,在地缘政治、劳务输出、教育留学、区域经济合作等方面,功能依然强大"(周庆生,2018)。中亚各国的风俗习惯、宗教信仰和思维方式比较接近。

在中亚地区,高等院校是汉语国家教育的重要机构。李琰、聂曦(2016)对中亚吉尔吉斯斯、哈萨克斯坦、乌兹别克斯坦和土库曼斯坦四国37所高校进行了实地调查,发现汉语在这些高校的传播呈快速增长态势,但整体发展不均衡。在所调查高校中,有17所高校设有汉语专业,7所高校将汉语列为必修课程,还有21所高校开设了汉语的选修课程。这些高校开设的课程主要是综合类和语言类课程,文化类课程较少;专任教师多集中在少数高校,本土教师的数量超过了孔子学院公派教师和志愿者,各高校在增设汉语课程中都在一定程度上遇到师资缺乏问题;中国编写的教材是汉语教材的绝对主体,但自编教材在中亚各国高校中也普遍使用。

"一带一路"倡议推出后,许多中国企业走出国门、投资建厂,参与当地经济建设。研究显示,"中亚国家中资企业中,中国员工跟当地员工的比例大多是2∶8,中国员工占两成,当地员工占八成。……这种招工比例极大地激发了当地青年学习汉语的动机和兴趣"(周庆生,2018)。孔子学院在中亚企业语言培训中发挥了重要作用。依据孔子学院的统计,截至2019年7月,哈萨克斯坦有5家孔子学院,吉尔吉斯斯坦有4家孔子学院,乌兹别克斯坦有2家孔子学院,塔吉克斯坦有2家孔子学院,土库曼斯坦尚未设立孔子学院或孔子课堂。以塔吉克斯坦企业为例,"塔中矿业有限公司日常聘用当地员工五六千人,多时近万人。中国企业特变电工承建塔吉克斯坦杜尚别首都热电厂,既需要大量的建设人员,还需要长期维护保修人员,需要大量懂汉语的当地员工。"中石油公司"则与孔子学院签署汉语教学协议,联合培养塔吉克斯坦员工的汉语能力,提高其汉语水平"(周庆生,2018)。

## 2. 美洲国家的汉语国际教育
International Chinese Education in America

美洲依据自然地理状况分为北美洲、南美洲和中美洲三个部分,位于北美洲的美国是该地区综合实力最强的国家,也是孔子学院(课堂)设置和汉办志愿者任教最多的国家。以下以美国为例,结合已有研究探讨该地区的汉语国际教育现状。

自2004年美国第一家孔子学院落户马里兰大学以来,其数目不断增加,截至2019年6月,美国共建有95家孔子学院、12家孔子课堂。梁吉平、杨佳宇(2019)对美国15所孔子学院的汉语课程设置情况进行了考察,发现受访孔子学院多依据学习者汉语水平设立了初、中、高不同层级的课程;依据学习者实际情况,上课时间多数在下午或晚上;课程主要是语言课和文化课两类,也有依据学院特殊需求面对政府、企业或学校开展《商务汉语》《医学汉语》《旅游汉语》《戏曲汉语》等专门课程,还有许多学校开始采用现代远程教育这种比较灵活的教学手段。文化课程在受访孔子学院中比较受同学们的欢迎,目前开设的"文化类课程和文化讲座类课程的主要内容涉及传统服饰、书画、剪纸、一带一路、十二生肖、中国电影、中国的宗教信仰、当代中国、中国当代文学等",但主要是文化体验课,"部分孔子学院注重文化活动,缺少语言学习,缺少系统完整的学习体系,无法使学生从中文角度直接理解中国文化。"笔者认为汉语国际教育专业学生要与孔子学院汉语教师能力衔接,需要① 过硬的专业综合素质,其中包括全面扎实的语言学知识、扎实的教育学和心理学知识、适合学生的教学方法以及关于中国民风民俗、传统工艺以及文学作品等的丰富知识;② 课堂教学实践能力;③ 熟练地运用外语,在初级汉语阶段尤为重要。

针对如何提升在美汉语教学效果,已有研究也提出了一些有意义的举措。比如程龙(2011)发现很多美国人决定学习汉语和中国文化是受到一些影视作品中的中国文化吸引。国内通常采用的讲解、图片展示为主的教学方式并非为美国人喜爱。电影等多媒体资源的引入可以活跃课堂气氛、创造真实的场景进行情境化的教学,同时利于同美国的生活方式和教学方式对接。但在选择影视资源时,不要局限在中国拍摄的汉语电影,还应考虑汉语学习者的汉语水平、年龄等选择在美国拍摄的英语电影或者中美合拍的一些影片,如《花木兰》《功夫熊猫》《尖峰时刻2》《刮痧》等电影都可以在课堂中使用,方便不同程度的学习者对中国文化的理解和学习汉语语言。另外,孔子学院在海外的汉语教学,面对的许多学习者是中小学生,需要以鼓励为主,奖罚分明,注意讲话的语气,更要"对美国的教育体制、组织结构、教学方式以及美国学生的学习特点和风格等都有一个全面的掌握",发展和做好不同的教学管理和教学应对策略(刘晓惠,2015)。

相较于美国孔子学院的教学实践,美国许多本土高校在汉语高端课程设置、高端人才培养领域成绩更为突出。美国汉语课程的开设始于19世纪70年代末,发展至今,哈佛、耶鲁、哥伦比亚等美国大学的东亚语言系早已汇集了世界一流的汉语教师和学者队伍,其汉语教学与研究在世界享有盛誉。以哈佛大学为例,其汉语国际教育的开展始终秉承着明确的使命意识,并随着时代发展不断调整。哈佛大学汉语课程开设之初主要是"出于美国对华商务与传教事业需求以及培养能够在中国政府供职、开展商务与从事传教的人才培养",二战时期转为"应战时需求为美国军队培养汉语人才,承担了服务国家、维护和平的使命",而战后调整为"承担起拓展哈佛大学全球视野的使命",进入全球化时代,"提升哈佛大学国际学术领袖地位以及服务全球化社区"成为其汉语教学的新使命。当前,哈佛大学已经形成了较为科学、系统的汉语国际教育体系,"在核心课程改革以及美国政府外语战略规划双重需求的引导下,哈佛大学汉语教学已形成汉语言专业汉语教学与非汉语言专业汉语教育相结合、语言与文化相结合、基础汉语与跨学科汉语相结合、长期与短期相结合、本土环境(美国)与目的语环境(中国)相结合的成熟教学体系,以语言知识、语言技能以及社会文化知识为核心内容,重视语言功能,强调学生的交际能力,采用集阅读法、翻译法、听说法、交际法等方法为一体的汉语作为外语教学的综合教学法。"同时,哈佛大学的汉语教育充分关注了多元组织机构的建设:在师资和课程建设的同时,还建有哈佛燕京图书馆、费正清东亚研究中心等机构,"为汉语教学提供了丰富的教学资料与研究成果",也得到了政府、个人和基金会丰厚的资金支持(许宵羽,2018)。

在美国从事第二外语教学入职门槛比较高,需要至少拥有学士学位,并通过所在州教育行政主管部门的二语教师资格认证,认证并非一劳永逸,"大多数州的合格教师证都要求持证者至少十年参加一次重新审定"(王添淼,史洪阳,2016)。美国等国家实际有充分的汉语教师储备,虽然"每年都从中国引进一些汉语教师志愿者"是因为"一些学校想利用中国的资源支持其汉语教学",并非因为本地汉语教师资源短缺(吴应辉,2016)。

对于我国而言,明确汉语国际教育的使命至关重要,这也是孔子学院在全球建设、管理和发展过程中必须正视的问题。正如许多学者所讲,汉语国际教育的使命归根结底还是语言教育(赵金铭,2013),"必须清醒并明确,我们自身担当的最主要、最直接的任务是想方设法帮助外国的汉语学习者尽快、尽好地学习,掌握好汉语,特别是汉语书面语(陆俭明,2016)"。汉语国际教育专业研究生在教育中要思考如何更好夯实基本功进行语言教学,而非刻意地要"传播中国文化",语言是文化的载体,文化更多是在语言学习基础上通过"润物细无声"的方式传递的。

语言的跨文化传播需要注意互惠与和谐,"倘若把握不好传播这种纯粹性文化主张的分寸和方法,便会遭遇他者的抵制———我们眼睁睁地看见他者对我们这种带有善良愿望的文化传播活动进行'政治化'和'意识形态化'的解读,却束手无策"(刘学蔚,2016)。比如,与全球孔子学院的数量持续增加相反,美国国内孔子学院的数量近年来不增反减:2016年12月的统计数字显示美国国内建有孔子学院110家,两年后,这一数字变为105家,2019年6月,美国的孔子学院数量已再次减少至95家,这种现象让我们不得不进行关注和反思。分析发现,对于孔子学院办学,中美双方存在较大的认知差异:中方认为"孔子学院只是设立在美国大学校园内旨在推广中国语言和文化的机构,没有加入大学学分制体系,对美国高校教学和学术研究并不构成冲击,甚至没有产生大的影响"(马艳艳等,2016);但美国学界、美国媒体和民众中的部分人对中国海外孔子学院的运行存在质疑,部分地区甚至发起了抵制运动。质疑和批评的原因之一是孔子学院的官方办学背景,但更主要的问题是在运营和管理过程中,"缺少交流、互动以及灵活性",比如有批评称"孔子学院的相关活动禁止讨论中国政治上的敏感话题、汉语教材由中国教育部审定、教师聘用过程中的特殊要求(比如对教师的信仰有所要求)以及汉办可以决定教材使用和教师的聘用",这些在美国都被认为与美国高等教育崇尚的学术自由(academic freedom)、学术自治(academic autonomy)和学术中立(academic neutrality)的3A原则相抵触。在未来的发展中,汉语国际教育需要不断探索如何最大限度地满足全球受众学习汉语和理解中华文化的需要。

## 3. 欧洲国家的汉语国际教育
International Chinese Education in Europe

欧洲是孔子学院分布最广泛的大洲,截至2019年6月,在欧洲43国(地区)共设有184所孔子学院和322家孔子课堂。中国在海外建立孔子学院,推广汉语,传播中国文化的想法最初正是借鉴欧洲国家本民族语言推广的经验。

欧洲国家有着悠久的汉学研究(Chinese studies)传统。"自明朝晚期始,欧洲耶稣会会士就开始关注汉语教学。与19世纪欧洲传教士不同,来华耶稣会会士的工作除了用汉语翻译基督教经典以外,他们还通过自己的专业所长以及欧洲大学的事务关系在欧洲高等教育领域成功引介汉语教学。当时西方大学者主要的研究兴趣在于中国古代汉语和历史考证,他们将之作为研究汉文化的基础"(王景,2016)。因此,20世纪中叶欧洲几乎所有主要的大学都设有古代汉语专业的学位,并且成果斐然。比如,"20世纪上半叶,法国汉学在中国古代史、中国宗教、敦煌学和考古学等领域均有不同寻常的研究成果问世"(张桂琴,刘碧霞,2008)。

欧洲国家各高校开始汉语教育始于19世纪。此时,"西方世界渴望与东方世界进一步沟通,增进对东方文明的认识和了解。英国牛津大学(1828年)、俄国喀山大学(1837年)等欧洲大学纷纷开设汉语讲座,随后,德国柏林大学(1833年)、英国牛津大学(1976年)等欧洲大学先后开设汉语课程"(许宵羽,2018)。在许多欧洲大学汉语系学生的培养中,通常都要设置为期一年到中国大学的交流学习时间,作为课程的一个必修环节;当代中国也成为欧洲各大高校汉语教学和研究的重要领域。

相较于欧洲的教学机构,位于欧洲的孔子学院所能提供的汉语教学多数只是广泛意义的汉语教学和文化互动,缺少优秀的师资。有研究指出从中国派往欧洲的教师"基本不具备所在国家必需的教师资格认证条件,同时,他们当中很多教师亦缺乏必要的课堂管理知识和激发学生潜能发展的情境创设能力,而无法获得所在地学校和学生的认同和赞赏"(王景,2016)。

汲传波、刘芳芳(2017)以27位中国志愿者在意大利、波兰、匈牙利、奥地利、西班牙、德国6国6所孔子学院为期一学年的实习记录为研究素材,概述了志愿者所在的欧洲孔子学院在中华文化国际传播、学习者特点、课程及教材、课堂教学与管理等方面的状况和存在的问题,并给出了技术性的处理方法和建议:第一,在欧洲孔子学院任教,如果缺乏文化的辅助,汉语教学将举步维艰。其中文化辅助的活动主要分为三类:"① 当地民众可以参与互动的表演类文化活动:书法、剪纸、中国结、中国茶艺、太极拳、踢毽子、包饺子、中国象棋、中国武术等等;② 欣赏类的文化活动,比如中国画展、中国电影、中国音乐、诗文朗诵等;③ 讲座类的文化活动,比如中国的节日习俗、中医讲座、中国礼仪、中国电视相亲节目、网络流行语、中国笑话等等。"汉办教师和志愿者在出国任教前,有必要学习和思考如何通过中华才艺等中国文化因素在课堂,尤其是低年龄阶段学生课堂激发起学习兴趣。第二,欧洲孔子学院的学习者相较于国内高校的留学生群体,年龄差距悬殊,"需要我们在课程设计、教材选取、课堂教学与管理等方面都进行差异性、针对性的安排。"汉办志愿者在教学中反映的共性问题如缺少适合的教学资源、不会所在国母语限制了教学以及与同事的沟通等,针对这种情况,汉办可以考虑在赴任前培养外派教师和志愿者"对教材进行选取和取舍调整的能力",如能"掌握教材编写能力"则更佳。在欧洲的儿童汉语教学中,课堂管理通常比教授学生汉语更为重要,志愿者们发现较为有效的处理办法有:加大中国式教学的听写、默写、考试的分量,并制定一整套奖罚制度;在游戏和活动中加入学习内容而非以学习为主以游戏为辅。此外,如果外派教师不懂赴任国语言,至少要在赴国外任教之前要对"课堂指令用语、课堂管理用语、简单的日常用语进行集训",以解燃眉之急。同时,在汉字教学中,可考虑淡化拼音学习,借助书法课和书写比赛等提升学生学习汉字的热情。

在欧洲国家中比较特殊的是俄罗斯,其国土横跨北亚和东欧,境内包含160多个民族,文学、艺术、军事、科技等都非常发达。近年来,中俄全面战略协作伙伴关系不断深入,双方在金砖国家组织、上海合作组织等国际机构中通力合作、共谋发展,双边经贸往来日趋频繁。正如新华社评论所言,在70年风雨兼程中,"中俄关系已经成为互信程度最高、协作水平最高、战略价值最高的一对大国关系"。

经济因素在俄罗斯的汉语传播过程中发挥了决定性作用。李宝贵(2019)的统计显示,俄罗斯本土汉语学习人数、俄罗斯孔子学院汉语学习者人数以及俄罗斯来华留学生人数都随着中俄经贸合作的变化而变化;同时,"共建一带一路"为俄罗斯汉语传播带来了新机遇;"2019年,俄罗斯将首次在国家统一考试中进行汉语科目考试,到2020年,俄罗斯将会把汉语完全纳入国民教育体系"(李宝贵,于芳,2019)。

近年来,中俄经贸往来日趋紧密,然而中国的出海企业都一定程度遇到了跨文化沟通的问题。许多学者提出在对俄汉语教育中,除语言教学外,也要阐释好中俄文化的对立统一关系,对不同的习俗、思维方式、价值观念的忽视极易导致跨文化交际失误或失败。这其中包括以下表层的礼仪习惯,比如"俄罗斯人的时间观念与中国人有很大差异;对于送花的礼仪也有很大的不同,如中国人喜欢在母亲节和教师节给母亲或教师送康乃馨,而在俄罗斯康乃馨却是给故去的人送的,送花的数量是单数还是双数也与中国习俗相反"(朱晓军,2016)。同样,需要提升对深层次较为细微的文化特征以及文化间差异的认识。俄罗斯处于东西方文明的交界处,文化兼容东西,文化当中也展现出很多固有的矛盾性:"个人主义和集体主义;谦恭和反抗、奴性和自由、软弱和残暴;自我牺牲和利己主义、精选原则和人民性,以及高级别的原始宗教性、对唯物主义的崇拜和对崇高精神理想的喜爱;无所不包的国家性和无政府主义的自由性;国家的自负和与大国主义相连的民族自负和弥赛亚的万能型;东正教的强制俄化与努力将东正教变为世界性宗教;寻求社会自由与服从国家专制及等级主教制;接受僵化的尘世事件与无限的自由、寻找上帝的真理;西方派所向往的进步、个性自由、合理组织生活与东方派感兴趣的有序、稳定且复杂的与俄罗斯现实相区别的生活……这些现象都是俄罗斯文化中矛盾但又互为依存的部分,这些部分构成了俄罗斯文化的二元体系。"(张梅,2013)这种矛盾统一呈现在课堂教学系中,即成为来自不同文化背景的老师需要处理的障碍。李丹宁(2018)对来华俄罗斯留学生汉语教学所提出的教育策略对在俄罗斯开展汉语教学同样有益,他认为"讲解语言知识与讲解文化语言"同等重要,要有针对性、选择性和主导性,在教学中要认识和挖掘中国文化与俄罗斯文化的矛盾性、神本意识和使命感中的共同之处,关注俄罗斯现代舆情变化调查、以"中和""仁者爱人"和"修齐治平"等作为衔接点,结合俄罗斯文学作品叙事或者现当代关于中俄两国的历史事件诠释"两国文化中的对立和对应关系",推动双方的理解。正如彭树智先生所言:"根据古今中外不同文明之间的辩证联系的规律,差异性并非必然导致冲突,同一性并非必然导致融合……在多元文明时代,不同文明之间通过交往的必由之路,是寻找彼此之间的交汇点,而不是一方化掉另一方,更不是一方消灭另一方。"(杨怀中,2011)

## 4. 大洋洲国家的汉语国际教育

International Chinese Education in Oceania

大洋洲陆地分散,岛屿众多,是世界上面积最小的大洲,人口不足3 000万。该洲共由14个国家构成,曾为英国殖民地,所以绝大多数居民使用英语。其中,澳大利亚是该洲所处的南半球经济最为发达的国家。

澳大利亚是一个移民国家,英语是官方语言,汉语当前是该国的使用人口第二大语言,同时还有近400种语言在各民族家庭内普遍使用。位于大洋洲的澳大利亚历来重视与其地缘联系紧密的亚洲发展经济关系,也重视对亚洲国家语言的学习。20世纪80年代以来,世界经济格局已逐步转变,亚洲的经济地位与日俱增,中国在这一新的形势下取得了令人瞩目的成就,并在2006年超越日本成为澳大利亚第一大贸易伙伴,澳大利亚在20世纪90年代开始形成自身的"亚洲政策",这些促进了在澳汉语学习;此外,在澳大利亚的华人社区不断壮大也是汉语学习需求增大的重要因素(李复新,吴坚立,等)。在澳大利亚2012年出台的《亚洲世纪白皮书》中提出"于2025年前实现在所有中小学设置汉语、印度语、印尼语和日语四门语言课程的计划","作为第一个制定和实施多语言政策的英语国家,澳大利亚对中文教学一直比较重视,也是世界范围内少数针对中文教学制定专门指导文件的国家之一。2005年颁布的《优秀语言文化教学专业标准》(Professional Standards for Accomplished Teaching of Languages and Cultures)及2007年在此基础上开发的《中文教学注解版》(Language Specific Annotations:Chinese)对澳大利亚的中文教学具有重要的指导意义"(吴晓峰,2019)。澳大利亚教育界普遍将培养"在母语文化和目标语文化之间对话的人"作为外语学习的教学目标。上述《标准》以及《注解版》由教育专家和语言文化教师合作完成,对教师标准和课程标准都做了较为详细的描述。教师标准分成教学理论和实践、语言和文化、语言教学、道德和责任、专业关系、积极参与更广泛的语境、立场主张和个性特征八个维度38项细则以及44项反思问题。比如,在语言文化方面,《注解版》就提示汉语教师要具有拼音、汉字、词形、句法等"关于普通话语言体系的准确知识",也要对信仰、生活方式、文化态度等中国人的价值观、态度和语言文化实践等基本方面有一定认识。

另外,在海外许多大学的中文教师"不需要注册,取得了硕士以上的中文类或语言教学类学位,或者经由与中方的合作项目,就能够成为大学中文课的全职或兼职教师";但在澳大利亚的中小学担任正式的中文课教师,"必须接受澳大利亚大学提供的本科或者研究生阶段的教师培训,修满要求的中文知识类、教育类、语言教学法、教学实习的课程和学分,并到当地州政府注册以后才能执教。因此,以中国国家汉办资助的海外孔子学院为例,例行工作建议不仅要包括开设中文课传播中国语言和文化,更要帮助当地不同背景的中文教师的终身学习和职业发展"。此外,"澳大利亚政府自20世纪90年代初期就倡导本土培养、就地执教,陆续在本国的高等教育机构中依赖已有资源独立开展了中文教师和其他重点亚洲语言教师的培训项目,为学校新开设的中文课程提供师资。这一遍布全国高等院校的中文教师培训项目在西方英语国家中首屈一指。"当前的培训主要是两类:一是在高等院校三至五年正规的系统的之前培养,二是短期在职培训和进修。2015年,"澳大利亚有38所大学开设中文;890所中小学开设中文,社区语言学校有110所"(李复新,2015)。

## 5. 非洲国家的汉语国际教育
International Chinese Education in Africa

相较于汉字文化圈国家及欧美国家的汉语教学,非洲国家的汉语教学起步较晚。1954年,中国政府向埃及开罗大学派出第一名汉语教师,标志着汉语教学在非洲国家拉开了序幕。1956年,开罗高等语言学校开设了中文班,两年后,中文专业设立。

20世纪60—90年代,由于受非洲大陆摆脱殖民统治的民族独立解放运动的影响,非洲国家的汉语教学发展缓慢,但在中国政府的援助和本国政府的支持下,刚果、马里、也门、突尼斯、毛里求斯、毛里塔尼亚、喀麦隆、塞内加尔、苏丹等国相继在中学和大学开设了汉语课程或汉语专业(潘卫民,韩斌,2018)。21世纪伊始,随着中非合作论坛的开展,中非贸易量不断增长,中国赴非旅游的人数大量增加,非洲对汉语人才的需求极速增长,汉语教学相应在非洲进入了蓬勃发展阶段。截至2019年6月,在非洲44国共建有59所孔子学院和41个孔子课堂(见附录1),注册学员人数在2017年已达到15万。埃及、喀麦隆、苏丹、突尼斯、南非、津巴布韦、肯尼亚、尼日利亚等国部分高校还陆续开设了中文本科、硕士、和博士专业,许多非洲国家还把汉语作为第二外语纳入国民教育体系。2016年开始,南非在部分中小学顺利启动了汉语教学试点;此后,毛里求斯、坦桑尼亚、喀麦隆、赞比亚、乌干达等非洲国家也纷纷在本国的中小学引入了汉语课;2018年底,乌干达把汉语课列为全国范围内35所中学高一和高二年级学生的必修课、高三和其他高年级学生的选修课;从2020年开始,汉语将与德语、法语和阿拉伯语一起,成为肯尼亚小学四年级及以上学生的外语课程。成人汉语学习者的职业背景已从最初的旅游等服务行业延伸至教育、金融、外交、政府部门等诸多领域。一些媒体机构也加入传播汉语的大潮,例如南非Multichoice电视公司在2014年开播了汉语教学节目《轻松入门》(Understanding Chinese),向当地居民讲授汉语和中华文化。

目前,非洲的汉语国际教育课程大致分为三类:① 学分课程,以大学的汉语专业和孔子学院,以及部分高中汉语选修科目为代表;② 中小学汉语课程,主要为已经纳入部分国家国民教育体系的汉语课程,以及部分国家在中小学开设的汉语兴趣班;③ 成人语言课程,包括各大学的孔子学院针对不同部门和行业开设的汉语实用班,以及社会团体和媒体发起的汉语学习活动等(孔令远,2012)。对汉语能力的检测也在非洲广泛开展:当前,在非洲33个国家共开设有61个汉语水平考试(HSK)考点,其中仅南非一国就设有9个考点,肯尼亚和坦桑尼亚也都拥有5个以上的考点。其他与汉语相关的考试在非洲也都根据需求设立了相应的考点,如汉语水平口语考试(HSKK)有52个考点,中小学生汉语考试(Youth Chinese Test)有17个考点,国际汉语教师证书考试有2个考点。非洲各国政府及人民意识到学习汉语给他们带来的便利和发展,正如肯尼亚课程发展研究所(KICD)负责人Julius Jwan所说,"作为世界上使用最广泛的语言之一、联合国官方语言之一,汉语在肯尼亚不应该被忽视。一旦汉语在肯尼亚当地得到广泛使用,将会吸引到更多的中国游客,也会吸引到更多的中国投资。学习汉语将有助于肯尼亚的经济繁荣。"

非洲地区的汉语国际教育具有如下发展特点:① 发展迅速,影响力大。非洲各国的汉语教学起步虽晚,但在不足15年间,非洲60个国家(地区)中的44个已开设孔子学院(课堂),近四分之三的非洲大陆人民接触到了汉语这一古老的东方语言,了解到了灿烂的中国文化;汉语教学已从非洲的高等教育延伸到基础教育领域,有效提高了非洲人民学习汉语的效率，也扩大了其影响力。② 紧密结合当地社会发展需求。语言作为人类最重要的交际工具，必定服务于人们的日常工作和生活。非洲的汉语国际教育尤其注重语言文化与职业技能的结合，在传播中国文化的同时，不忘服务于当地的社会发展。培训证书课程和专门用途汉语是非洲孔子学院广泛开设的学习项目。"培训涉及金融、会计、计算机、农业、机电等各领域。例如，埃塞俄比亚职业技术教育孔子学院开设了数控机械、机电一体化、车身材料与技术、汽车维修等培训；利比里亚大学孔子学院开设了竹藤编制的技能培训"；坦桑尼亚达累斯萨拉姆大学孔子学院与中国援助坦桑尼亚农业技术示范中心共同主办的"2018坦桑尼亚农业技术培训班"，同时提供翻译服务、农业汉语课程和农业技术服务。这些实用技能培训为当地培养了一批急需的职业技术人才，一定程度上帮助缓解了当地的贫困问题。专门用途汉语课程则为非洲不同领域的工作人员提供了行业发展的语言保障：肯尼亚内罗毕大学孔子学院为联合国环境署、肯尼亚移民局、海关、外交部、银行、酒店等开设了专门用途汉语培训课程，为当地的经济发展助力；坦桑尼亚教育部联合多多马大学孔子学院为坦桑尼亚教育部官员培训汉语语言技能，让汉语更好地融入坦桑尼亚的国民教育体系。③ 教师的本土化培养与教材的本土化建设。非洲孔子学院本土教师的培养途径目前有两种：一是在当地开设汉语师范专业，二是选派优秀的本土学生赴中国国内高校进行专业培训。例如，喀麦隆的雅温得第二大学孔子学院从2008年开始与喀麦隆的马鲁阿大学合作，在马鲁阿大学高等师范学院开设中西非地区首个汉语师范本科专业；内罗毕大学孔子学院与天津师范大学合作的1+2汉语国际教育硕士培养项目帮助优秀的学生通过孔子学院奖学金资助来华学习，取得汉语国际教育硕士学位后回国任教；浙江师范大学孔子学院非洲研修中心从2016年开始，每年暑期都设立每期30人左右的喀麦隆本土汉语教师培训班，目前已培训近100名喀麦隆本土汉语教师。非洲地区汉语国际教育的教材主要有三种来源：一是中国国内教材；二是中国国内教材和当地孔子学院自编教材相结合；三是当地孔子学院自编教材。在近十几年的实践过程中，汉语教材"水土不服"的现象时有发生：有的教材内容不符合当地文化风俗；有的教材内容过多，不符合当地的学期和学制；还有的教材难度较大，不符合当地学生的学习水平（徐丽华，郑崧，2011）。为了克服教材带来的汉语教学上的困难，近年来非洲多国的教育部、本地教师和孔子学院的中方教师一起讨论研究，编写更加符合本地文化的汉语学习教材。例如，为了使汉语顺利融入本国国民教育体系，赞比亚国家基础教育部和赞比亚大学孔子学院联合组织中学汉语教学大纲研讨会，修订后的大纲更加科学规范，结合了汉语的语言特点和肯尼亚本土特色；津巴布韦大学孔子学院目前的外方院长李开明根据自己近十年教授汉语的经验，从津巴布韦人的角度，整理了自己教《汉字入门》这门课的讲义，出版了《汉字入门——以津巴布韦人的视角学汉字》一书；莫桑比克蒙德拉内大学孔子学院的本土教师塞尔则用他独特的"对比法"让学生更好地理解汉语。汉语教师的本土化培养和汉语教材的本土化建设为非洲汉语国际教育的可持续发展奠定了良好的基础。

由于非洲大陆经济整体发展滞后、教育资源相对匮乏、教育水平相对落后,非洲地区的汉语国际教育尽管发展迅速,但尚存在一些不足。其一,教学发展仍不平衡。由于自身政治、经济以及与中国交流与合作程度的限制,非洲各孔子学院的发展规模和层次也不尽相同:以埃及、摩洛哥等为代表的北非诸国是汉语教学历史最悠久、规模最大、层次最完善、颁发学历最高的地区。南部的南非汉语国际教育发展迅速,后来者居上,是目前拥有孔子学院和孔子课堂最多的非洲国家。东部非洲的汉语教学起步较晚,直到2005年在肯尼亚成立了非洲的第一所孔子学院后才迅速发展起来。中西部国家众多,但由于政治经济等各种原因,汉语国际教育主要以培训为主,时常中断,发展缓慢。目前除喀麦隆发展良好外,其他中西部国家还处于汉语国际教育的起步阶段。此外,非洲部分地区官员和学生对汉语教学和中国文化传播的认知不全面,把中国在非洲的汉语国际教育等同于欧洲国家在非洲曾经推行的殖民政策,因而持有怀疑和戒备的心理也是发展受阻的重要因素。其二,教学资源仍不充足。相比欧美国家和亚洲国家,大多数非洲国家的生活条件较为艰苦,治安环境不稳定,交通不便,更难吸引优秀人才长期在此从事汉语教学和管理工作。中方派往非洲孔子学院(学堂)的在职教师和志愿者流动性较高,在管理、运营、教学、活动、比赛等任务中担任主要角色,工作繁重;相当一部分非洲本土汉语教师也因国家教师待遇偏低、担忧生活保障而选择导游、翻译或贸易公司等高收入的工作,造成了高水平本土汉语师资的流失。此外,非洲孔子学院很多教学设施设备简陋和陈旧,不能完全满足当地学生的学习需求;许多当地教学单位除了由中国政府援建的教学设施和赠送的教学设备外,几乎没有经济能力自主建设教学大楼、多媒体教室、语音室等必要的教学设施设备,客观上限制了汉语国际教育在这些地区的发展。其三,教学手段和方法仍需改进。由于特殊的历史原因,当地人在日常生活中已经习惯了使用英语、法语等西方语言和当地土著语言进行交流,习惯于本族的文化传统和价值观以及部分西方的思维方式和文化传统。传统的中式教学方法对非洲学生来说并不能达到理想的教学效果,甚至让学生产生厌倦的情绪:比如,单纯地让学生反复地记忆和模仿汉字的结构和发音势必会让他们感到枯燥,进而产生课堂开小差、讲话、玩手机的现象;从中国历史的角度分析汉字意义、用 HSK 等考试来强迫学生死记硬背学习的内容也效果欠佳。对汉语教师来说,双语教学是必须的。除英语外,再掌握一门外语,如法语,葡萄牙语、阿拉伯语,或斯瓦希里语等将有效辅助教师同当地学生沟通,从而改善教学效果。因此只有充分考虑非洲各国(地区)独特的社会、政治、历史、文化背景下学生的个体因素和学习需求,采用最适合他们的教学手段和方法,才能促进非洲的汉语国际教育朝着更加成熟的方向发展。

# 附录 1

## 非洲国家孔子学院国别分布情况

| 序号 | 国家 | 孔子学院名称 | 中方承办方 | 创办时间 | 孔子学院数量 | 孔子课堂数量 |
|---|---|---|---|---|---|---|
| 1 | 埃及 | 开罗大学孔子学院 | 北京大学 | 2007年 | 2 | 3 |
| 2 | 埃及 | 苏伊士运河大学孔子学院 | 北京语言大学 | 2007年 | | |
| 3 | 博茨瓦纳 | 博茨瓦纳大学孔子学院 | 上海师范大学 | 2007年 | 1 | |
| 4 | 津巴布韦 | 津巴布韦大学孔子学院 | 中国人民大学 | 2006年 | 1 | |
| 5 | 喀麦隆 | 雅温得第二大学孔子学院 | 浙江师范大学 | 2007年 | 1 | |
| 6 | 肯尼亚 | 内罗毕大学孔子学院 | 天津师范大学 | 2004年 | 4 | |
| 7 | 肯尼亚 | 肯雅塔大学孔子学院 | 山东师范大学 | 2008年 | | |
| 8 | 肯尼亚 | 埃格顿大学孔子学院 | 南京农业大学 | 2012年 | | |
| 9 | 肯尼亚 | 莫伊大学孔子学院 | 东华大学 | 2014年 | | |
| 10 | 利比里亚 | 利比里亚大学孔子学院 | 长沙理工大学 | 2007年 | 1 | |
| 11 | 卢旺达 | 卢旺达大学教育学院孔子学院 | 重庆师范大学 | 2005年 | 1 | |
| 12 | 马达加斯加 | 塔那那利佛大学孔子学院 | 江西师范大学 | 2006年 | 2 | |
| 13 | 马达加斯加 | 塔马塔夫大学孔子学院 | 宁波大学 | 2014年 | | |
| 14 | 南非 | 罗德斯大学孔子学院 | 暨南大学 | 2007年 | 6 | 3 |
| 15 | 南非 | 斯坦陵布什大学孔子学院 | 厦门大学 | 2004年 | | |
| 16 | 南非 | 开普敦大学孔子学院 | 中山大学 | 2007年 | | |
| 17 | 南非 | 约翰内斯堡大学孔子学院 | 南京工业大学 | 2014年 | | |
| 18 | 南非 | 德班理工大学孔子学院 | 福建农业大学 | 2013年 | | |
| 19 | 南非 | 西开普大学中医孔子学院 | 浙江师范大学、浙江中医药大学 | 2018年 | | |
| 20 | 尼日利亚 | 拉各斯大学孔子学院 | 北京理工大学 | 2008年 | 2 | |
| 21 | 尼日利亚 | 纳姆迪·阿齐克韦大学孔子学院 | 厦门大学 | 2007年 | | |
| 22 | 苏丹 | 喀土穆大学孔子学院 | 西北师范大学 | 2008年 | | |
| 23 | 摩洛哥 | 穆罕默德五世大学孔子学院 | 北京第二外国语学院 | 2008年 | 3 | |
| 24 | 摩洛哥 | 哈桑二世大学孔子学院 | 上海外国语大学 | 2012年 | | |
| 25 | 摩洛哥 | 阿卜杜·马立克·阿萨德大学孔子学院 | 江西科技师范大学 | 2016年 | | |
| 26 | 多哥 | 洛美大学孔子学院 | 四川外国语大学 | 2008年 | 1 | |
| 27 | 贝宁 | 阿波美卡拉维大学孔子学院 | 重庆交通大学 | 2009年 | 1 | |
| 28 | 埃塞俄比亚 | 埃塞俄比亚职业教育孔子学院 | 天津职业技术师范大学 | 2009年 | 2 | |
| 29 | 埃塞俄比亚 | 亚的斯亚贝巴孔子学院 | 天津职业技术师范大学 | 2013年 | | |

续表

| 序号 | 国家 | 孔子学院名称 | 中方承办方 | 创办时间 | 孔子学院数量 | 孔子课堂数量 |
|---|---|---|---|---|---|---|
| 30 | 马里 | 巴马科人文大学孔子学院 | 西南林业大学 | 2017年 | 1 | 1 |
| 31 | 突尼斯 | 突尼斯迦太基大学孔子学院 | 大连外国语大学 | 2017年 | 1 | 1 |
| 32 | 布隆迪 | 布隆迪大学孔子学院 | 渤海大学 | 2011年 | 1 | |
| 33 | 厄立特里亚 | 厄立特里亚高等教育委员会孔子学院 | 贵州财经大学 | 2013年 | 1 | |
| 34 | 刚果（布） | 马利安·恩古瓦比大学孔子学院 | 济南大学 | 2012年 | 1 | |
| 35 | 加纳 | 加纳大学孔子学院 | 浙江工业大学 | 2012年 | 1 | |
| 36 | 加纳 | 海岸角大学孔子学院 | 湖南城市学院 | 2016年 | | |
| 37 | 马拉维 | 马拉维大学孔子学院 | 对外经济贸易大学 | 2013年 | 1 | |
| 38 | 莫桑比克 | 蒙德拉内大学孔子学院 | 浙江师范大学 | 2011年 | 1 | |
| 39 | 纳米比亚 | 纳米比亚大学孔子学院 | 中国地质大学（北京） | 2012年 | 1 | |
| 40 | 塞拉利昂 | 塞拉利昂大学孔子学院 | 赣南师范学院 | 2011年 | 1 | |
| 41 | 塞内加尔 | 达喀尔大学孔子学院 | 辽宁大学 | 2011年 | 1 | |
| 42 | 坦桑尼亚 | 达累斯萨拉姆大学孔子学院 | 浙江师范大学 | 2013年 | 2 | 1 |
| 43 | 坦桑尼亚 | 多多马大学孔子学院 | 郑州航空工业管理学院 | 2012年 | | |
| 44 | 赞比亚 | 赞比亚大学孔子学院 | 河北经贸大学 | 2010年 | 1 | |
| 45 | 科摩罗 | 科摩罗大学孔子学院 | 大连大学 | 2018年 | 1 | |
| 46 | 塞舌尔 | 塞舌尔大学孔子学院 | 大连大学 | 2015年 | 1 | |
| 47 | 安哥拉 | 安哥拉内图大学孔子学院 | 哈尔滨师范大学 中信建设有限责任公司 | 2014年 | 1 | |
| 48 | 乌干达 | 麦克雷雷大学孔子学院 | 湘潭大学 | 2014年 | 1 | |
| 49 | 赤道几内亚 | 赤道几内亚国立大学孔子学院 | 浙江外国语学院 | 2014年 | 1 | |
| 50 | 佛得角 | 佛得角大学孔子学院 | 广东外语外贸大学 | 2015年 | 1 | |
| 51 | 科特迪瓦 | 菲利克斯·乌弗埃·博瓦尼大学孔子学院 | 天津理工大学 | 2015年 | 1 | |
| 52 | 莱索托 | 玛驰本学院国际学校孔子课堂 | | | | 1 |
| 53 | 毛里求斯 | 毛里求斯大学孔子学院 | 浙江理工大学 | 2015年 | 1 | |
| 54 | 几内亚 | 科纳克里大学孔子学院 | 临沂大学 | 2017年 | 1 | |
| 55 | 冈比亚 | 冈比亚大学孔子学院 | 贵州大学 | 2017年 | 1 | |
| 56 | 加蓬 | 邦戈大学孔子学院 | 天津外国语大学 | 2017年 | 1 | |
| 57 | 刚果（金） | 外交学院孔子大学 | 中南大学 | 2017年 | 1 | |
| 58 | 毛里塔尼亚 | 努瓦克肖特大学孔子学院 | 河北大学 | 2018年 | 1 | |

续表

| 序号 | 国家 | 孔子学院名称 | 中方承办方 | 创办时间 | 孔子学院数量 | 孔子课堂数量 |
|---|---|---|---|---|---|---|
| 59 | 多美和普林西比 | 圣多美和普林西比大学孔子学院 | 湖北大学 | 2018年 | 1 | |
| 60 | 布基纳法索 | 博博迪乌拉索工业大学孔子学院 | 天津工业大学 | 2019年 | 1 | |

(注:根据孔子学院总部/国家汉办官方网站内容整理)

# 参考文献

2018世界人口数据表,重点关注年龄结构的变化[EB/OL]. https://www.prb.org/2018-world-population-data-sheet-with-focus-on-changing-age-structures/

阿西,2012.印度汉语教学历史与现状分析[D].上海:上海师范大学硕士论文.

艾瑞海,2016.阿拉伯国家汉语教学的现状、面临的挑战与对策——以约旦大学汉语系为例[D].上海:华中师范大学硕士论文.

曹莉,2006.关于日韩留学生汉语课堂教学的思考[J].教育理论与实践(10):64-65.

陈传俊,2013.泰国汉语快速传播模式对越南汉语传播的启示[J].汉语国际传播研究(1):17-24.

陈辽,2005.汉字文化圈内的域外汉文小说[J].中华文化论坛(3):145-148.

程龙,2011.电影资源在汉语国际教育中的应用:以美国孔子学院为例[J].中国电影市场(8):37-38.

崔晓霞,彭妍玲,2011.东盟国家汉语教学概况及汉语推广战略[J].云南师范大学学报(对外汉语教学与研究版)(11):66.

杜剑宣,1999.今日越南汉语教学[J].当代亚太(1):101-103.

龚茁,丁维娟,陈琳,2008.孟加拉大学汉语教学现状[J].世界汉语教学(4):133-140.

谷俊,杨文武,2011.印度汉语教学的发展状况、问题及对策思考[J].南亚研究季刊(1):102-108.

韩晓明,2015.汉语传播规律的历史考察及其启示[J].郑州大学学报(哲学社会科学版)48(6):122-125.

汉语考试服务网,2019.全球考点信息.[EB/OL] http://www.chinesetest.cn/goKdInfoOrPlan.do,(08-20).

汲传波,刘芳芳,2012.教师认知视角下的职前汉语教师语法教学信念研究[J].语言教学与研究(6):173-178.

解植永,2018.汉语国际推广背景下的韩国高校汉语教学研究[J].华文教学与研究(2):30-39.

孔令远,2012.多语种背景下的非洲汉语推广策略研究[A].世界汉语教学学会秘书处.第十一届国际汉语教学研讨会论文选[C].北京:高等教育出版社.

2019.孔子学院/课堂·关于孔子学院/课堂.[EB/OL] http://www.hanban.org/confuciousinstitutes/node_10961.htm,(08-05).

李宝贵,于芳,2019.俄罗斯汉语传播与中俄经贸合作相关性研究[J].辽宁大学学报(哲学社会科学版)(3):134-142.

李丹宁,2018.对外汉语教育与俄汉跨文化交际人才培养[J].继续教育研究(5):113-119.

李复新,吴坚立,2015.澳大利亚汉语教学现状与展望[J].海外华语文学界(117):102-104.

李琰,聂曦,2016.中亚高校汉语国际教育发展现状研究[J].新疆师范大学学报(汉文哲学社会科学版):37(5):77-84.

李玉明,2007.探索语言传播规律[J].国外汉语教学动态与研究(3):37-38.

梁吉平,杨佳宇,2019.海外孔子学院课程设置研究——以美国15所孔子学院为例[J].云南师范大学学报(对外汉语教学与研究版):17(2):76-83.

林羽,王建勤,2011.日本汉语教育兴衰对汉语国际传播的启示[J].福建师范大学学报(哲学社会科学版)170(5):134-139.

刘海燕,2014.日本汉语教学历史管窥[J].海外华文教育(4):405-416.

刘进,徐丽,2018."一带一路"沿线国家的高等教育现状与发展趋势研究(五)——以印度为例[J].世界教育信息(10):31-35.

刘晓惠,2015.国外汉语课堂教学思考[J].教育理论与实践(26):57-59.

刘学蔚,2016.从国际汉语教师的跨文化能力论中华文化走出去[J].江汉论坛(5):140-144.

陆俭明,2016.汉语国际传播中一些导向性的问题[J].云南师范大学学报(哲学社会科学版)(1):34-37.

陆俭明,2019.试论中华文化的传播[J].学术交流(4):5-12.

陆锡兴,2018.汉字传播史[M].北京:商务印书馆.

马艳艳,何国蕊,何国忠,2016.评析孔子学院在美国的发展及遇到的问题[J].中国社会科学院研究生院学报(2):140-144.

苗福光,2014.土耳其汉学研究与孔子学院发展现状[J].阿拉伯世界研究(2):111-119.

潘卫民,韩斌,2018.文化"走出去",如何"走进去"?——非洲八所孔子学院学生调查分析[J].外语与翻译25(4):74-80.

人民网,2019.又一个非洲国家:学习汉语,要从娃娃抓起.[EB/OL] http://yn.people.com.cn/n2/2019/0109/c378441-32511106.html,(01-09).

人民网,2018.喀麦隆 本土汉语教师炼成记.[EB/OL] http://world.people.com.cn/n1/2018/1012/c1002-30336574.html,(10-12).

沙特学汉语,2019.背后是"向东看"大战略[J].中国经济信息(3):1-2.

邵文利,杜丽荣,2007.推动中韩汉字"书同文"的一个重要举措——韩国韩中文字交流协会选用的606个简体汉字评析[J].学术界(4):264-269.

王景,2016.欧洲孔子学院与汉语言文化的国际推广[J].学术探索(4):122-126.

王添淼,史洪阳,2016.构建国际汉语教师资格认证制度——基于美国的经验[J].语言教学与研究(1):32-39.

王忻,2015.被汉字统一的文化圈及文化圈内汉字的统一[J].东南大学学报(哲学社会科学版):(4):140-145,148.

韦丽娟,2012.泰国汉语教育政策及其实施研究[D].上海:华东师范大学硕士论文.

吴峰,2012.泰国汉语快速传播模式对日本汉语传播的启示[J].汉语国际传播研究(7):65-72.

吴坚,杨婧,2018.新时代·新汉语·新征程:东南亚汉语教育发展趋势研究[J].华南师范大学学报(社会科学版)(5):29-34,191.

吴晓峰,2019.澳大利亚《优秀语言文化教学专业标准》及其中文教学注解版评析[J].国际汉语教育(中英文)第4卷(1):86.

吴应辉,何洪霞,2016a.东南亚各国政策对汉语传播影响的历时国别比较研究[J].语言文字应用(4):80-92.

吴应辉,央青,梁宇,等,2012.泰国汉语传播模式值得世界借鉴[J].汉语国际传播研究(1):1-13.

吴应辉,杨吉春,2008.泰国汉语快速传播模式研究[J].世界汉语教学(4):16.

吴应辉,2016b.国际汉语师资需求的动态发展与国别差异[J].教育研究,442(11):144-149.

吴应辉,2009.越南汉语教学发展问题探讨[J].汉语学习(5):106-112.

肖舜良,2012.浅析汉语国际传播中的语言政治[J].汉语国际传播研究(1):142-150.

新华社,2019.谱写中俄关系时代新篇章.http://www.gov.cn/xinwen/2019-06/04/content_5397442.htm,(08-10).

许宵羽,2018.哈佛大学汉语教学的世纪变迁与启示[J].中国大学教学(5):90-96.

徐丽华,郑崧,2011.非洲汉语推广的现状、问题及应对策略[J].西亚非洲(3):42-46.

央视网,2018.本土化程度高是非洲孔子学院快速发展的重要原因[EB/OL]. http://www.hanban.org/article/2018-05/17/content_732273.htm,(05-17).

央视网,2018.非洲本土汉语教师:学中文条件变好了 竞争也更激烈了[EB/OL]. http://news.cctv.com/2018/06/01/ARTIt8umj4h87YJxAiom197q180601.shtml,(06-01).

杨怀中,2011.文明对话——跨文化的思索[M].银川:宁夏人民出版社.

姚淑燕,2014.阿拉伯国家的汉语教学研究[D].上海:上海外国语大学硕士论文.

于向东,梁茂华,2013.历史上中越两国人士的交流方式:笔谈[J].中国边疆史地研究,(4):108-116.

张桂琴,刘碧霞,2008.追寻文化的魅力——法国汉学发展史研究[J].河北大学学报:哲学社会科学版,33(5):23-27.

张梅,2013.俄罗斯文化的矛盾性及其形成因素[J].西伯利亚研究:4(4):69-74.

张晓曼,谢叔咏,2016.传播学视域下汉语国际教育受众分析[J].山东大学学报(哲学社会科学版)(2):116-121.

张晓曼,2015.语言接触视域下汉语对韩国语影响研究[J].东北师大学报(哲学社会科学版)(6):163-168.

赵金铭,2013.国际汉语教育的本旨是汉语教学[A].汉语应用语言学研究(第2辑)[C].北京:商务印书馆.

郑阿财,2018.中国蒙书在汉字文化圈的流传与发展[J].首都师范大学学报(社会科学版)(1):21-25.

郑通涛,蒋有经,陈荣岚,2014.东南亚汉语教学年度报告之二[J].海外华文教育,(2):48.

周庆生,2018."一带一路"与语言沟通[J].新疆师范大学学报(汉文哲学社会科学版)39(2):52-59.

朱晓军,2016.面向中亚、俄罗斯汉语国际教育案例编写构想[J].新疆师范大学学报(哲学社会科学版)37(2):146-150.

庄国土,2009.东南亚华侨华人数量的新估算[J].厦门大学学报(哲学社会科学版)(3):62-69.

中国日报中文网,2018.非洲媒体:汉语课明年走进35所乌干达中学 大学还将开设汉语硕士课程.[EB/OL] http://world.chinadaily.com.cn/a/201812/24/WS5c207e02a-31097237248f7be.html,(12-24).

# 第七章 汉语国际教育跨文化交际案例分析
Chapter Seven　Case Study of Intercultural Communication in International Chinese Education

据《2018年度孔子学院年度报告》数据显示,截至2018年底,共有154个国家(地区)建立了548所孔子学院、1 193个孔子课堂和5 665个教学点,现有中外专兼职教师4.7万人,各类面授学员186万人,网络注册学员81万人。全年举办各类文化活动受众达1 300万人。孔子学院总部通过"请进来"和"走出去"相结合的方式加大中方教师志愿者选、培、派力度,大力培养培训各国本土汉语教师;累计派出10.5万名院长、教师和志愿者;培养培训各国本土汉语教师46万人次。

逐年增加的海外汉语教学多层次差异化的特点需求、公派汉语师资派出国别的不断增加、海外任期1—2年的时间限制以及新手教师或汉语国际教育志愿者所占师资比例的较高分量,均使得来自教学一线的国际汉语教学案例愈加重要,同时也必然有着较大的应用前景。

国际汉语教学本质上是一个跨文化交际过程,是一种跨文化教学,是不同历史文化背景下的人们进行的语言交流和语言学习(李维,2019)。因此,国际汉语教师的跨文化意识和跨文化交际能力直接决定着汉语教学目标能否顺利实施。本章以国际汉语教学中的课堂管理、课堂教学和文化实践活动三大教学环节为主要内容,选取国际汉语教学典型案例,细致分析其在教学实践中对跨文化交际方面的成功处理方式或所暴露出的问题,旨在进一步提升汉语国际教育硕士生的跨文化交际能力。

## 一、国际汉语案例教学
Cases of International Chinese Teaching

案例教学方法在中西方均有着悠久的历史。中国可追溯到春秋战国时期,西方则可追溯至古希腊雅典时代。作为一种教学方法,现代意义上的案例教学法(case-based teaching)始于20世纪初,由哈佛大学商学院首创;至20世纪40年代已初具规模,主要应用于管理教学中,后来也在医学、商业和法学等领域普遍应用。20世纪80年代末,案例教学法被介绍到中国。近年来,汉语国际教学领域也给予案例教学一定的关注,但起步较晚,案例不足,案例库的建设尚处于摸索阶段。

2007年,全国"汉语国际教育硕士教育指导委员会"成立;2009年,颁布了汉语国际教育硕士指导性培养方案,方案对案例教学法的运用提出明确要求;同年,国家汉办使用较为系统的海外汉语教学案例对汉语国际教师进行岗前培训;2010年,国家汉办对汉语国际教学领域的案例开发工作日益重视,尤其是志愿者相关案例的开发,各校开设课堂教学案例课程;2011年,华东师范大学承担了国家汉办关于汉语国际教育案例库建设的项目;2012年,《孔子学院发展规划2012—2020年》将案例库建设列为一项重点工作;同年,中央民族大学国际教育学院开始了"国际汉语教学案例库"(www.tpi.cie.muc.edu.cn)平台建设工作;2013年起,国家汉办面向全国汉语国际教育硕士培养院校的教师多次举办国外汉语课堂教学案例课程研修班,对汉语国际教学领域的案例教学的发展起到了重要的推动作用;同年,北京外国语大学朱勇老师主编的《国际汉语教学案例与分析》出版。该书作为世界范围内的第一部汉语国际教学案例类教材,具有一定的开创意义,书中搜集整理了海内外180个教学案例,成为《国际汉语教师证书》指定参考书目之一;2014年,国家汉办新推出了《国际汉语教材编写指南》平台,该平台为学习者提供了大量的数字资源和教学案例库。

国际汉语教学案例是国际汉语教学实践中真实发生的含有问题、疑难情境或能够反映国际汉语教学某一基本原理的典型性事件,其用于国际汉语教师培养和培训,有助于国际汉语教师熟悉并适应海外的自然、社会、文化、教育环境,理解国际汉语教学原理并掌握国际汉语教学方法(叶军,2015)。国际汉语教学案例的现实性、真实性、动态性、启发性和典型性等特征使其在汉语国际教育硕士生三大技能的培养,尤其是跨文化交际能力的培养方面有着较好的教学效果。国际汉语教育的独特性,本质上就在于它的跨文化性质。这一独特性质在国际汉语教学案例中有着较为普遍的体现。

## 二、国际汉语课堂管理中的跨文化交际
Intercultural Communication in the Management of International Chinese Teaching Class

课堂是一个由师生与环境共同组成的文化场所,是一种"活"的教育形态。在课堂上,学生是主体,教师起主导作用,教室则是开展教学活动的场所。教学活动的正常开展离不开课堂管理,而管理是在特定环境下,对资源进行组织、领导、控制,以达到教学目标的过程。具体来说,课堂管理是指教师围绕其自身、学习者、教学环境、教学规则等影响教学的因素进行调整、管理,确保教学有序、顺利、高效地运行,实现促进学习者语言能力以及各项综合能力发展的管理活动。因此,课堂管理是实现课堂教学目标的重要保障。在国际汉语教学工作中,由于师生、生生之间的文化差异和所习惯的课堂行为方式的不同,为课堂管理带来一定的难度,尤其是对新手教师来说,课堂管理上的困难远远大于汉语教学本身。

## 1. 课堂秩序管理中的跨文化交际案例分析
Case Analysis on How to Manage the Discipline of the Class

秩序管理是课堂管理的重要内容,然而,不同国别、不同年龄阶段的课堂秩序管理有着各自的特点,究其原因,主要与学生教育心理和跨文化交际语境有内在的关联。在传统意义的中国课堂中,教师拥有绝对的权威性,尤其是在中小学。学生在潜移默化的课堂教育中,有着明确的课堂纪律:端坐在固定的课桌前,两手背于身后或者平放在桌面上,眼睛认真地看向老师,跟随老师的指令和节奏,这与国际汉语课堂有着十分大的差异。不同文化圈的学生群体因教育文化的差异性带来师生相处模式的差异性,其明显表现就在于课堂秩序管理的不同。欧美国家的课堂相对自由、平等,师生更多是以一个平等交流的姿态进行秩序管理,国际汉语教师在进行课堂秩序管理时,应首先了解该国传统课堂模式和学生的学习特点,从而采取相应的合适的秩序管理措施,规避因文化差异而带来的跨文化交际问题。

案例一:你试试看

| 地区 | 汉语水平 | 授课对象 | 作者 | 整理者 |
|---|---|---|---|---|
| 美洲—美国 | 初级 | 小学生 | 刘影 | 俞丹微 |

**1) 案例叙事**

我曾在国内教过少数民族学生汉语,出国后做过一段时间财会工作,从事中文教育仅四年,目前在美国一所私立学校做中文教师,负责中文课程项目。它是"After School Program"其中的一个项目,需要学生单独付费,上课时间是在正常教学的时间结束后,没有选课的学生可以回家。此外,这段时间不在行政部门职责管理范围内。

在我的课上有13位学生,上课时大家都是围绕着桌子坐成一个小圈进行的。有一天下午,我走进教室,发现一个孩子趴在桌上号啕大哭,其他的孩子有的在打闹,有的在议论,教室里闹哄哄、乱糟糟的。我扫视了一圈,其他的孩子看见我逐渐安静了下来。此时,那个孩子的哭声就显得特别刺耳。我问那孩子:"发生了什么事?"那孩子只是一个劲儿地哭,一句话也不说,刚安静下来的教室立马又炸开了锅,同学们七嘴八舌地向我讲述事情的经过。原来他与另一小孩玩闹时,对方不小心打到他了,虽然那个孩子已经向他道了歉,他却始终不肯罢休。

我蹲下身子与这个哭着的孩子平视,轻声地安慰他,试图让他坐到旁边的桌子边安定一下情绪,但是这个孩子还是哭个不停,也不肯动。我试图向学校保安处求助,将孩子带离教室,但是电话没人接听。这时,我陷入了一种比较窘迫的境地,一个孩子哇哇大哭,难以正常开展教学,其余的孩子茫然地等待着老师的安排,难以安静地坐在原位。第一次遇到这样棘手的问题,我一时没有了办法,心里只有一个念头:让他停止哭泣,正常教学。我蹲下身子,再次与孩子保持平视的位置,劝他:"他已经向你道歉了,你要怎样才不哭呢?""我要打他一拳!"孩子狠狠地说道。

时间一分分地流逝,而课堂陷入了一片混乱,正常的教学难以继续,这对于我的忍耐度是极大的挑战。对于这个孩子的无理取闹,我有些生气,就问:"如果是老师不小心碰了你,你也要打老师一拳吗?"我试图改变孩子以牙还牙的想法,但是没想到的是,小家伙直视着我,竟有些想回击的意思。其他同学也都期待着老师的威慑力能镇住他,情急之下我脱口而出:"你试试看!"没想到意外的一幕发生了,小家伙真的伸出了拳头,稚嫩却有力的拳头让毫无防备的我一下子坐到了地上,我从没想到会受到学生如此的对待,委屈的泪水在眼眶中打转。小家伙吓得一时停住了哭声,同学们也被这一幕震住了,大家都把目光投向了我。就在这短短的几分钟内,我的脑海里已经闪现了各种情景。愤怒地离开教室?惩罚这个学生?不行,这是我的中文课,不能因为一个孩子影响其他孩子。我强忍住内心的委屈,站起身来,从讲台的纸巾盒里抽出几张纸给小家伙,微笑着对全班同学说:"现在开始上课。"

我原本认为自己的宽容化解了一次课堂冲突,但没想到,我会面临更大一场"风雨"。下课后,在课堂上哭的那个孩子一见到父母就号啕大哭,似乎在学校里受到了很大的委屈。其他学生七嘴八舌地讲了课堂上发生的事情,家长却不愿意听我的任何解释。

当天晚上,我将这件事写成一份报告,发给每位家长。其他的学生家长纷纷投诉这个孩子平时一直欺负自己的孩子,于是学监会主持召开了一次家长会。在课堂上大哭的孩子的家长把一切责任归罪到我身上,认为自己的孩子平时表现都很好,没有打人行为,是我的语言误导孩子打人,由此来判断我在平时的教育中一直没能正确引导孩子,欲将我告上法庭。我真的是百口莫辩,既委屈又伤心。其他家长认为是这个学生自己的问题,平时就一直有打人的行为,愿意为我作证,并要求那个学生写道歉信。家长的投诉也引起了我的反思:自己平时疏于对学生的观察,因为从没有学生来告过状,所以只把他们的打闹认为是孩子间的玩耍。我就自己在课堂上有不恰当的语言致歉,那孩子的家长最后也放弃了起诉,把孩子转到了其他学校。那个孩子向班上每个孩子发了道歉信,却唯独没有向我道歉。

**2) 案例点评**

(1) 亮点分析

① 关心与尊重学生,努力以平等的方式进行交流

该案例中,教师在处理学生哭闹不止的突发事件时,最突出的优点是表现出对孩子的关心和尊重。案例两次提到教师"蹲下身子""与学生平视",充分表达了教师尝试以平等的姿态让学生放松戒备心理,将教师视为朋友并坦诚交流的沟通初衷。这一点是十分值得肯定的。面对小学生,教师的身高和权威均会给他们带来不得不服从的压迫感和被动感,尊重和平等是易于让学生接受的交流方式。

② 尝试维持秩序,努力让课堂教学正常开展

尽管该案例以失败告终,但教师在处理突发事件时,始终不忘尽快恢复课堂秩序、正常

开展教学的课堂管理理念。课堂管理是教学目标得以实施的重要保障,教师需要以课堂整体和课堂教学为重要任务,尽量及时排除干扰因素,不能因个别同学的个别事件而影响整体教学。在这一点上,该案例中的刘老师始终牢记,并尝试采取多种方式控制课堂混乱局面:

首先是眼神管理法。走进教室,当发现一名学生大哭,其余学生或议论或打闹时,刘老师"扫视了一圈",用眼神初步维持了课堂秩序,保证了大部分学生的安静。眼神交流或眼神制止是课堂管理中教师经常采用且十分有效的管理方法,其优势在于既不影响正常的教学节奏和其他学生对课堂的关注度,同时还能给予被特别关注的学生鼓励或警告。刘老师的眼神管理法取得了很好的成效,迅速控制了课堂秩序,为教师集中处理事件中的学生赢得了时间并营造了一个庄严的课堂氛围。

其次是了解事件过程。课堂安静后,刘老师开始向同学们了解事件的经过,并快速掌握了主要情节:两名同学在打闹中发生了冲突,大哭的孩子被另一名同学打了,打人的同学道歉了,但没有被接受或原谅。快速了解事件的核心情节有助于教师作出正确的判断,从而及时处理问题。

最后是尝试解决问题。刘老师先后采取了安慰法、求助法等多种解决问题的方法,但均未能成功,孩子始终大哭不止。应该说,教师遵循了常规课堂管理的一般性方法和技巧,虽然未能取得成效,但是值得肯定,因为在正常情况下,这样的处理方法很可能可以快速解决问题。

(2) 不足与建议

① 焦虑心理的管理误区。多次尝试解决却未果的失控局面让教师陷入了课堂管理心理焦虑阶段,从而走进了越是着急解决问题越是容易犯错的管理误区。该案例中,当刘老师发现沟通和求助均不能解决问题时,开始失去方寸,焦虑心理带来的最直接的负面影响便是无奈妥协和语言失误。孩子是非常聪明且善于抓住时机的,哭闹的学生瞬间抓住了教师试图妥协的语言暗示并提出了自己的无理要求,这是整个课堂管理走向失败的关键转折。

② 语言暗示的跨文化交际。教师课堂管理用语包括用词、语调和语气等都十分重要。案例中,教师先后给出了三个语言暗示:一是"你要怎样才不哭呢?";二是"如果是老师不小心碰到了你,你也打老师一拳吗?";三是"你试试看。"其中,第一句传递的是你想如何解决。教师本意是可取的,让学生自己拿出解决方案,但她忘记了面对的是一名小学生,这个年龄段的孩子常常以哭作为实现无理要求的秘密武器,所以,当家长或教师提出这一问题的时候,常被孩子误解为可以通过哭达到某种难以实现的目的。因此,教师的语言成为学生无理回答的诱发因素:"我要打他一拳。"第二句传递的信息比较复杂。教师错误地站在了自己的文化立场,预估说出这句话会让学生因考虑到尊师重教的文化背景而放弃报复。但是,国际汉语课堂是一个跨文化交际的特殊场合,教师不能以个人或本民族的文化去换位思考学生的文化语境,所谓的"将心比心"在此可能失去可比性,不同的文化背景、不同的教育基础均会在跨文化因素的影响下造成沟通的障碍,从而出现预料之外的结果。显然,在该案例中,教师试图以此来类比,让学生打消报复之心,但学生却坚定地抱着"有仇必报"的心理,眼神

中流露出即使是老师,也一定要打回去的欲望。更为糟糕的是,这种不畅的交流激发了师生共同的挑衅心理,当教师脱口而出"你试试看",以为学生会被震慑住的同时,学生一拳打过来,直接表达了他挑战教师权威的无惧心理。因此,教师的语言暗示是直接造成课堂管理失控的重要原因,而未能厘清课堂管理的跨文化交际因素是最深沉的问题。案例中的教师以中国人的通常思维去分析一个美国小学生的心理存在严重的跨文化交际问题,最终哭闹的学生向所有同学道歉但没有向老师道歉,充分说明了学生对教师处理方式的不满。沟通的失败说明了跨文化交际在课堂管理中的重要作用。

**3) 案例思考**

① 为什么一句"你试试看"引发了如此大的"风雨"? 试着讨论如果面对的是中国小学生,会不会有不一样的结果?

② 如果你是老师,面对这样的课堂突发事件,你会如何处理? 请展开讨论。

## 2. 师生课堂互动中的跨文化交际案例分析

Case Analysis on the Intercultural Interaction Among Instructor and Students

课堂互动(classroom interaction)是课堂管理的重要环节,是指调动参与课堂教学过程的各个主要要素,围绕教育教学目标的实现,形成彼此间良性的交互作用。这是一个整体性的动态生成过程。在课堂的时空背景下,借助构成教学的各个要素之间的积极的交互作用而形成"学习集体",并在"学习集体"的人际关系之中产生认识活动的竞技状态,这就是"互动"。语言学家们对二语课堂的研究结果表明:课堂内学习者的成功在很大程度上取决于教师在课堂中教学的具体实施过程,即课堂互动。课堂互动的职能之一就是学会交往。从国际汉语教师的视角来看,就是要学会和来自不同国别和文化圈的学生通过课堂进行教学交往,即跨文化交际。因此,国际汉语教师跨文化教学意识的强弱和跨文化施教能力的高低直接关系到国际汉语教学的优劣成败。

**案例二:请您听听我们想怎么上汉语课(叶军,2015)**

| 地区 | 孔子学院 | 汉语水平 | 授课对象 | 作者 | 整理者 |
|---|---|---|---|---|---|
| 欧洲—葡萄牙 | 里斯本大学孔子学院 | 中级 | 社区成员 | 侯颖 | 俞丹微 |

**1) 案例叙事**

9月28日的第一次课,我带着精心准备的PPT课件(里斯本大学孔子学院要求必须使用PPT授课)满面笑容地走进了中级班教室,这个班共有10名学生,年龄从20岁到60岁不等,他们都学过两年多的汉语。学生们好奇地打量着眼前这位年轻的女教师。我驾轻就熟地自我介绍后,开始以中英文提问的形式展开教学。比如,你叫什么名字? 你学习汉语多长时间了? 你去过中国吗? 你为什么想学汉语? 你的唐装很好看,是在中国买的吗? 你喜欢我们现在正在用的《新实用汉语课本》吗? 用这些问题对在座学生的发音、听力、口语表述等进行考察,是想尽快掌握每个学生的语言水平和性情,以便针对每个学生的特点和不足因材施教,这对以后的教学无疑是非常有帮助的。如我所料,学生对这种方式也比较容易接受,第一次课在轻松愉快的氛围中度过了。

下课后,我正在收拾,一位叫柯斯德的学生走了过来,很有礼貌地用英语对我说:"老师,我们很喜欢您的风格,但是,我认为如果您能在下次课听我们这些学生谈谈想怎么上汉语课就更好了。"我一愣,心里有些困惑,难道学生对我的授课风格不太满意?马上说:"好啊,没问题,我也正有此意。"怀着忐忑不安的心情,等到10月1日周五的第二次课。在简单的问候以后,我直接进入主题,让学生谈谈他们对汉语课的期望。随后,课堂出现了一种相当热烈的讨论氛围,大家认真地讨论着,几乎每个人都做了发言,让我着实见识了欧洲的课堂。在课堂沉寂下来后,作为老师,在感谢了大家的真诚配合后,我对学生的意见进行了总结,不外乎以下几点:① 大家希望上课可以自由讨论,人人都有权利发言;② 很多学生提到了对汉字的兴趣,希望老师最好能给出对每个汉字缘起的解释;③ 大家在课堂上会争论,请老师不要阻止,等等。我比较认可建构主义的教学理念,教师在课堂上只是一个教学的引导者和组织者,应该充分发挥学生的认知能力。这也比较符合他们葡萄牙学生的学习风格。因此,我礼貌地答应了学生的要求。

**2) 案例点评**

(1) 亮点分析

① 通过师生问答的课堂互动形式,初步了解学生汉语水平和学习需求。课堂互动的重要形式是教师的发问,该案例中的侯老师在第一次汉语课中,通过自我介绍、师生问答等轻松自在的交流形式,一方面让师生彼此初步认识,拉近距离,建立最基本的信任,另一方面也让教师更多地了解学生的汉语语音和听力水平、学习汉语的初衷和期望达到的学习效果,甚至只是通过一些学生分享的学习或生活故事,更好地了解学生性格。这是国际汉语教师常用的第一课课堂互动方式,从下课后学生表示"我们很喜欢您的风格"来看,这一课堂互动的形式起到了很好的沟通效果。

② 及时听取学生建议,及时调整课堂互动内容和教学方式。案例中的侯老师在听取了学生建议后,内心忐忑并及时调整课堂互动问题,鼓励学生就如何开展汉语教学展开热切讨论,并根据学生建议,调整后续的课堂安排。这是十分值得肯定的。国际汉语教学有诸多不确定的因素,包括学生的汉语水平、学生可能的学习难点,以及学生期待的教学方式等等,这就要求国际汉语教师在备课时充分考虑到不确定的因素并预留出调整的空间。

(2) 不足与建议

侯老师第一次课课堂互动的"美中不足"便在于忽略了了解学生对教学的想法和意愿,而这正充分暴露了教师的跨文化教学意识的不足。侯老师本以为自己的第一课是完美的,这从案例使用的"驾轻就熟""如我所料"等措辞中可以轻易得知,因为相比起一般性的国内课堂,侯老师已经做到了充分利用课堂互动进行师生沟通,应该说侯老师具备一定的跨文化交际能力。

但是,侯老师注意到了课堂互动的沟通形式和自己的需求,却忽略了学生真正的需求和国际学生对课堂教学的差异性。一般来说,传统教学是教师在课前进行充分的备课,然后在教学中加以实施。学生对教学内容有怎样的期待?学生对教学方法有怎样的建议?这些问题往往由教师在课前进行预设并确定,然后带到课堂上直接实施。但是,国际汉语课堂不同于一般性的课堂,教师和学生往往来自不同的国家,有不同的教育文化背景,教师无法通过经验完全覆盖学生对教学的想法。因此,倾听学生的声音应包括倾听学生对教学方法和教学内容的需求,这有助于教师更好地开展课堂互动和课堂教学,并摸索到最适合该班(国别)学生的汉语教学模式。

### 3) 案例思考

① 第一次汉语课,你会如何通过设置课堂互动来了解学生的学习与需求?

② 通过这一案例,你认为应如何加强国际汉语教师的跨文化教学意识?

**案例三:课堂秩序管理小妙招**

| 地区 | 学校 | 授课对象 | 作者 |
|---|---|---|---|
| 亚洲—老挝 | 中老友谊学校 | 小学五年级 | 熊文静 |

### 1) 案例叙事

我在本校带着小学五年级的汉语课,小学生本来就比较活泼好动一些,一节45分钟的课堂很难一直保持安静,更别说集中注意力了,而且老挝的小学生普遍不太注重成绩,课堂纪律方面要求也不甚严格,学生上课的时候可以随意走动,我们班有47个小学生,可想而知更难管理。

五年级的一个学生A上课的时候总是大声说话,引起同学的注意力,还以自己为轴心和前后左右的同学轮着说话,有些同学不太搭理他。但有一个学生B总是被他吸引,跑过去跟他一起说话,还模仿我说老挝语,引得全班同学大笑不止。还有学生上课总是借口上厕所,实则跑出去玩或者买零食吃。刚开始的时候,经常出现课还没上到一半,就有十几个人不在教室的现象。另外,学生上课总是吃东西,明着吃偷着吃的现象都有,稍不留神就弄得整个教室都"芳香四溢",然后所有的学生都会跟着吃。

针对这些问题,我前后用了很多办法。首先,我专门花了一节课用来设定上课规则并写在黑板上。如:课堂上不许说闲话;不许吃东西;不许随意走动等等。还把几个特别调皮的学生的座位调开。至于上厕所的问题,我规定课堂的前20分钟不许去,后面25分钟如果要去,一次也只能去一个人,坚决避免结伴同行。刚开始的时候小学生由于惧怕心理,还比较管用,但没过多久就又回到了"解放"前。

我认真思考,意识到与其让学生被动接受管理,不如让他们主动管理自己。于是我想到了奖惩制度。我根据座位把全班学生分为四组,再依照他们课堂上的表现,包括读书、写字、考试、纪律等各个方面进行评价。表现好就画一个小红旗,不好就打一个叉,让各组组长交叉记录,每个月做一次结算,评选出"最佳表现组",并给予一些中国传统手工艺品如小折扇等物质奖励。这样下来,学生的积极性就高了许多,课堂上也因为怕受惩罚而约束自己,而且他们同组学生会互相管理,省去了很多之前我管纪律的时间。但有一个问题,第 4 小组的后进生比较多,每次都很努力也追不上其他组,这时候这个组的几个优秀学生就很沮丧,久而久之也丧失了积极性。我就再设了一个"优秀学生"奖和"最佳进步"奖,让他们都参与到课堂上,不轻易放弃。后来五年级班上的情况就受控了许多,我的汉语教学工作也得以顺利开展。

教师的课堂管理是影响教学效果的重要因素。而管理好课堂是顺利进行教学活动的前提,教师必须不断提高课堂教学的管理技能,作为新手教师更应如此。经过这大半年的磨炼,我不断地调整自己在课堂管理方面的策略,不断反思,总算有了些经验。

**2) 案例思考**

① 对于课堂纪律管理,你有什么妙招吗?请选取一个国别的学生为授课对象,拟写一个课堂纪律管理方案,并与同学们一起讨论交流。

② 请拟写本案例的"案例点评"。

案例四:这不是你们两个人的课堂(叶军,2015)

| 地区 | 汉语水平 | 授课对象 | 作者 | 整理者 |
|---|---|---|---|---|
| 欧洲—葡萄牙 | 中级 | 社区成员 | 侯颖 | 俞丹微 |

**1) 案例叙事**

10 月 26 日周二,林莹和玫瑰发生了争吵。那堂课的内容是讲授《新实用汉语课本》第二册第 16 课《我把这事儿忘了》。讲到了"一会儿"时,一个叫"玫瑰人"的学生突然发问:"老师,'会'和'一会儿'有什么区别,为什么不能读一(yí)会(huì)儿(ér)?"我从词性、用法、意义以及儿化发音规则方面做了解释,可是玫瑰依然表示不解,正当我犹豫要不要继续解释时,坐在后排的林莹突然用英语对她大声抗议:"这不是你们两个的课堂,我们学习汉语两年多了,不应该浪费过多时间在汉字笔画和发音上,你们要回家自己练习,而不应该浪费大家的时间。"一时间双方出现了较为激烈的争执。我立即终止了这场没有硝烟的战争。虽然授课还可以继续进行,但是,课堂气氛随之尴尬了起来。

**2) 案例思考**

① 在中国课堂上,会发生这样的争吵吗?请从跨文化交际的视角,加以比较分析。

② 请拟写本案例的"案例点评"。

# 三、国际汉语课程教学中的跨文化交际

Intercultural Communication in the Curriculum of International Chinese Teaching

国际汉语教学主要包括《综合汉语》《汉语听力》《汉语口语》《汉语阅读》《汉字书写》等课程;在海外孔子学院(孔子课堂)汉语教学中,往往仅有《综合汉语》课程,包含了听、说、读、写等综合汉语应用能力的培养。在汉语课程教学中,教师需时刻牢记跨文化教学的特殊性,在教学内容的设置、教学方法的使用等方面,需兼顾任教国的语言文化特点。跨文化教学意识和跨文化教学设计是保障国际汉语教学顺利实施的重要文化基础。

# 1. 语音教学跨文化交际案例分析

Analysis on the Intercultural Communicative Cases about the Phonetic Teaching

案例五:泰语中的谐音

| 地区 | 学校 | 授课对象 | 作者 |
|---|---|---|---|
| 亚洲—泰国 | 佛统思维才中学 | 高二汉语专业班 | 王斐斐 |

**1) 案例叙事**

在学习"会"这个词时,我先带领学生读了几遍。在带读过程中,我发现学生特别兴奋,跟以前带读时的氛围不太一样,而且男生们读得格外起劲。一开始,我觉得可能是他们班主任警告过他们,要在汉语课上好好学习的缘故。谁知,当我领读完三遍后,学生们还是要求让我再次领读这个"会"字,并表示他们还不会读。我没有多想,便又开始领读。结果,这一次,全班同学哄堂大笑,而有些女生却不满地捂住脸。这时我突然意识到,可能这个字的读音在泰语有着不太好的意义。

看我的表情严肃起来了,班上一个成绩比较好的女生拿出手机,输入泰语翻译给我看,并且让翻译软件读了泰语这个字的发音,果真和"会"的发音很像,但它在泰语中的意思指是女性的生殖器官。

当我看到这个字时,我特别窘迫,也很生气。高中生是一群半大不小的学生,我没想到,他们竟然敢利用中泰谐音词汇在课堂上开我的玩笑,我不知道该怎么办了。

**2) 案例点评**

(1) 亮点分析

及时发现问题。在国际汉语课堂上,由于师生在语言上的障碍、文化上的差异,以及学习方式上的惯性等因素,常常会出现意料之外的事件。案例中的汉语老师在领读时,通过观察学生异于平时的兴奋,及时发现问题。这时十分可取的课堂管理方法。教学是"教"与"学"的互动过程,教师一边授课一边还需随时观察学生的反应,及时了解课堂动态,才能真正实现教学目标。

(2) 不足与建议

学习目的国语。在国际汉语教学中,教师掌握一定的赴任国语言十分重要,一方面便于教师与学生的情感交流和课间问答,尤其是在零起点和初级班教学过程中,另一方面也便于教师通过类比的方式,更好地把握学生在学习汉语中的母语负迁移性。因此,国际汉语教师在岗前、岗中均应多多学习、了解赴任国官方语言,参考现有研究成果,充分研读学情,既可以有效规避一些语音教学的难点或谐音,同时还可以更有针对性地开展汉语教学,做到有的放矢。

自我解嘲、化解尴尬。寻求合适的方式,化解课堂中出现的尴尬,是课堂管理的技巧之一。案例中的老师在发现学生利用泰语中不雅的谐音,公然开玩笑的时候,十分生气且不知所措,课堂一时陷入失控局面。其实,这是语言学习者的普遍心理,甚至有时候充分利用谐音进行外语学习,还是很多外语学习者值得推广的经验。因此,教师可以首先适当解嘲以化解尴尬,然后再以严肃的态度告知学生,刚柔并济,以达到维持课堂秩序,保障课堂教学顺利实施的课堂管理目的。

3）案例思考

① 在你学习外语的时候,你采用过以母语和外语的谐音来帮助学习外语的方式吗？请与同学讨论其优劣性。

② 如果你是案例中的汉语教师,你会如何处理这一尴尬呢？

## 2. 汉字教学跨文化交际案例分析

Analysis on the Intercultural Communicative Cases about Teaching Chinese Characters

案例六：老师,中国人都喜欢"武"吗？

| 学校 | 授课对象 | 作者 |
|---|---|---|
| 江苏大学 | 留学生短期文化交流项目大学生 | 余红艳 |

### 1）案例叙事

这是一个暑期留学生短期文化交流班,因为今天下午安排了一堂中国功夫课,所以,上午的汉语课中,我特地安排了和中国功夫有关的一些汉字的学习,例如武术、功夫、太极拳等。

教学一开始,我简单介绍了这节课的教学内容,学生们表现出了异常的兴奋,A同学说："老师,我们对中国功夫都很感兴趣,来中国前,我们都认为每一个中国人都会功夫。"其他同学也纷纷附和。我笑了,用中英文交替的方式解释道："并不是每一个中国人都会功夫,但中国功夫,例如太极拳是中国国家级非物质文化遗产项目。"B同学抢着说："我知道太极拳。但是,老师,我想问您,中国人这么喜欢功夫,是不是说明中国人很爱动武啊？"

我看向B同学,他的表情认真,看来他是真的对中国功夫文化有这样的误解。我笑着说："中国功夫文化历史悠久、博大精深,今天,老师就来和同学们一起学习一个汉字：武。我们通过对这个汉字的学习,一起来深入了解中国功夫。"

我转身,在黑板上写下了一个大大的"武"字,并标注拼音。我请同学们一起看黑板,看看"武"这个字的字形结构,并用红色的粉笔重描了"止",用绿色的粉笔重描了"戈",并分别讲解了"止"和"戈"的词义,让同学们了解汉字"武"是由"止""戈"构成的,意思是停止干戈。学生们听了后,都大吃一惊,纷纷表示,从来没有想过"武"的字形中竟然包含了停止干戈的含义。我进一步讲解了中国武术的三个层次：下武、中武、上武，"下武"防侵害、"中武"安身心、"上武"平天下的文化内涵表明中国功夫文化中最深沉的内涵其实正是"和平""和谐"的中国文化底色。

我看到同学们听了后，纷纷点头，小声议论。我就走到 B 同学的面前，轻轻问道："你觉得中国人喜欢动武吗？"B 同学笑着说："老师，是我误解了。因为我一直听说中国人都会功夫，我以为会功夫的人都容易动武。"我拍了拍他的肩膀，对同学们说："中国是一个崇尚礼仪的国家，是一个热情好客的民族。我们在武术中学到的是做人做事的原则。中国人热爱和平，我们常说家和万事兴。中国文化是以和为贵的。"

然后，我让同学们在本子上书写"武"，并一起朗读。课后，同学们表示，汉字很难，但是汉字文化很有趣，可以帮助他们学习汉字，还可以让他们更好地理解中国文化。

**2) 案例点评**

（1）亮点分析

及时抓住学生的提问，使之成为导课方式。在教学设计中，导课是十分重要的环节。好的导课会让同学们对教学内容产生期待的心理，也可能会让同学带着问题进入教学。案例中的老师及时抓住了同学们对中国功夫文化的疑惑，顺利引导学生一起学习"武"字，并借此深入介绍了中国文化。

① 充分利用汉字构成，详细讲解汉字词义。"武"是典型的会意字，止戈为武，案例中的教师从字形出发，让同学们轻易理解中国武术并不就是喜欢动武的意思，同时，还通过有趣的汉字结构拆解，让同学们对汉字学习产生兴趣，是一个很好的汉字教学方法。

② 从词义出发，深入文化内涵。汉字是中国文化的重要载体，很多汉字都蕴含了中国人代代相传的文化精神。案例中的教师在学生的提问中，听出了留学生对中国功夫文化的误解，敏锐地意识到这是一个非常严肃的跨文化交际问题。国际汉语教学的重要使命之一就是讲好中国故事，传播好中国声音，让世界了解真实、立体、全面的中国。因此，教师从汉字"武"的字义解释出发，深入中国功夫文化内涵，解释中国武术其实表达的是中国人对和平的期待，承载的是中国人的"和谐"文化。

（2）不足与建议

总体来说，该案例的教学处理是合适的。如果教学时间允许，可以由"武"生发开来，和同学们一起学习与"戈"有关的一些汉字，例如"我""找"等，帮助同学记忆和理解；还可以和同学们一起学习几个包含中国核心精神的汉字，例如"和""仁""礼""义"等，与"武"一起，让同学们更系统地了解中国文化精神。

**3) 案例思考**

① 你还知道哪些代表中国核心文化精神的汉字？请整理出来，并选取 1—2 个汉字，拟写一份汉字课教案，并与同学们讨论分享。

② 你遇到过国际学生对中国误解的案例吗？你是如何处理的？请与同学们讨论分享。

## 3. 教具使用跨文化交际案例分析
Analysis on the Intercultural Communicative Cases about Teaching Aids

**案例七：老师，你不能用扫把**

| 地区 | 学校 | 授课对象 | 作者 |
| --- | --- | --- | --- |
| 亚洲—泰国 | 泰国佛统思维才中学 | 高二汉语班 | 王斐斐 |

### 1）案例叙事

我任教的思维才中学是有多媒体的，不过，因为幕布比较高，如果要指点幕布上面的内容，一般需要用到教棒。一般来说，我基本不用教棒，首先因为办公室里的教棒比较少，而且都是由负责老师使用，其次是我做的PPT基本都是简单明了的，不需要刻意指点，学生就能知道我在说什么。但是那天，我在PPT上做了一个小游戏——拍苍蝇，需要两个同学竞赛拍词语，这就不得不用到教棒了，因为PPT太高，学生肯定拍不到。然而，因为我没有事先做好准备，所以直到教学进行到这个环节，我才意识到需要教棒。这时候中断课程到办公室拿教棒，势必会影响到整节课程的流畅性。就在我万分焦急，不知道该怎么实施这一课堂小游戏时，眼角余光瞥到教室角落的扫把，我灵机一动，打算将扫把柄当作教棒，让学生用扫把柄拍苍蝇。

在国内，很多老师都是在没有教具的时候借助扫把畚斗来充当的。记得我小的时候，也碰到过很多老师这样做。而且，在教学法学习中，也曾经学到过教师要充分利用教室里的物件或设施进行教学，例如粉笔、窗户、电灯等等，甚至在实际的教学中，这样的教具会起到更好的教学效果。所以，当时我没有多想，觉得这是一件十分正常的事情，所以就毫无心理负担地使用了。

意外出现了！我一拿起扫把，全班哄堂大笑。坐在离PPT比较近的学生甚至还摆出一脸嫌弃的表情，还有学生举起手机当场拍摄我在讲台上拿着扫把的视频。班级里一时闹哄哄的，陷入了莫名的混乱局面。但是因为我听不懂泰语，所以一时没有反应过来。我问班上汉语比较好的学生，这是怎么回事？那个学生回答我说："老师，你为什么拿这个？不可以。"我问为什么。他说："因为在泰国，这是肮脏的东西。"我听后赶紧把扫把放下，并对他们说了对不起。

课后我做了认真地反思：首先，我没有在课前做好充足的准备，导致课堂上出现没有教棒的尴尬。如果我在课前认真备课，考虑到课堂上的方方面面，就能想到要在这节课需要带两根教棒上课，这样就不会出现使用扫把的突兀行为。其次，在使用扫把前，我没有询问学生是否合适。当我眼角余光瞥到扫把时，立马就把扫把拿了起来，想当然地以为泰国和中国一样，可以使用。最后，在我得知泰国觉得扫把很肮脏之后，虽然向学生道歉了，但是并没有解释我为什么用扫把，以及在中国，也并不是用扫把来指点黑板的。我的举动很可能让泰国学生产生误解。

通过这件事情，我更加清楚地了解到，国际汉语教学应多了解任教国的风俗，尽量避免触碰所在国国家的禁忌。当然,跨文教交际的问题存在于生活的方方面面,有时候不小心踩了雷区,要先向学生道歉,然后一定要解释为什么,在中国是否存在这种现象,在中国人眼里,这种行为是否跟泰国人一样是一种冒犯的行为。

**2) 案例点评**

(1) 亮点分析

① 灵活使用教具。在国际汉语教学中,教具十分重要。合适的教具有助于学生直观地理解教学内容,也有助于教师在不借助媒介语的情况下,实施沉浸式汉语教学。该案例中的汉语老师在课堂教学环节中,能灵活运用教室物件或设施进行汉语教学,保证教学环节的顺利实施,这一点值得鼓励。

② 及时教学反思。教学反思是教学环节的重要组成部分,是提高教学质量的重要手段之一。案例中的汉语老师在遇到教具尴尬事件之后,及时进行教学反思,总结自身问题,并积极思考国际汉语教师的跨文化教学意识,相信在今后的汉语教学中应该会有更大的进步。

(2) 不足与建议

① 课前教具备课不够充分。备课是一个综合性工作,教师不仅仅需要备教材、备学情,还应该注意到教学环节的顺利实施所需要的教学手段,其中就包括教具的准备工作。案例中的汉语教师因一贯不使用教棒,所以忽略了该课时的教学设计中包含的小游戏环节。这就提醒新手教师在备课中要注意教具、教学手段的备课。当然,在教学手段备课中,除了可能会出现案例中的问题之外,还可能出现多媒体设备障碍、声音或图像出现问题等多种意外,因此,教师需做好两手准备,以保障教学顺利开展。

② 面对文化差异未能做出文化解释。当学生告知老师,在泰国,扫把被视为肮脏的物品、课堂上不能使用的时候,案例中的汉语教师陷入了慌乱,立即丢弃扫把并向学生道歉。应该说,这一处理方式更多是源于教师的本能反应,而非专业反应。事实上,没有人可以了解所有的文化差异,跨文化交际能力更多的是一个面对文化差异和身处跨文化语境时,教师的应对问题和处理问题的能力,是当来自不同文化背景的人进行交际时,具有强烈的跨文化意识,善于识别文化差异和排除文化干扰并成功进行交际的能力。案例中的教师在为自己的鲁莽行为道歉的同时,应该感谢同学们及时告知。同时,还要借此向同学们请教,是否是因为扫把用来扫地,所以泰国人认为它是肮脏的物品?如果仅是因为这样的原因,那教师的这一行为并不算触及跨文化的禁忌,只是一个常规性的生活习惯。事实上,在中国,我们也同样认为扫把是不干净的,在课堂上使用其作为点击多媒体设备的教具,显然是不合适的。但如果扫把在泰国具有某种不洁的文化象征,那么教师借此了解后,就要在今后的教学和生活中加以规避。如此,问题才能真正得到解决。

**3) 案例思考**

① 在汉语课堂的教具设置上,你有怎样的思考?

② 你了解泰国文化吗?请举一例,谈谈在泰国进行汉语教学可能遇到的跨文化交际问题。

案例八：安琪还是按琪？

| 地区 | 学校 | 授课对象 | 作者 |
|---|---|---|---|
| 亚洲—泰国 | 普吉府蒙特朗中学中文教室 | 高二 | 许文佩 |

**1) 案例叙事**

今天上午，是给高二(六)班的学生上第二次课。我在课前给全班同学都起了一个中文名字，并把名字及名字的拼音写在了36张卡纸上。考虑到高二的学生已经有一年的汉语基础，基本会拼读汉语拼音，在上课的时候，我就将每个人的名字展示给大家，先让学生拼读，再纠正发音。

前面进行得都还比较顺利，但轮到拼读"安琪"这个名字的时候，全班哄堂大笑，让我一时控制不住局面。由于泰语水平有限，我只能用英语询问："Why do you laugh?"然后，我走到"安琪"同学面前说："If you don't like this name, I will change for you."但是同学们给我的回应是："老师，没有问题。"我一时摸不着头脑，但是为了不耽误课时的进行，我打算课后再询问当地中文老师。于是，我继续向同学们展示下一个中文名字。

下课后，我赶紧询问泰国本土中文教师，这才恍然大悟，原来如果学生能将"安琪"的汉语发音拼读准确，就不会产生歧义。但是，对于初学汉语的泰国学生来说，声调比较困难，他们很容易将第一声读成第四声。ān(安)发成了第四声àn(按)，但"按琪"在泰语发音中有"憋尿"的意思，这自然就触碰到了学生语音学习的敏感区，所以才会在课堂上出现混乱的局面。

我没有想到起中文名字也会出现音近词带来的尴尬。起名字看似简单，但其实也是一件跨文化交际活动。事后反思，这种失误是可以避免的，比如起好名字后让学校中文老师把关，检查是否有让学生比较敏感的音近词。还有，我从"按琪"事件中发现了学生的汉语基础还是比较薄弱的，声调掌握得不好，因此在接下来的课程中，我会多训练学生的声调拼读。

**2) 案例思考**

① 如果让你给学生起中文名字，你会如何做呢？请讨论。
② 试着给本案例拟写一个"案例点评"。

案例九：此"羊"非彼"杨"也

| 地区 | 学校 | 授课对象 | 作者 |
|---|---|---|---|
| 亚洲—印度尼西亚 | 八华学校 | 零基础小学生 | 杨阳 |

**1) 案例叙事**

记得刚来到八华的时候，因为是新老师，与学生们还不是那么的熟悉，虽然第一节课的时候，和他们做了简短的自我介绍，但是，孩子们也只是仅仅知道我是杨老师。

直到有一次上汉语课，我们在学习认识动物，正好就学到了"羊"这个字，于是，班上就有一个很调皮的学生说，那是杨老师的"羊"，而且似乎还很开心地认为他自己是对的，昂首挺胸地看着我，似乎是在等着我的奖励，颇有几分和其他同学炫耀的含义，似乎是在说，只有他想到了。可是我在听到他这样说之后，却是哭笑不得。一方面是感动于小孩子记住了我的名字,一方面又会觉得很好笑。因为他还很小,不知道此"羊"非彼"杨"也。于是,我就和他简单地说明了二者之间的不同。我为了让他们可以直观地感受出这两个yáng的区别,就分别展示出了两幅图片。其中一幅是一棵杨树,另一幅图则是一只山羊,让他们看着图片,告诉他们"杨"是一种植物,而"羊"则是一种动物。这下,那个刚刚积极回答问题的同学不说话了,其他同学则哈哈大笑起来。

我又看向那个调皮的小男孩,对他说:"这次你懂了吗?"他点点头但没说话。通过这件事,我不禁萌发一个想法:既然孩子们的发散能力这么强,那么,我以后讲解汉字时也可以多说些同音字,或者同形字,既让他们感兴趣,又灵活地复习了学过很久的字,这也是一个一举两得的方法。于是,在之后的课程中,我都会适时地穿插些学过的同音字。比如:"他""她""它"等。当这种方法成为我们班级的汉字学习固有形式,学生们也渐渐适应之后,每次我都会出其不意地提问,然后他们也积极配合,努力回忆之前的知识。

看着孩子们如此认真,我真的感到很骄傲。

2) 案例思考

① 试着拟写一个"案例点评"。

② 你有哪些教汉字的妙招吗?请与同学们一起分享。

## 四、中国文化教学中的跨文化交际
Intercultural Communication in the Teaching of Chinese Culture

中国文化国际传播是孔子学院的重要职能之一,也是国际汉语教师的必备技能之一。文化教学包含着中国优秀文化和中外文化的比较学习与交流,是一个专门性的跨文化交际课堂,对教师的跨文化教学意识和跨文化交际能力有着更高的要求。

### 1. 文化课程跨文化交际案例分析
Analysis on the Intercultural Communicative Cases in Cultural Curriculums

文化课程是一个综合的教学体系,涉及的文化类型众多。教师在进行文化课程设置时,需要综合考虑选取哪些代表性的中国文化作为教学重点,并时刻以跨文化交际思维换位思考,将文化课程真正实施成为文化交流课程,并通过教学,让国际学生更深入地了解中国文化。

案例十:康乃馨和菊花(叶军,2015)

| 地区 | 汉语水平 | 对象 | 作者 | 整理者 |
| --- | --- | --- | --- | --- |
| 欧洲—俄罗斯 | 中级 | 大学生 | 陈红英 | 胡项杰 |

**1)案例叙事**

前年,我被派到俄罗斯一所大学的东方语言文学系教授汉语课,我需要在这里任教三年,今年是我任教的最后一学年。4月份的一个周三,我照例走进教室上课。在讲课文之前,我先放录音:

她笑着把一朵粉红色的康乃馨别在我的胸前说:"今天是母亲节,每人一朵。过去时、现在时、将来时的母亲,人人有份儿。"

听完这段录音后,学生们都皱起了眉头,用俄语互相笑着议论着什么。虽然我只会简单的俄语,但是从学生的表情里,我感觉到了哪里不对劲,忙问:"怎么了?用汉语告诉我。"一个女学生很惊讶地回答:"老师,为什么送康乃馨?她们的妈妈都没有了吗?""啊?你们怎么会这样理解呢?"接着另一个学生说道:"在俄罗斯,康乃馨是要送给逝去的人。"这时我才明白,这是俄罗斯和中国在文化风俗习惯上的不同。我告诉他们说:"在中国,粉红色的康乃馨是送给妈妈的鲜花,不管是过去时的妈妈、现在时的妈妈还是将来时的妈妈。"他们听了非常地惊讶,因为在俄罗斯康乃馨是送给去世的人,而且要送双数,一定不能送给在世的人。他们说,在俄罗斯,好的事情,比如结婚、生孩子、欢迎来宾等场合下送鲜花时一定要送单数,你送了双数,朋友会非常生气的,但要去墓地,一定要送双数。

这时,我想起了刚到俄罗斯时遇到的一些困惑,于是给学生讲了我和鲜花的一些经历。前年的9月1号,我来到这所大学的孔子学院报到,那天早上俄方院长和秘书都非常热情,一进门秘书送了一束黄是黄、白是白的菊花。当时我的心"咯噔"了一下,心想:"这,这……这是送给活人的吗?我是接还是不接呢?"心里真的是不舒服,但是出于礼貌,我还是高兴地接过了这束表示友好的鲜花。紧接着,秘书热情地拿出花瓶,灌上水,把这束鲜花插好,说:"陈老师,这个花瓶你也可以一起拿到房间去。"天哪,怎么办啊?"哦,好好好,谢谢……"我机械地回答道。由于当时很忙,我没有把这瓶花带回房间。第三天,又见到了秘书,她说:"陈老师,你不喜欢花吗?"我说:"喜欢。"她说:"那就把你的花带回房间吧。"我只好抱着这瓶黄白相间的菊花,回到了房间,每次抬头看到时,心里都不太舒服。几个月后,这束花终于凋谢了,我终于可以放心地把它送到垃圾桶里了。这次经历让我终生难忘。

**2)案例点评**

(1)亮点分析

利用文化差异进行跨文化汉语教学。文化差异与冲突是国际汉语教学中最常见的跨文化现象。案例中的汉语教师在汉语课堂上,围绕教学素材中的文化差异——康乃馨的不同文化寓意——与学生展开了深入的交流和文化对比,充分体现了语言教学与文化交流的共融共生的国际汉语教学特质。在这一过程中,教师以沟通、请教与倾诉的方式,讲述了自己在俄罗斯与鲜花的故事,让学生更多了解了康乃馨和菊花在中国的文化意象,是非常好的教学方式,也达成了文化互通的教学效果。

（2）不足与建议

① 跨文化敏感性有待加强。面对文化差异具有较强的敏感性是国际汉语教师跨文化交际能力的充分体现。案例中的教师在俄罗斯任教，应对俄罗斯主要的文化习俗、交际礼仪等有所了解，尤其是当初到俄罗斯，俄方院长和秘书送给她菊花的时候，就应该敏锐意识到中俄在"花语"上的差异性和独特性。作为一名专业的国际汉语教师，应及时学习并了解该文化传统，为日后生活与教学提供便利。

② 入乡随俗的包容性有待加强。"入乡随俗"是一个典型的跨文化交际术语。国际汉语教师前往赴任国任教，必然面临不同的文化冲击和不断的文化交流。在深入了解该国重要的文化传统的同时，还应加强自身文化包容性，用包容之心对文化充分理解并积极交流，才能在彼此理解中寻求跨文化的交流点。案例中的汉语老师在面对俄方秘书送来的菊花时，表面感谢但内心别扭，难以接受俄罗斯的菊花礼仪，显然入乡随俗的包容性还有待加强。

③ 及时沟通消除文化误解。文化误解往往是由于不了解、不沟通造成的。案例中的汉语老师在勉强接受菊花礼物的时候，没有寻找一个恰当的时机，与俄方秘书交流中俄鲜花文化的差异性，既造成自己内心的忐忑，同时也不利于跨文化交际的畅通开展。

3) 案例思考

① 你了解中国的鲜花文化吗？请举例说明。

② 请选取一个国家，假设它为你即将去的任教国，选取1-2个该国文化习俗，与同学展开交流。

## 2. 文化实践教学跨文化交际案例分析

Analysis on the Intercultural Communicative Cases in the Practical Teaching of Chinese Culture

文化教学离不开文化体验与实践，尤其是来华留学生的文化教学，教师在课程设置时，应尽可能地打通课堂内外的局限，将文化课带到广阔的文化实践语境中，让学生在文化参与中深入理解中国文化，并真切地开展文化交流。

案例十一：共同的民俗游戏：家

| 汉语水平 | 对象 | 作者 |
|---|---|---|
| 中级、高级 | 来华留学综合班 | 余红艳 |

1) 案例叙事

这是一个面向来华留学生综合班开设的《中国文化》选修课。学生来自不同的国家，有韩国学生、朝鲜学生、乌兹别克斯坦学生、马里学生、法国学生等。因为韩国、朝鲜均属于汉字文化圈，所以他们虽然汉语水平是中级，但是在学习中国文化课程的时候，却比来自高级班的乌兹别克斯坦的学生更容易吸收和参与。这让乌兹别克斯坦的学生心里有一点不舒服，课后，乌兹别克斯坦的学生就来问我："老师，我们是高级班，他们是中级班，为什么他们比我们学得好？"我耐心地解释："因为同是汉字文化圈，中国的一些文化在他们国家也有类似的文化现象，所以,他们比较容易理解,也有一定的基础。你们不要着急,文化课更多的是了解和交流。"

因此,在后续的课堂上,我会关注非汉字文化圈的学生的学习情况,鼓励他们多多表达并分享自己国家的独特文化。有一天,我们正在学习中国的传统节日文化。下课前,我布置作业:让同学们课后准备一个自己国家的代表性节日,下节课在课堂上与同学们进行PPT分享。这时,一位乌兹别克斯坦的学生突然说:"老师,下节课我们乌兹别克斯坦的同学想请假。"我问:"为什么呢?"他说:"因为下周二,就是我们上课的时间,正是我们乌兹别克斯坦最重要的节日——纳乌鲁斯节。"

哦,原来是这样。我对大家说:"那让我们一起以掌声祝愿我们乌兹别克斯坦的同学们节日快乐,好不好?"教室里响起了热烈的掌声,来自其他国家的同学也纷纷向乌兹别克斯坦的同学祝贺节日快乐。教室里气氛十分融洽。看着这样的场景,我突然想到,如果我们下周的文化课调整教学内容,直接带着同学们参与他们的节日,是不是会得到更好的教学效果?而且同学们也有了一次更加真切的文化交流与分享呢?想到这,我就问乌兹别克斯坦的同学:"你们的节日,方便我们班的同学一起参与吗?"他们表示热烈欢迎。于是,我们就一起讨论了节日活动细节,并做了分工。其他国家的同学也表示会带上小礼物,一起来参加乌兹别克斯坦的节日活动。

到了那个周二,我们在校园的草地上围坐一圈,乌兹别克斯坦的同学身着民族服装,带来了他们亲手制作的节日美食和节日贺卡,分发给每一位同学。大家围在一起,品尝美食,并交流自己国家的节日文化。这时,有几位同学在草地旁的空地上做游戏,我们围过来,发现乌兹别克斯坦的同学用粉笔在地上画了一个跳格子的游戏,并在格子的尽头,写了一个大大的阿拉伯文字。我问这是什么字。他们告诉我:这是"家"。韩国学生听了后,也表示,啊,在韩国也有这样的游戏,于是,在乌兹别克斯坦的"家"的旁边,也画了一个韩国版的跳格子游戏,并用韩文书写了一个大大的"家"字。参与活动的中国志愿者学生也画了一个中国版的游戏,并写了一个大大的汉字"家"。大家快速地分成几组,在不同的"家"里玩起了传统的民俗游戏。

活动结束后,同学们纷纷表示,这样的文化课是他们喜欢的文化课。这个活动也让我十分感慨,更让我看到了民俗游戏的独特魅力。共同的游戏,共同的家,在不同国别的学生之间展开了跨越国界的文化交流,勾起的是浓浓的乡愁记忆和全世界对家园的共同情感。我想:国际文化教学的使命就在于架构文化交流的平台,讲述民心相通的故事,继而达成真正的国际理解教育目标。

**2) 案例点评**

(1) 亮点分析

① 及时关注不同文化圈学生的学习反应。综合班教学往往存在由于学生汉语基础、文化背景的差异性而带来的教学困难,这样的现象在文化课中尤为明显。汉字文化圈的学生和非汉字文化圈的学生在理解中国文化的时候,显然难度相差很大。案例中的老师及时关注到非汉字文化圈学生的学习反应,在课堂中多给他们交流的机会,了解他们的学习情况,是值得肯定的。

② 抓住特殊节点,将文化课与文化实践相结合。文化课教学离不开文化体验与文化参与。来华留学生更多参与的是中国传统节日文化活动,而本国重要的节日往往只是来自本国的留学生的小范围的活动。案例中的老师抓住乌兹别克斯坦纳乌鲁斯节与课程时间节点的重合,将文化课搬到了节日活动现场,既让乌兹别克斯坦学生在中国感受到了师生情谊与节日人文关怀,同时也让文化课开口讲话、动手实践,让不同国别的学生通过切身体验,深入了解节日文化,并达到文化交流与分享的教学目标。

③ 敏锐发现文化生长点,使之成为多国别学生情感交流的平台。文化实践活动常常会出现一些意料之外的事件,教师需具备敏锐的跨文化教学意识,及时发现文化生长点,并充分利用,进一步深化文化实践内涵。案例中的教师在学生进行民俗游戏的过程中,敏锐抓住多国共同的民俗游戏——跳格子——中的"家",并引导学生开展了一场围绕"家""乡愁"的民俗游戏,让学生们在儿时的游戏中感知家乡,继而达成文化共鸣,让学生们更加深刻地理解世界文化的多样性和共通性。

(2) 不足与建议

总体来说,案例中的教师具有较强的跨文化教学意识和跨文化教学能力,能敏锐发现文化生长点,并充分利用,使之成为教学素材和文化交流的平台。如果教师在设置本学期文化课程教学的时候,综合考虑到本班不同国别同学的文化背景,兼顾汉字文化圈和非汉字文化圈在学习中国文化时的优劣势,巧妙设计教学内容和教学方式,会更加有助于不同国别的同学更加和谐、快乐地投入到文化交流与分享之中。

**3) 案例思考**

① 选取一个中华文化事项,设置一堂面向多国别学生的文化课。

② 选取一个国家的代表性文化,与同学一起讨论,国际汉语教师如何围绕这一文化现象组织一次跨文化交流的文化讨论活动。

案例十二:为什么要说"恭喜发财"?

| 地区 | 学校 | 授课对象 | 作者 |
|------|------|----------|------|
| 美洲—美国 | 智达中文学校 | 小学生 | 刘玲玲 |

**1) 案例叙事**

这是一次以网络为授课形式的文化课,本节课的教学内容是讲授中国节日。我重点讲解的是春节习俗。在介绍春节常用的祝福词:"新年快乐,恭喜发财"时,小学生们产生了疑问。刚开始,我不了解他们的疑问点是什么,以为他们是不了解这句话的意思,于是,重复解释道,春节的时候,中国人见面喜欢说吉祥话,彼此祝福,最常用的便是祝福家人或朋友在新的一年里,快快乐乐,赚很多的钱,发大财。

但是,学生突然问道:"老师,我没有工作,为什么还要祝我发财呢?难道你们中国的小孩都工作吗?这是违法的,我不喜欢春节,我们过圣诞节都是快乐的,不会工作。"当我听到这句话的时候,我才终于意识到他不理解的是为什么要说"恭喜发财"。

我敏锐地意识到,这是一个典型的跨文化交际问题。于是,赶紧给他解释,说明"恭喜发财"只是希望他在新的一年过得更快乐。这句话不是针对小孩子来讲的,只是代表说话者的一种祝福。

那节课上,还涉及一些端午的习俗,美国小学生一边好奇一边又不太认同。他们不理解为何龙这种邪恶的动物会被中国人如此崇拜。直接问道:"老师,龙很凶残,你们为何说自己是龙的传人,还要赛龙舟呢?"面对这种问题,我只能先稳住他们的情绪,然后细致解释在中国龙的含义,渐渐让他们意识到两国文化中龙的不同内涵,这才保证课堂教学的正常开展。

**2)案例思考**

① 请试着拟写本案例的"案例点评"。

② 试着思考,在中国传统节日文化祝福语中,还有哪些可能会引起文化误解的?请与同学们讨论交流。

# 参考文献

毕继万,2009.跨文化交际与第二语言教学[M].北京:北京语言大学出版社.

姬建国,2011.跨文化教学意识与国际汉语师资培训[M].北京:北京师范大学出版社.

李维,2019.跨文化交际视野下汉语国际教学实践研究·前言[M].延边:延边大学出版社.

秦希贞,2017.中美跨文化交际误解分析与体演文化教学法[M].北京:外语教学与研究出版社.

王晖,2017.中国文化与跨文化交际[M].北京:商务印书馆.

叶军,2015.国际汉语教学案例分析与点评·编写说明[M].北京:外语教学与研究出版社.

约翰·赫尔巴特,2015.普通教育学[M].李其龙,译.北京:人民教育出版社.